한 권으로 읽는 동양철학 이야기

한 권으로 읽는 동양철학 이야기

초판 1쇄 발행 | 2014년 11월 3일
초판 2쇄 발행 | 2014년 12월 1일

지은이 | 최영갑
기획진행 | 북케어
발행인 | 노영현
편집인 | 노승권

발행처 | (사)한국물가정보
등록 | 1980년 3월 29일
주소 | 서울시 중구 무교로 32 효령빌딩 11층
전화 | 02-728-0248(편집) 02-728-0242(마케팅)
팩스 | 02-774-7216
이메일 | kpibook1@gmail.com
홈페이지 | kpibook.co.kr

값은 뒤표지에 있습니다.
ISBN 978-89-6260-684-3 (03100)

• 지식갤러리, 비즈니스맵, 고릴라북스, 라이프맵, 사흘, 생각연구소, 스타일북스, 책읽는수요일, 피플트리는 KPI출판그룹의 임프린트입니다.

한 권으로 읽는

동양철학 이야기

최영갑 지음

History of Eastern Philosophy

東洋哲學

지식갤러리
KNOWLEDGE GALLERY

서 문

고전에서 답을 찾다

최근 한국 사회에 인문학 열풍이 일어나면서 고전에 대한 인기도 높아지고 있습니다. 아마도 고전이 인문학의 가장 중심에 있기 때문일 것입니다. 그 동안 인간의 본질과 삶의 의미에 큰 관심을 갖지 못했던 우리 사회에서 인문학에 대한 관심이 이처럼 늘어가는 것은 매우 의미 있고 고무적인 일입니다. 학생들에게 인문학을 가르치는 한 사람으로서 이 열풍이 잠깐의 관심이 아닌, 꾸준히 계속 이어지기를 바라는 마음입니다.

필자는 동양철학의 정수이자 우리나라에도 많은 영향을 끼치고 있는 고전, 즉 「논어」, 「노자」, 「묵자」, 「장자」, 「맹자」, 「순자」, 「한비자」, 「손자」, 「주역」, 「대학」, 「주자가례」, 「소학」을 이 책의 골격으로 삼았습니다. 동양의 고전은 제자백가가 그 원천으로 자리 잡고 있기에 이 책도 동양사상의 근원인 제자백가의 사상을 중심으로 서술하고 있으며, 여기에 더해 「주자가례」와 「소학」을 포함시켰습니다. 「주자가례」는 우리나라의 예의문화를 형성하는데 결정적 역할을 했기 때문이며, 「소학」은 인성교육의 핵심적 교재로, 청소년들이 반드시 읽어야 할 필독서이기 때문입니다.

이 책은 인문학과 고전에 관심 있는 독자들이 편안하게 읽을 수 있도록 구성했습니다. 저자와 책의 구성에 대한 간략한 내용을 앞에 서술하고, 전체를 일관하고 있는 사상과 구체적인 내용을 함께 기술했습니다. 아울러 후학들에게 교훈이 되는 내용이나 흥미로운 이야기를 통해 독자들이 쉽게 접근할 수 있도록 서술했습니다. 또한 독자들의 이해를 돕기 위해 번역문과 아울러 원문을 병기했으므로 좋은 참고가 될 것입니다.

고전은 지금까지도 많은 독자에게 사랑을 받으며 삶의 지혜를 전달하는 충실한 역할을 해오고 있습니다. 고전에는 무수한 답이 들어 있으며, 세상을 보는 가치관이 담겨 있기에 고전이 들려주는 이야기는 어느 것이나 모두 내 삶의 좋은 동반자가 될 것입니다. 오솔길을 산책하듯 가벼운 마음으로 이 책을 읽어도 좋고, 의미를 생각하지 않고 무심한 듯 읽어도 좋습니다. 어떤 관점으로 읽든 이 책은 분명 독자 여러분에게 큰 깨달음을 줄 것입니다.

2014년 10월 최영갑

차 례

제 1 장

논어

백성을 위해서라면 초상집 개가 되어도 좋다

論語

안연이 인(仁)에 대해서 묻자 공자께서 말씀하셨다. "자기의 사사로운 욕망을 이겨내서 예를 회복하는 것이 인을 행하는 것이니 하루라도 자기의 사사로운 욕망을 이겨내서 예를 회복한다면 천하가 인으로 돌아갈 것이다. 인을 행하는 것은 자신으로부터 말미암는 것이지 남으로부터 말미암는 것이겠는가?"

안연이 말했다. "자세한 조목을 듣고자 합니다."

그러자 공자께서 말씀하셨다. "예가 아니면 보지 말고, 예가 아니면 듣지 말고, 예가 아니면 말하지 말고, 예가 아니면 행동하지 마라."

안연이 말했다. "제가 비록 민첩하지는 못하지만 이 말씀을 따르고자 합니다."

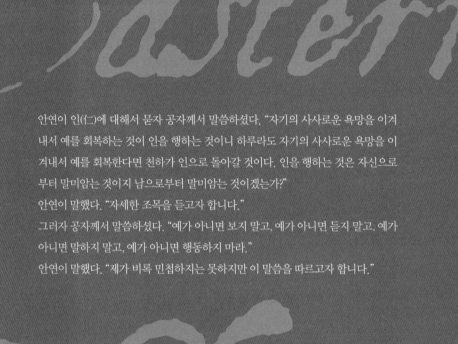

영원한 고전,
논어

공자는 세계 4대 성인 중 한 사람이다. 기독교는 예수를, 불교는 석가모니를 중심으로 이루어진 종교지만 유교는 공자를 중심으로 이루어진 사상이다. 유교를 종교로 분류해야 하는지를 묻는 사람도 많은데 사실 이것은 매우 어려운 질문이다. 유교가 종교라고 답하면 기독교나 불교처럼 내세관도 없고 유일신도 없으며 교리나 성직자도 없는데 어떻게 종교라고 할 수 있겠느냐고 말할 것이다. 그와 반대로 유교가 종교가 아니라고 답하면 자신이 믿고 실천하는 신념체계라면 종교에 속하는 것이 아니냐고 반문할 것이다. 따라서 서양의 종교라는 개념으로 접근한다면 유교를 종교라고 말하는 것은 어렵지만, 넓은 의미의 종교를 말할 때는 유교도 포함된다고 할 수 있다. 중국의 한나라 무제가 기원전 136년 유교를 국교로 삼았고, 갑오경장 직후에 고종이 "우리 종교는 유교다. 교조는 공자고 교주는 짐과 태자니라"라고 했다. 또한 1909년 박은식(朴殷植)이 유교개혁운동의 일환으로 대동교(大同教)를 창립하기도 했다. 따라서 중국이나 우리나라를 막론하고 유교를 종교로 보려는 움직임은 매우 많았다고 할 수 있다.

유교는 유가라고도 부르는데 묵자가 자신의 집단을 묵가라고 칭하면서 공자를 중심으로 한 학파를 유가라고 칭했다. 춘추시대에 활동했던 제자백가 가운데 유가, 묵가, 도가, 법가가 가장 대표적인 집단이다. 그 가운데서도 유가는 오늘날 한국 사회에까지 계승되면서 동양에서 가장 영향력이 컸던 사상이라고 할 수 있다. 특히 유가는 동양의 정치이념이나 제도에 많은 영향을 끼쳤으며 지배이데올로기라는 부정적 견해도 있다. 그런데 공자나 맹자의 사상을 정확하게 이해한다면 지배이데올로기라는 말을 쉽게 하기는 어렵다. 그와 달리 공자와 맹자는 백성을 위한 정치를 주장하고 지배층에 대한 과감한 발언과 충고를 서슴지 않았던 사람들이며 자신을 희생하며 인류의 평화를 위해 기여했던 인물이다. 다만 유교의 성인이 요 · 순 같은 천자(天子)로서 문물제도를 제정했거나 정치적인 활동을 많이 했기 때문에 지배층에 관한 이론을 대변하는 것으로 보이기도 한다.

많은 사람이 「논어」를 공자의 저작이라고 알고 있지만 이 책은 공자 사후에 만들졌다. 학자들에 따라 여러 가지 학설이 있지만 주희는 증자와 유자의 문인이 저술했을 것이라고 주장한다. 「논어」에서 오직 그 두 사람만을 '자(子)'라고 칭하였기 때문이다. 「논어」의 형식은 주로 공자의 말, 공자와 제자들과의 문답, 공자와 당시 사람들과의 대화, 제자들의 말, 제자들끼리의 대화 등으로 구성되어 있다. '논(論)'이란 토론한다는 뜻이고 '어(語)'는 대답하고 설명한다는 뜻이다. 따라서 '논어'라는 명칭만 봐도 어떻게 구성되었는지 알 수 있다.

「논어」라는 명칭을 가장 먼저 사용했던 기록은 「예기」, 「방기」편이다. 거기에 보면 "'논어'에 이르기를 '삼년 동안 아버지의 도를 바꾸지 않으면 효도라 할 것이다'라고 하였다."라고 하여 논어에 나오는 말을 그대로 인용하고 있다. 「예기」가 한나라 때 완성된 책이라는 주장이 설득력을 얻고 있기 때문에 논어는 적어도 한나라 이전에 완성된 책이라고 해야 할 것이다.

「논어」는 전체가 스무 편으로 구성되어 있는데, 각 편의 이름은 가장 앞에 나오는 단어 가운데 두세 개를 가지고 만들었다. 예를 들어 제1편은 「학이(學而)」편인데 이것은 "학이시습지 불역열호(學而時習之 不亦說乎)"라고 하는 첫 구절의 두 글자에서 따온 것이다. 그리고 각 편의 내용은 일관되게 정리되어 있지 않다. 일반적인 책을 보면 편의 제목이 전체 내용을 포괄하는 형태를 띠고 있지만 논어는 한 시기 혹은 한 사람에 의해 완성된 책이 아니기 때문에 내용의 일관성은 부족하다.

한편 「논어」는 전체 스무 편 가운데 앞의 10편과 뒤의 10편이 내용과 형식에 있어서 조금 다른 것을 발견할 수 있다. 예를 들어 앞부분은 짧은 문장으로 구성된 것이 많고, 공자의 말에 대해서도 '자왈(子曰)'이라는 표현을 사용하는데 뒷부분에서는 공자왈(孔子曰)이라고 하기도 하고, 공자를 부를 때도 부자(夫子) 대신 중니(仲尼) 또는 공구(孔丘)라고 칭하기도 한다. 그리고 뒷부분은 문장도 길고 제자들의 말이 많아 저술 연대가 다른 것이라는 주장도 있다.

이러한 특징에도 불구하고 「논어」는 공자의 사상을 가장 잘 나타내고 있는 책이므로 형식적인 문제는 크게 부각시키지 않아도 될 것이다. 「논어」는 우리나라는 물론 동양사회에서 가장 널리 읽혀진 책이므로 그 영향력도 매우 크다고 할 수 있다. 우리나라에서는 삼국시대에 이미 보편화되었다는 기록이 나오고 있으며, 국립대학에서도 「논어」를 교육했다고 한다.

요즘도 정치인들이 가끔 「논어」에 나오는 문장을 인용한다. 이것은 자신의 주장을 함축적으로 표현하는 방법이지만 「논어」가 담고 있는 정신이 동양의 지혜를 대표하기 때문이다. 「논어」는 매우 평범하고 진솔한 이야기를 담고 있으며 공자라는 동양 성인의 지혜를 망라한 책이다.

젊어서는 잘 이해가 되지 않거나 관심도 갖지 않았던 「논어」를 나이가 들면서 조금씩 찾아보게 되는 이유는 아마도 세상을 이해하는 폭이 넓어지고 인간의 삶에 필수적인 말들이 많기 때문일 것이다. 또한 공자의 인간적인 모습에 매료되기 때문이기도 할 것이다. 엄격하면서도 포근하고, 겸손하면서도 자신의 잘못을 제자들에게 인정할 줄 아는 공자의 모습은 스승이나 교육자는 물론 정치가로서도 멋진 인생을 산 사람이기 때문이다.

공자,
초상집 개가 되다

「사기」, 「공자세가」에 의하면 공자는 어려서부터 항상 제기를 벌여 놓고 예를 갖추는 놀이를 하며 놀았다고 한다. 어려서 일찍 아버지를 여의였으니 홀어머니 밑에서 예를 배우고 익혔다. 공자의 학문이 예에서 인으로 완성된 것이라고 본다면 공자가 어렸을 때 제기를 가지고 놀았다는 기록은 공자의 사상적 출발을 의미한다. 그리고 지금도 유자들이 예를 중시하는 이유도 바로 여기에 있다. 공자는 학문을 좋아했지만 정해진 스승은 없었다.

"나는 어려서 빈천했기 때문에 비천한 일을 할 수 있는 것이 많았다."[1]

1 『논어』「자한」: 大宰問於子貢曰, 夫子, 聖者與. 何其多能也. 子貢曰, 固天縱之將聖, 又多能也. 子聞之曰, 大宰知我乎, 吾少也, 賤故, 多能鄙事, 君子, 多乎哉, 不多也.

"옛것을 좋아하고 민첩하게 그것을 구하는 자일뿐이다."[2]

"세 사람이 길을 걸어갈 때, 반드시 거기에는 나의 스승이 있다."[3]

이러한 기록으로 볼 때 공자는 가난하고 어려운 환경 속에서도 자신의 이상을 위해 학문에 전념했으며 모든 사람을 자신의 스승으로 삼았을 것이다. 공자가 노자에게 예를 물었다는 기록이 있고, 장홍에게 음악을 배웠다는 기록도 남아 있다. 공자는 자신에게 부족한 것이 있다고 생각되면 언제든 전문가를 직접 찾아가 배웠다.

공자는 가족의 생계를 위해서 스무 살에 창고지기를 했고, 스물한 살에는 가축을 기르는 천한 직업에 종사하기 했는데 비록 하찮은 직업이었지만 최선을 다해서 자신의 도리를 다했다. 그렇게 열심히 일하고 공부했던 공자는 서른 살 무렵에 어느 정도 학문을 완성하고 명성이 세상에 알려지자 제자들이 모여들면서 교육에도 종사하게 되었다. 하지만 당시 공자의 모국이었던 노나라의 정치 상황은 매우 혼란했으며, 군주와 신하의 위상이 뒤바뀌는 지경까지 가고 말았다.

공자가 활동하던 춘추시대 후기는 전쟁이 난무하고 인륜이 무너진 사회였다. 그래서 공자는 질서를 바로잡아야 사회가 안정되

---

2 『논어』「술이」: 子曰, 我非生而知之者, 好古敏以求之者也.

3 『논어』「술이」: 子曰, 三人行, 必有我師焉, 擇其善者而從之, 其不善者而改之.

고 백성들이 편안하게 살 수 있다고 생각했으며, 그런 일을 하기 위해서는 정치에 참여하는 길이 가장 빠른 길이라고 생각했다. 물론 정치적 활동을 통해서 권력을 얻고자 한 것이 절대 아니었다. 군주들을 만나 자신의 정치적 견해를 피력하고 마침내 51세 때 노나라의 중도재(中都宰)라는 벼슬에 오르게 된다. 공자가 다스리기 시작한 지 일 년 만에 노나라는 정치가 안정되고, 예의와 윤리의 기틀이 잡혔다. 그리고 54세 때는 법을 관장하는 자리에 오르게 된다. 공정한 법 집행으로 공자는 백성의 신뢰를 얻게 되고, 56세 때는 재상의 일까지 겸하게 된다. 하지만 공자의 정치가 효과를 발휘하자 경쟁국인 이웃의 제나라는 공자를 제거하려는 음모를 꾸미게 된다. 결국 노나라의 군주 정공은 제나라의 음모에 걸려들어 미녀들과 놀면서 정사를 뒷전으로 미루게 되었고, 공자는 노나라를 떠나게 된다. 공자가 천하를 주유하는 모습에 대해 「사기」와 「공자세가」에는 재밌는 이야기가 전해지고 있다.

공자가 조나라와 송나라를 거쳐 정나라로 갔다. 정나라로 가는 도중 공자는 제자들과 길이 어긋나 혼자 동쪽 성문 밖에 서 있었다. 초조해진 제자들은 모두 나뉘어 이곳저곳을 돌아다니며 공자를 찾아다녔다. 그때 어떤 사람이 자공에게 말했다.

"동문 밖에 한 사람이 서 있는데 키는 아홉 자 여섯 치나 되고, 눈은 하수와 같이 찢어졌으며, 이마는 높고 넓고, 머리는 요와 같고 목은 고요와 닮았으며, 어깨는 자산을 닮았습니다. 허리 아래는 우임금보다 겨우 세 치가 짧을 뿐이었소. 이 사람은 어리둥절하여 마치 초상집 개와 같은 모습을 하고 있었소."

이것은 말할 것도 없이 공자를 가리켜 한 말이다. 자공은 그 사람에게서 들은 대로 공자에게 말했다. 공자는 이 말을 듣고 웃으며 말했다.

"내 모습이 그 사람의 말처럼 꼭 그렇다고 할 수는 없지만, 초상집 개와 같다고 말한 것은 그럴 듯한 말이구나."

공자가 세상을 구하고자 주유천하 했던 모습이 마치 초상집 개와 같다고 하였으니 실로 불경스런 말일 것이다. 하지만 공자는 웃으며 자신의 모습을 잘 표현했다고 인정하였다. 아무도 돌보지 않는 초상집 개는 여기저기 돌아다니며 먹이를 찾게 된다. 공자도 뜻이 맞는 군주를 만나지 못해 이 나라 저 나라 돌아다니며 자기의 이상을 유세했고, 끝까지 포기하지 않았던 것이다. 초상집 개처럼 돌아다녔던 공자의 모습을 상상해본다면 앉은 자리가 마를 틈도 없었다는 말이 이해가 될 것이다.

이렇게 공자는 쓸쓸히 모국을 떠나 13년 동안 주유열국(周遊列國)의 고난의 길을 걷게 된다. 그러던 중 목숨을 잃을만한 위험에 처한 경우도 있었다.

공자가 광(匡)이라는 지역에 있을 때 위험에 처하여 경계하는 마음을 가지고 있었다. 그러면서 말했다.

"문왕(文王)께서 이미 돌아가셨으니 예악과 제도 같은 문물이 나에게 있지 않겠는가? 하늘이 장차 이 문물을 없애고자 하셨다면 뒤에 죽는 사람(공자 자신)이 이 문물에 참여하지 못했을 것이다. 하늘이 이 문물을 아직 없애지 않으셨으니 광인들이 나를 어떻게 하겠는가?"[4]

공자가 제자들과 여행하면서 광이라는 지역을 지나게 되었는데, 광 지역 사람들이 공자 일행을 포위하고 해치려고 했다. 양호가 예전에 광에서 백성에게 포악한 행위를 했는데 공자의 모습이 양호와 비슷했기 때문이다.

죽을 수도 있는 위험한 상황에 처했을 때 제자들은 몹시 당황했지만 공자는 여유롭게 대처했다. 공자는 문왕(文王) 때에 만들어지기 시작하여 주공에 의해서 완성된 주나라의 문물이 자신에게 계승되었다고 확신했기 때문에 하늘이 주나라의 문물을 없애고자 한다면 광인들에게 죽임을 당할 것이고, 만약 하늘이 주나라의 문물을 보존하려고 한다면 위기를 모면할 수 있을 것이라고 생각했던 것이다.

어떤 것에 대해 공자만큼 확신을 가질 수 있을지 쉽지 않을 일이

4 『논어』「자한」: 子畏於匡, 曰文王既沒, 文不在茲乎. 天之將喪斯文也, 後死者, 不得與於斯文也, 天之未喪斯文也, 匡人, 其如予, 何.

다. 공자의 확신은 무모한 것이었을지도 모른다. 그러나 공자의 예측처럼 일행은 위험한 순간을 넘기고 무사히 여행을 계속할 수 있었다. 공자는 스스로에 대한 강한 자긍심을 가지고 있었는데, 공자의 자긍심은 평소 생활 속에서 쌓은 학문과 실천에 근거한 것이었다. 내면에 쌓인 것이 없었다면 자긍심을 가질 수 없었을 것이다.

장저(長沮)와 걸닉(桀溺)이 함께 밭을 가는데 공자가 지나가다가 자로에게 나루터를 묻게 하였다. 자로가 나루터를 묻자 장저가 말했다.

"수레에 타고 있는 사람이 도대체 누구요?"

"공구(孔丘)이십니다."

"이 사람이 노나라의 공구란 말이요?"

"네, 그렇습니다."

"그렇다면 그 사람은 나루터를 알 것이오."

자로가 다시 걸닉한테 묻자 걸닉이 말했다.

"그대는 누구인가?"

"중유라고 합니다."

"노나라 공구의 제자인가?"

"그렇습니다."

"천하는 모두 도도하게 흘러간다. 누구와 함께 이것을 바꾸겠는가? 그대는 사람을 피하는 선비를 따라다니는 것보다 차라리 세상을 피하는 선비를 따라다니는 것이 나을 것이다."

더 이상 말을 하지 않고 걸닉은 씨를 뿌리고 흙으로 덮는 일을 계속했다. 자로가 돌아와서 공자에게 상황을 전하자 공자가 잠시 멍하게 있다가 말했다.

"조수(鳥獸)와는 함께 무리 지어 살 수 없으니, 내가 이 사람의 무리와 함께 살지 않고 누구와 함께 하겠는가? 이 세상에 도가 있다면 내가 더불어 변역시키려 하지 않을 것이다."[5]

세상을 구제하고자 노심초사하며 떠돌던 공자를 비웃는 사람도 많았다. 하지만 공자는 짐승과 함께 살기 위한 것이 아니라 사람과 함께 살기 위해 자신의 책임을 멈출 수 없었던 것이다.

공자는 천하를 주유하며 도덕정치를 권유했지만 어떠한 군주도 공자의 말을 수용하지 않았다. 공자의 생각을 현실로 옮기기에는 너무 많은 시간이 소요되기 때문이었다. 자신의 뜻과 합치되는 군주를 만나지 못한 공자는 68세의 늙은 나이에 모국으로 돌아와 제자를 기르며 저술 작업에 몰두하게 된다. 「시경(詩經)」, 「서경(書經)」, 「역경(易經)」, 「예기(禮記)」, 「악경(樂經)」, 「춘추(春秋)」를 육경이라 말하는데, 이 육경은 유가의 기본 경전으로, 선현들의 정치 · 경

5 『논어』「미자」: 長沮桀溺, 耦而耕, 孔子過之, 使子路問津焉, 長沮曰, 夫執輿者爲誰. 子路曰, 爲孔丘. 曰 是魯孔丘與. 曰 是也. 曰 是知津矣. 問於桀溺, 桀溺 曰 子爲誰. 曰 爲仲由. 曰 是魯孔丘之徒與. 對曰 然. 曰 滔滔者天下皆是也, 而誰以易之. 且而與其從辟人之士也, 豈若從辟世之士哉, 耰而不輟. 子路行, 以告, 夫子憮然曰, 鳥獸不可與同群, 吾非斯人之徒與, 而誰與. 天下有道, 丘不與易也.

제 · 역사 · 문화 · 사상 등을 집약해 놓은 서적이다. 공자는 육경을 저술하고 정리하면서 제자를 교육시키는 것을 말년의 기쁨으로 삼았다. 학문을 좋아하고 세상을 구제하는 데 뜻을 두었던 공자는 어려운 가정환경을 극복하여 성인(聖人)의 경지에 올라 동아시아 문화와 사상에 가장 많은 영향을 끼친 사람으로 기억되고 있다.

공자의 도

「논어」에 나오는 말은 매우 평범하고 일상적인 이야기로 가득하다. 공자는 예수처럼 기적을 보이거나 노자처럼 무위를 주장한 것이 아니라 인간으로서 삶의 도리를 실천해야 한다고 주장했다. 공자가 말하는 도는 모두 인간이 살아가는 도리 즉, 진리에 대한 탐구였으며, 현실 세계를 떠나서 존재할 수 없는 것이었다. 따라서 그가 깨닫고자 한 도는 인간의 도인 것이다. 사후의 세계에 대해서 언급하지 않은 것도 현실세계를 중심으로 생각했기 때문이다.

> "선생님의 문장은 들을 수 있었지만 선생님께서 인간의 본성과 천도에 대해서 말씀하신 것은 듣지를 못했다."[6]

---

6 『논어』「공야장」: 夫子之文章, 可得而聞也, 夫子之言性與天道, 不可得而聞也.

제자 자공은 공자가 천도에 대해서 말한 것을 듣지 못했다고 한다. 그것은 공자가 말을 하지 않아서가 아니라 드물게 말했기 때문이다. 즉, 공자는 형이상학적 이야기를 하는 것보다 인간의 도리에 대해서 말하고 실천하는 것이 자신이 추구하는 이상이라고 생각했던 것이다.

도라는 것은 사물의 당연한 이치를 말한다. 모든 사물에 당연한 이치가 있는 것처럼 사람이 살아가는 데에도 당연한 이치가 있는데 그것이 바로 인도이다. 자연의 도가 아닌 인도를 실천하는 것이 인간으로서 마땅한 일이고 인도가 무너졌기 때문에 사회가 혼란하게 되는 것이다.

> "누가 문을 경유하지 않고 밖으로 나갈 수 있겠는가? 그런데 어찌하여 이 도를 경유하여 살아가지 않는가?"[7]

> "도에 뜻을 두고, 덕을 굳게 지키며, 인에 의지하고, 예에서 노닐어야 한다."[8]

사람들은 밖으로 나갈 때 반드시 문을 경유함을 알고 있지만 행위를 할 때에는 도를 경유할 줄 모르니, 도가 사람을 멀리 하는

---

7 『논어』「옹야」: 子曰, 誰能出不由戶, 何莫由斯道也.

8 『논어』「술이」: 子曰, 志於道, 據於德, 依於仁, 游於藝.

것이 아니라 사람이 스스로 도를 멀리할 뿐이다. 공자가 말하는 도는 고상하거나 도달하기 어려운 것이 아니라 스스로 하고자 하면 언제나 도달할 수 있는 것이다.

인간의 삶에서 벗어나면 그것은 도가 아이다. 「중용」에서도 "도라는 것은 잠시도 떠날 수 없는 것이니 떠날 수 있다면 도가 아니다. 그러므로 군자는 보이지 않는 곳에서도 경계하고 삼가며, 들리지 않는 곳에서도 두려워하는 것이다."[9]

인간의 도리 가운데 부모에게 효도하고 형제 사이에 우애를 지키는 것은 가장 기본적이고 근본적인 것이다. 그래서 유교에서는 효를 강조한다. 근본을 잊어버리고 말단을 추구하는 것은 본말이 전도된 것이기 때문이다.

공자는 하늘이 자신에게 인도를 실현할 책임을 주었다고 생각했다. 그리고 그 책임은 죽을 때까지 멈출 수 없는 것이었다. 그래서 군자와 같은 지도자는 자기의 책임을 방기하지 말고 한순간도 멈춤 없이 노력해서 백성을 편안하게 만드는 인도를 실현해야 한다고 주장했다.

> "선비는 너그럽고 굳세지 않을 수 없다. 책임이 무겁고 길이 멀기 때문이다. 인을 자기의 책임으로 삼으니 또한 무겁지 않겠는가? 죽은

9 『중용』 1장 : 道也者, 不可須臾離也, 可離, 非道也. 是故, 君子, 戒愼乎其所不睹, 恐懼乎其所不聞.라고 하였다.

뒤에야 멈추니 또한 멀지 않겠는가?”[10]

해는 뉘엿뉘엿 서산으로 지고 있는데 군자의 갈 길은 멀기만 한다. 모든 인간이 행복하게 사는 세상을 만들기 위한 책임이 끝이 나지 않기 때문이다. 그래서 공자는 “아침에 도를 깨달으면 저녁에 죽어도 좋다.”라고 말했던 것이다. 인간으로서 마땅히 해야 할 도, 그것이 바로 공자가 말하는 도이다.

배우고 실천하라

「논어」의 제일 첫머리는 “배우고 때로 익히면 이 또한 즐겁지 아니한가?”라는 말로 시작한다. 그것은 공자가 학문을 중시했기 때문이다. 다른 부분에서는 겸손한 공자였지만 학문에 대해서만큼은 누구에게도 양보하지 않는 호학정신을 가진 사람이 바로 공자였다.

“나는 열다섯 살에 학문에 뜻을 두었고, 서른 살에 자립하였고, 마흔 살에는 의혹되지 않았고, 쉰 살에 천명을 알았고, 예순 살에는 귀로 들으면 순순히 이해되었으며, 일흔 살에는 마음이 하고 싶은 것을 따

10 『논어』「태백」: 曾子曰, 士不可以不弘毅, 任重而道遠. 仁以爲己任, 不亦重乎. 死而後已, 不亦遠乎.

라서 해도 법도를 넘지 않았다."[11]

"열 집이 사는 작은 고을에 나처럼 충성스럽고 믿음이 있는 사람이 반드시 있겠지만 나처럼 학문을 좋아하는 사람은 없을 것이다."[12]

15세에 학문에 뜻을 두었다니 요즘으로 말하면 겨우 중학교 2학년 정도에 불과한 나이에 쉽지 않은 일일 것이다. 「주역」을 읽을 때는 가죽 끈이 세 번이나 끊어지도록 읽어서 위편삼절이라는 고사가 나왔으니, 공자의 학문에 대한 열의는 누구도 따라갈 수 없었을 것이다. 낮잠을 자는 제자를 호되게 나무라는 것도 학문을 게을리 했기 때문이다. 그런데 공자가 말하는 학문은 단순하게 글을 읽거나 지식을 함양하는 것만은 아니었다. 인간으로서 마땅히 행해야 할 일을 실천하고, 여유가 있으면 학문을 하라는 것이 공자의 생각이었다.

"젊은 사람들은 집안에 들어가서는 효도하고, 집 밖을 나와서는 공손하며, 삼가고 믿음 있게 하며, 널리 사람을 사랑하되 어진 사람을 더욱 친하게 해야 한다. 이것을 행하고 남는 힘이 있거든 글을 배워야 한다."[13]

---

11 『논어』「위정」: 子日, 吾十有五而志于學, 三十而立, 四十而不惑, 五十而知天命, 六十而耳順, 七十而從心所欲不踰矩.

12 『논어』「공야장」: 子日, 十室之邑, 必有忠信, 如丘者焉, 不如丘之好學也.

13 『논어』「학이」: 子日, 弟子入則孝, 出則弟, 謹而信, 汎愛衆, 而親仁, 行有餘力, 則以學文.

"군자는 먹을 때에 배부름을 추구하지 않으며, 거처할 때는 편안한 것만을 요구하지 않고, 일은 민첩하게 하고 말은 신중하게 하며, 도가 있는 사람에게 나아가 자신을 바르게 한다면 학문을 좋아한다고 말할 수 있을 것이다."[14]

이러한 이야기는 오늘날 우리가 말하는 학문과는 다소 거리가 먼 것이 사실이다. 지식보다 더 중요한 것이 인간의 도리를 다하는 것이고, 그것을 몸소 실천하는 것이 바로 학문이라고 강조한 것이다. 또한 「논어」에는 많은 이야기가 담겨있지만 결국에는 실천으로 귀결된다. 실천이 없는 지식은 공허하고, 실천하지 않는 말은 쓸모없는 이야기에 불과하다. 실천의 바탕은 바로 도덕에 있으며, 교육이나 정치도 모두 도덕적 실천을 향해 나가야 하는 것이다.

자하가 말했다. "어진 사람을 어질게 여기되 여색을 좋아하는 마음과 바꾸듯이 하며, 부모를 섬기되 자기의 힘을 다하며, 임금을 섬기되 자기 몸을 바치며, 친구와 더불어 사귈 때 말에 믿음이 있으면 비록 배우지 못하였다고 하더라도 나는 반드시 그 사람을 배웠다고 말할 것이다."[15]

---

14 『논어』「학이」: 子曰, 君子, 食無求飽, 居無求安, 敏於事而愼於言, 就有道而正焉, 可謂好學也已.

15 『논어』「학이」: 子夏曰, 賢賢易色, 事父母, 能竭其力, 事君, 能致其身, 與朋友交, 言而有信, 雖曰未學, 吾必謂之學矣.

공자와 자하는 실천을 하면 그것이 곧 학문이라고 생각했던 것이다. 지식을 습득하는 것보다 자신이 알고 있는 것을 몸으로 실천하고 완성하는 것이 가장 중요한 일이다. 지식이 많고 적은 것은 문제가 되지 않는다. 오히려 지식이 많은 사람이 겸손하지 않거나 남을 배려하지 않는다면 그것이 더 큰 문제일 것이다. 따라서 공자가 말하는 지식은 객관적 지식을 통해서 도달하게 되는 도덕적 지식이다.

"내가 일찍이 종일토록 먹지 않으며 밤이 새도록 잠도 자지 않고 생각했지만 유익함이 없더라. 배우는 것만 못하였다."[16]

"배우고 생각하지 않으면 어둡게 되고, 생각하고 배우지 않으면 위태롭게 된다."[17]

학문을 배우는 것도 중요하지만 사고하는 것도 매우 중요한 일이다. 그러나 아무 것도 하지 않으면서 생각만 하는 일은 무익한 것이다. 배우고 사고하고 실천하는 것이 상호 연관되어야 한다.

---

16 『논어』「위령공」: 子曰, 吾嘗終日不食, 終夜不寢, 以思, 無益, 不如學也.
17 『논어』「위정」: 子曰, 學而不思則罔, 思而不學則殆.

정치관, 덕으로 다스려라

공자는 정치를 통해 자신의 이상을 실현하고자 했다. 가장 빠른 길이 정치라고 생각했기 때문이다. 그래서 「논어」에는 정치적 발언이 매우 많고, 당시의 군주들과 나눈 대화도 많다. 상하관계가 무너지고 명분에 맞지 않는 전쟁을 일으키는 군주들에게 공자의 이야기는 먼 나라 이야기로 들렸을 것이다. 제자인 자로마저 공자를 세상 물정에 어둡다고 했으니 다른 사람이야 어떠했을지 알만하다.

자로가 말했다.

"위나라 왕이 선생님을 기다려 정치를 하려 하는데 선생님께서는 장차 무엇을 먼저 하시겠습니까?"

공자가 말했다.

"반드시 명(名)을 바로 잡겠다."

자로가 말했다.

"이럴 수가 있습니까? 선생님께서는 물정을 너무 모르십니다. 어떻게 바로잡을 수 있겠습니까?"

공자가 말했다.

"천박하구나, 자로야! 군자는 자신이 알지 못하는 것에 대해서는 빼놓고 말하지 않아야 한다. 명이 바르지 않으면 말이 순하지 못하고, 말이 순하지 않으면 일이 이루어지지 않는다. 일이 이루어지지 않으면 예악이 발흥하지 않고, 예악이 발흥하지 않으면 형벌이 맞지 않고, 형벌이 맞지 않으면 백성이 수족을 둘 데가 없을 것이다. 그러므로 군자가 이름을 지으면 반드시 말을 할 수 있고, 말을 하면 반드시 행할 수 있으니, 군자는 말에 대해서 구차한 것이 없을 뿐이다."[18]

제나라 경공이 공자에게 정사에 대해서 묻자, 공자가 말했다.
"임금은 임금답고, 신하는 신하다우며, 부모는 부모답고, 자식은 자식다워야 한다."[19]

위에서 말한 것을 정명론(正名論)이라고 한다. 춘추시대의 중국은 질서가 무너져 혼란한 상황이었기 때문에 공자는 정명론을 주장하며 올바른 질서의 확립을 주장했다. 공자는 각자의 직분에 맞는 언행과 덕을 실천하면 질서가 바로잡힌다고 생각했다. 그 가운데서도 군주의 덕성이 정치의 전제조건이 되어야 한다고 주장한 것이다.

"덕으로 정치를 하는 것은 비유하자면 마치 북극성이 제 자리에 있고

---

18 『논어』「자로」: 子路曰, 衛君待子而爲政, 子將奚先. 子曰, 必也正名乎. 子路曰, 有是哉. 子之迂也, 奚其正. 子曰, 野哉, 由也. 君子於其所不知, 蓋闕如也. 名不正則言不順, 言不順則事不成, 事不成則禮樂不興, 禮樂不興則刑罰不中, 刑罰不中則民無所措手足 .故, 君子名之, 必可言也, 言之, 必可行也, 君子於其言, 無所苟而已矣.

19 『논어』「안연」: 齊景公, 問政於孔子, 孔子對曰, 君君臣父父子子. 公曰, 善哉, 信如君不君, 臣不臣, 父不父, 子不子, 雖有粟, 吾得而食諸.

뭇 별들이 북극성을 향하는 것과 같다."[20]

"법령을 가지고 인도하며 형벌을 가지고 가지런하게 하면 백성이 형벌을 면하기는 하겠지만 부끄러움이 없을 것이다. 덕으로 인도하고 예로써 가지런하게 한다면 부끄러움도 알고 또한 바르게 될 것이다."[21]

군주 자신도 도덕적이어야 하는 것은 물론 덕으로 백성을 다스려야 부끄러움도 알고 근본적인 치유가 될 수 있다. 군주가 바르지 않으면 아무리 명령을 해도 백성이 따르지 않기 때문이다. 군주의 덕성만큼 중요한 것이 있다면 그것은 신뢰의 정치다. 백성에게 신뢰를 얻지 못하면 나라가 존립할 수 없기 때문이다.

공자가 말했다.

"자기 자신이 바르면 명령하지 않아도 행하고, 자신이 바르지 않으면 비록 명령해도 따르지 않는다."[22]

자공이 정사에 대해서 묻자 공자가 말했다.

"식량을 풍족하게, 군사력을 튼튼하게 하면 백성이 믿을 것이다."[23]

---

20 『논어』「위정」: 子曰, 爲政以德, 譬如北辰, 居其所, 而衆星共之.

21 『논어』「위정」: 子曰, 道之以政, 齊之以刑, 民免而無恥. 道之以德, 齊之以禮, 有恥且格.

22 『논어』「자로」: 子曰, 其身正, 不令而行, 其身不正, 雖令不從.(자로 6)

23 『논어』「안연」: 子貢問政, 子曰, 足食足兵, 民信之矣.

신뢰는 개인적인 관계에서도 중요하지만 군주가 백성에게 신뢰를 받는 것은 더욱 중요하다. 아무리 경제적으로 풍족하고 국방이 튼튼해도 신뢰가 없으면 언제든지 무너질 수 있기 때문이다. 덕망 있는 사람은 신뢰를 잃지 않고, 신뢰를 잃은 사람은 덕망도 없다.

공자의 덕치주의가 당시 군주들에게 환영받지 못한 것은 오랜 시간을 요구하기 때문이었다. 그렇지만 덕치가 비록 오랜 시간이 걸린다고 하지만 따지고 보면 훨씬 빠른 것이었다. 당시의 군주들은 당장의 이익만 갈망했기 때문에 덕치를 채택하지 못한 것이다. 정치를 하다보면 빠른 효과를 보는 것도 있지만 오랜 시간이 필요한 경우도 많다. 그런데 대부분의 위정자들은 빠른 효과를 통해서 사람들에게 호감을 사려고 하는데 치중했다. 그것이 결국 근본적인 문제를 해결하지 못한다는 사실을 알지 못한 것이다. 위정자의 덕이 통치의 근본이기 때문에 공자의 정치관을 덕치주의라고 한다.

배우고자 하는 이,
누구든 나에게 오라

공자의 학문에 대한 열정은 제자에 대한 교육으로 연결되고 있다. 즉, 공자는 정치가이자 사상가이면서도 탁월한 교육자였다. 재여와 같이 게으른 제자는 혼을 내서라도 학문에 정진하게 만들었고, 안연과 같이 모든 것을 완벽하게 해내는 제자에게는 사랑과 격려를 아끼지 않았다. 또한 자로와 같이 용기만 숭상하고 힘을 자랑하는 제자에게는 사고하며 행동할 수 있도록 지도했다. 이와 같이 공자는 제자의 장단점을 모두 파악한 상태에서 교육에 임했으며, 배우고자 하는 의지를 가진 사람에게는 언제든지 문을 열고 환영했다.

> 호향 지방 사람들과는 함께 말하기 어려운데 호향 지방의 동자가 찾아와 공자를 뵈니 문인들이 이상하게 여겼다. 그러자 공자가 말했다. "그가 전진하려고 하는 것을 허락한 것이지 그가 퇴보하는 것을 허락한 것이 아니다. 어찌 심하게 대하겠는가? 사람이 자신을 깨끗하게 해서 앞으로 나가면 그 깨끗함을 허락할 뿐이지 과거의 잘못을 도와주는 것이 아니다."[24]

호향 지방 사람들은 선하지 못했기 때문에 어린 학생이 공자에게 배우고자 했을 때 제자들은 몹시 반대했다. 하지만 공자는 스스로 개과천선해서 전진하려고 하는 사람들을 받아들인 것뿐이지 그들의 잘못을 용서하거나 불선을 허락한 것이 아니라고 했다.

"마른 고기 한 묶음 이상을 가지고 와서 예를 행한 사람으로부터는

---

24 『논어』「술이」: 互鄕, 難與言, 童子見, 門人惑, 子曰, 與其進也, 不與其退也, 唯何甚. 人, 潔己以進, 與其潔也, 不保其往也.

내 일찍이 가르치지 않은 적이 없었다."[25]

특히 공자를 존경할 만 한 점은 계급이 존재하는 사회에서 계급에 상관없이 제자를 받아들이고 교육에 임했다는 점이다. 간단한 예를 갖춘다면 수업료에 상관없이 받아들여 가르쳤다. 공자의 교육에 대한 열의는 몇 가지 원칙에 의해 진행되었는데 첫째, 재질에 따라 교육내용과 방법을 달리했다. 오늘날과 같이 획일적인 교육이 아니라 제자들의 장 · 단점을 명확하게 파악한 다음 그에 맞는 방법을 적용시켰던 것이다. 둘째, 배우기를 원하는 제자에게는 신분의 귀천을 막론하고 누구에게나 배움의 기회를 베풀었다. 스스로 예를 갖추어 찾아오면 가르쳐 주지 않은 적이 없었던 것이 공자였다. 셋째, 누군가 시켜서 학문을 하는 것이 아니라 자발적이고 능동적인 교육을 중시했다. 스스로 노력하는 사람은 비록 재주가 부족해도 큰 산을 이룰 수 있지만 재주만 믿고 노력하지 않는 사람은 성공할 수 없다. 그래서 공자는 제자들이 성실하게 노력하는 사람이 되기를 바랐던 것이다.

"스스로 노력하지 않으면 개발시켜주지 않고, 말로 표현하지 못해 애태우지 않으면 일러주지 않으며, 한 모퉁이를 들어 주었는데 세 모퉁

25 『논어』「술이」: 子曰, 自行束脩以上, 吾未嘗無誨焉.

이를 증명하지 못한다면 다시 가르쳐 주지 않는다."[26]

"비유하건대 산을 만드는데 한 삼태기를 이루지 못해서 멈추는 것도 내가 멈추는 것이며, 비유하건대 평평한 땅에 비록 한 삼태기를 붓는 것도 나아가는 것은 내가 나아가는 것이다."[27]

"인이 멀리 있는가? 내가 인을 하고자 하면 이에 인이 이를 것이다."[28]

학문의 궁극적인 목적은 인을 완성하는 것이다. 그런데 인이 너무 멀어서 중도에 포기하는 사람도 생기고 처음부터 엄두도 내지 못하는 경우도 있다. 하지만 공자는 비록 어려운 길이지만 자신의 의지에 따라서 인에 도달할 수 있다고 생각했다.

넷째, 교육자의 모범을 통한 교육이 공자의 특징이다. 공자의 교육방법 중에서 가장 좋은 교육은 간접적 교육이라고 할 수 있는데, 그것은 실제 가르치는 행위를 통해서 교육하는 것이 아니라 교사의 모범적 언행을 보고 듣는 가운데 피교육자가 스스로 터득하게 만드는 것이기 때문이다. 「논어」 전편을 통해서 알 수 있는 것은 공자가 매우 인간적인 교육을 실시했다는 점이다. 인간적 교육의

26 『논어』「술이」: 子曰, 不憤不啓, 不悱不發, 擧一隅, 不以三隅反, 則不復也.

27 『논어』「자한」: 子曰, 譬如爲山, 未成一簣, 止吾止也, 譬如平地, 雖覆一簣, 進吾往也.

28 『논어』「술이」: 子曰, 仁遠乎哉. 我欲仁, 斯仁至矣.

초점은 교육자와 피교육자 사이에 발생하는 교감을 통해서 인격적 감화를 준다는 데 있다.

공자를 만세사표라고도 부르는데 즉, 온 세상의 모범이 되는 스승이라는 뜻이다. 스승 되기도 어렵고 제자 되기도 어려운 세상에 공자는 탁월한 인품과 덕망으로 3천명의 제자를 두었다. 그리고 공자의 가르침을 잘 따라 72명의 제자는 전문가가 되었다. 우리나라에도 성균관과 234개 향교에 공자를 비롯한 성현들이 모셔져 있는데, 그 뒤에는 지폐에도 나오는 명륜당이라고 하는 공간이 있다. 성현을 본받아 열심히 학문에 정진하라는 의미일 것이다.

공자의 일이관지,
인

「논어」의 일관된 주장은 다름 아닌 인이다. 학문에 있어서도, 정치를 할 때도, 사람을 대할 때도, 모두 인으로 일관되게 할 것을 주장하고 있다. 인이란 타인을 사랑하는 것보다 가까운 부모형제를 사랑하고, 그 마음을 미루어 타인과 만물을 사랑하는 것이다. 그래서 공자는 인을 실천하는 방법으로 효도와 우애를 첫 번째로 삼았다.

사실 인을 한 마디로 표현하는 것은 어려운 일이다. 공자는 사람의 성격이나 인품 또는 학문적 수준에 따라 인을 다르게 설명하고 있기 때문이다. 그래서 「논어」에는 인에 대한 다양한 설명이 나오지만, 이곳에서는 크게 세 가지로 요약하고자 한다.

첫째, 인은 타인을 사랑하라는 의미의 애인(愛人)이다.

번지가 인에 대해서 묻자, 공자가 말했다.

"사람을 사랑하는 것이다."

또 지혜에 대해 묻자 공자가 말했다.

"사람을 아는 것이다."[29]

공자가 말하는 사랑은 차별적인 사랑이다. 모든 사람을 공평하게 사랑하라는 의미가 아니라 가까운 사람을 먼저 사랑하고 그 마음을 미루어 대중을 사랑하라는 의미이다. 타인이란 나를 제외한 모든 사람을 말하는데, 공자는 그 중에서도 내 부모와 형제를 먼저 사랑하고 그 다음에 이웃과 세상 사람들을 사랑하라고 말한다. 그것이 바로 차별적 사랑 혹은 차등적 사랑이다. 또한 사랑이 자기 가족이나 인간에게만 머무는 것이 아니라 온 천하의 사물에까지 확산되어야 진정한 '사랑'이라고 할 수 있다.

"오직 어진 사람이라야 사람을 좋아할 수도, 미워할 수 있다."[30]

---

29 『논어』「안연」: 樊遲問仁, 子曰, 愛人. 問知, 子曰, 知人.

30 『논어』「이인」: 子曰, 惟仁者, 能好人, 能惡人.

"대중이 그를 미워하더라도 반드시 살펴보고, 대중이 그를 좋아하더라도 반드시 살펴야 한다."[31]

공자는 사람을 사랑하는 일은 아무나 할 수 있는 일이 아니라고 했다. 마음이 어질고 덕망이 있는 사람만이 좋아하고 미워할 수 있다는 것이다. 일반적인 사람들이 호오의 감정을 마음대로 드러내지만 그것은 잘못된 편견에 치우치기 쉽다. 따라서 친하거나 가까운 사람에게 향하는 편견도 없어야 하고, 미워하거나 먼 사람에 대한 편견도 없는 사람만이 진정으로 사람을 사랑할 수 있는 것이다.

둘째, 인은 충서(忠恕)이다. 충서는 인을 실천하는 방법이라고 말할 수 있는데, 송나라의 주희는 자신의 마음을 다하는 것을 '충'이라고 하고, 자신의 마음을 널리 미루어 가는 것을 '서'라고 하였다. 공자는 "자기가 원하지 않는 것을 남에게 시키지 말라"라는 말로 표현했다.

공자가 말했다.

"증삼아! 내 도는 일관되어 있느니라."

증자가 "예"하고 대답했다.

공자가 나가자 문인들이 물었다.

---

31 『논어』「위령공」: 子曰, 衆惡之, 必察焉, 衆好之, 必察焉.

"선생님께서 무엇을 말씀하신 것입니까?"

증자가 말했다.

"선생님의 도는 충서일 뿐입니다."[32]

자공이 질문했다.

"한 마디 말로 죽을 때까지 실천할 수 있는 것이 있습니까?"

공자가 말했다.

"그것은 아마 서일 것이로다. 자기가 원하지 않는 것을 남에게 시키지 말아야 한다."[33]

소극적 '서'와 적극적 '충'의 실천 방법을 통해서 완성된 인간이 바로 인자요 성인이다. 보통 사람들은 이기심을 바탕으로 타인에 대한 배려가 부족하거나 자기 욕심을 채우려다 남을 해치는 경우가 많다. 하지만 인을 실천하는 군자나 성인은 어렵고 힘든 일이나 남이 싫어하는 것을 스스로 먼저 해야 한다. 그렇기 때문에 오히려 많은 사람으로부터 사랑을 받거나 윗자리에 오를 수 있는 것이다. 나쁜 것은 내가 먼저 하고, 좋은 것은 남에게 양보하는 마음이 쉽

32 『논어』「이인」: 子曰, 參乎. 吾道一以貫之. 曾子曰, 唯. 子出, 門人問曰, 何謂也. 曾子曰, 夫子之道, 忠恕而已矣.

33 『논어』「위령공」: 子貢問曰, 有一言而可以終身行之者乎. 子曰, 其恕乎. 己所不欲, 勿施於人.

지는 않지만 그것이 바로 인이요 충서이다.

남에게 보이기 위해 학문을 하거나 아첨하는 행위는 인과 거리가 멀다고 할 수 있다. 자신을 속이고 남을 속이는 위선이기 때문이다. 그래서 공자는 "말을 교묘하게 잘하고 얼굴빛을 잘 꾸미는 사람 가운데는 어진 사람이 드물다"라고 했던 것이다. 자신과 남을 속이지 않고 진심으로 배려하고 자기보다 나은 사람을 통달하게 해 주는 것이 바로 충서의 정신이다.

셋째, 인은 극기복례이다.

인간은 누구나 욕심을 가지고 있는데, 이러한 욕심이 자신의 이기심을 만들기에 타인을 사랑하는 마음도 사라지고 사회의 조화를 파괴하는 주범이 된다. 따라서 욕심을 제거하고 줄이는 것이야말로 인에 도달하는 가장 중요한 방법이라고 할 수 있다. 이렇게 욕심을 줄여서 공자가 표방하는 예를 회복하는 길이 바로 인이라고 할 수 있다. 공자는 그것을 극기복례라고 말했다.

안연이 인에 대해서 묻자 공자가 말했다.

"자기의 사사로운 욕망을 이겨내서 예를 회복하는 것이 인을 행하는 것이니 하루라도 자기의 사사로운 욕망을 이겨내서 예를 회복한다면 천하가 인으로 돌아갈 것이다. 인을 행하는 것은 자신으로부터 말미암는 것이지 남으로부터 말미암는 것이겠는가?"

안연이 말했다.

"자세한 조목을 듣고 싶습니다."

공자가 말했다.

"예가 아니면 보지 말고, 예가 아니면 듣지 말고, 예가 아니면 말하지 말고, 예가 아니면 행동하지 말라."

안연이 말했다.

"제가 비록 민첩하지는 못하지만 이 말씀을 따르고자 합니다."[34]

안연은 공자의 가장 훌륭한 제자였다. 다른 사람은 인에 도달하지 못했지만 안연은 공자도 인정하는 인자였다. 그러한 안연이 극기복례에 대해서 듣고 실천하고자 한 것이다. 비록 남들은 하루에 한 번도 도달하기 어려운 경지를 안연은 삼 개월 동안이나 지켰다고 하니 실로 대단한 인물이었던 것 같다.

"안회는 그 마음이 삼 개월 동안 인을 떠나지 않았는데, 그 나머지 사람들은 하루에 한번 혹은 한 달에 한 번 이를 뿐이었다."[35]

"어질구나, 안회여! 한 대바구니에 담긴 밥과 한 표주박에 담긴 음료수를 먹으며 누추한 마을에 있는 것을 사람들은 견디지 못하는데 안

34 『논어』「안연」: 顔淵問仁, 子曰, 克己復禮爲仁, 一日克己復禮, 天下歸仁焉, 爲仁由己, 而由人乎哉. 顔淵曰, 請問其目. 子曰, 非禮勿視, 非禮勿聽, 非禮勿言, 非禮勿動. 顔淵曰, 回雖不敏, 請事斯語矣.

35 『논어』「옹야」: 子曰, 回也, 其心三月不違仁, 其餘則日月至焉而已矣.

회는 그 즐거움을 고치지 않았으니 어질구나, 안회여!"[36]

위의 글은 단사표음(簞食瓢飮)의 고사로 유명한 대목이다. 보통 사람은 가난을 견디지 못하지만 안회는 가난함 속에서도 자신이 좋아하는 것을 따르고 행했던 인물이었다. 그래서 공자가 안연을 아끼고 사랑했던 것이다.

인은 단순히 인격에만 해당하는 개념은 아니다. 예를 행할 때도, 음악을 연주할 때도 모두 인을 바탕으로 삼지 않아야 하는 것이다. 예와 음악은 조화를 귀하게 여기는 것인데, 그 속에서도 인간다운 마음을 바탕으로 하지 않으면 아무 소용이 없다. 즉, 아무리 뛰어난 재주를 가졌더라도 인간답지 못한 사람이라면 그 재주는 쓸모가 없는 것이다. 재주만 있고 마음이 어질지 않으면 오히려 해를 끼치게 될 것이기 때문이다.

이상과 같이 공자는 자신의 학문 목표를 인의 완성, 인의 실현에 두었다. 그에게는 일정한 스승이 없었지만 누구에게나 배움의 자세를 잃지 않았고, 심지어 제자들에게도 자신의 잘못을 인정하고 허물을 고치는 불치하문(不恥下問)의 정신을 가진 인물이었다. 이러한 정신이 인을 실현하고 성인이 되도록 만든 것이다.

36 『논어』「옹야」: 子曰, 賢哉回也. 一簞食一瓢飮, 在陋巷, 人不堪其憂, 回也不改其樂, 賢哉回也.

군자를 꿈꾸다

공자는 학문을 하고 실천을 하면서 자신이 희망하는 세상을 만들고자 했으며, 이러한 세상은 군자에 의해서 만들어져야 한다고 생각했다. 물론 「논어」에는 군자보다 더 훌륭한 성인이나 인자가 나오지만 현실적으로 도달할 수 있는 인간이 바로 군자였기 때문이다. 「논어」에 나오는 군자에 대한 이야기는 대부분 소인과 대비시켜 나오는데, 군자와 소인을 대비시키면 훨씬 이해하기 쉽기 때문일 것이다.

"군자는 덕을 생각하고 소인은 거처할 곳을 생각하며, 군자는 형벌을 생각하고 소인은 은혜를 생각한다."[37]

"군자는 정의에 밝고 소인은 이익에 밝다."[38]

"군자는 위로 통달하고 소인은 아래로 통달한다."[39]

군자가 중시하는 덕목은 공자가 말한 인의예지라고 할 수 있

---

37 『논어』「이인」: 子曰, 君子懷德, 小人懷土, 君子懷刑, 小人懷惠.

38 『논어』「이인」: 子曰, 君子喩於義, 小人喩於利.

39 『논어』「헌문」: 子曰, 君子上達, 小人下達.

다. 즉, 군자는 의를 으뜸으로 삼고 예를 행하며 잠시라도 인을 떠나지 않아야 한다. 그 가운데서도 군자와 소인을 구별하는 가장 중요한 기준은 의에 따라 행위 하느냐 아니며 이익에 따라 행위 하느냐에 있다. 의라는 것은 군자가 행위 하는 가장 중요한 기준이다. 따라서 예를 행할 때도 의가 바탕이 되어야 한다. 또한 군자이긴 하지만 인자가 되지 못하는 사람이 있기 때문에 군자는 항상 인을 떠나지 않으려고 해야 한다.

군자는 타인을 대할 때도 타인의 아름다운 점을 이루어주고 타인의 악함을 이루지 못하게 해야 한다. 맹자는 군자를 타인이 선을 행하도록 도와주는 사람이라고 하였는데, 공자와 맹자는 모두 군자에 대해서 선을 행하는 인간의 본성을 적극적으로 완성시켜주고 악행을 방지하는 사람이라고 생각했던 것이다. 또한 군자는 어진 사람을 존경하고 대중을 포용하며 착함을 아름답게 여기고 능력이 부족한 사람을 불쌍하게 여겨야 한다. 맹자가 말하는 측은지심을 가지고 대중을 사랑하고 어려운 사람을 도와주는 것이다.

본능과 도덕의 문제가 상충될 때도 군자의 면모는 여지없이 드러난다. 즉, 군자는 배불리 먹기를 구하지 않고 거처함에 편안하기를 요구하지 않으며 재물에 농락되지 않아야 한다. 의롭지 않은 부귀는 뜬구름과 같기 때문이다. 군자, 인자, 성인은 모두 물질적 욕망이나 동물적 본능을 억제하고, 백성을 위하는 마음을 갖고 있다는 점에서는 공통점이 있다. 그러나 본능과 도덕의 문제 사이에서 마찰이 발생했을 때, 군자는 본능을 억제하고 자제하는 반면, 인자는 포용하고 즐기려는 마음이 있고, 성인은 그들을 조화시키고자 하는 경향이 강하다고 할 수 있다. 본능을 억제하고 타고난 본성을 회복하면 타인에게 해를 끼치지 않게 된다.

사람을 대할 때 군자는 거만하거나 교만하지 않고, 공손하고 공경하며, 부모에게 효를 다하고 신의를 지키며, 충절을 굽히지 않아야 한다. 그리고 늘 반성하며 허물을 되풀이 하지 않으려는 자세를 가지는 것이 진정한 군자이다. 증자는 하루에 세 가지를 반성했다고 하는데, 이러한 일일삼성의 정신이 바로 모든 원인을 남에게 돌리지 않고 자신으로부터 원인을 찾는 행위라고 할 수 있다.

"군자의 허물은 일식이나 월식과 같다. 허물이 있으면 사람들이 모두 그것을 보고, 허물을 고치면 사람들이 그를 우러러본다."[40]

군자는 많은 사람이 우러러보는 존재이기 때문에 작은 잘못도 용납되지 않는다. 그렇다고 군자가 허물이 없는 것은 아니다. 허물을 반복하지 않고, 허물이 발견되면 즉시 고치려는 자세가 있다면 그것이 바로 군자의 자세라고 할 수 있다.

공자는 세상의 일은 모두 사람에 의해서 이루어지기 때문에 도

40 『논어』「자장」: 子貢曰, 君子之過也, 如日月之食焉. 過也, 人皆見之, 更也, 人皆仰之.

덕군자를 양성하고 교육시켜 세상에 가득 차게 만들고자 했다. 군자가 만드는 아름다운 세상에는 바람을 따라 눕는 풀처럼 많은 사람이 함께 동참할 것이기 때문이다. 그래서 공자는 성인을 볼 수 없다면 군자라도 만나고 싶다는 탄식을 하게 된다.

대동사회를 그리며

유가 철학은 어떠한 철학적 이념보다 인간의 사회성을 중시하며, 유가 철학의 핵심개념인 인은 인간이 사회적 존재임을 분명하게 드러내고 있다. 그러므로 인을 완성한다는 것은 사회적 존재로의 완성을 의미하며, 자신의 도덕적 완성을 통해서 모든 인간과 사회가 도덕적으로 완성될 것을 의미한다. 도덕적 인간들에 의해서 이룩된 도덕적 이상사회는 인으로 충만한 사회를 의미하며 이를 대동사회(大同社會)라 칭한다. 대동사회는 유가에서 추구하는 가장 이상적인 사회다. 공자를 위대한 휴머니스트라고 일컬을 수 있다면, 그의 휴머니즘은 인에 집약되어 있고, 인의 구현에 의해 이 지상에 이상사회를 건설하려는 것이 그의 목표였다. 그런데 「논어」에는 대동사회에 대한 구체적인 설명이 나오지 않는다. 따라서 「예기」의 언급을 통해 대동사회의 내용을 살펴보고자 한다.

"큰 도가 행해지면 천하가 공평하게 된다. 어진 덕이 있는 자나 재능이 있는 자를 뽑고, 믿음을 가르치고 화목함을 닦는다. 그러므로 사람들은 자기의 어버이만을 친애하거나 자기의 자식만을 친애하지 않게 된다. 노인은 안락하게 삶을 마칠 수 있고, 젊은이는 충분히 자기의 힘을 사용할 수 있으며, 어린이는 안전하게 자랄 수 있고, 홀아비, 과부, 부모 없는 고아, 자식 없는 외로운 사람과 그리고 병든 사람들이 모두 보살핌을 받을 수 있게 된다. 남자에게는 일정한 직업이 있고, 여자에게는 시집을 갈 곳이 있다. 재물을 땅에 버리지는 않지만 그렇다고 반드시 자기가 가지려고 하지 않으며, 힘이 있어도 자기만을 위하지 않는다. 그러므로 간사한 모의는 닫혀져서 생겨나지 않고, 도둑이나 폭동이 일어나지 않는다. 그래서 바깥문을 닫지 않고 안심하고 생활한다. 이것을 대동이라고 한다."[41]

대동사회가 되기 위한 대전제는 서두에 나온 '천하가 공평하게 된다'는 말에 있다. 천지나 일월은 한 개인을 위해서 존재하거나 한 개인이 소유할 수 있는 것이 아니다. 모든 사람이 공평하게 누릴 수 있는 공유물인 것이다. 인간의 욕망을 자극하고, 악의 근원이 되는 물질을 천지나 일월처럼 만민이 평등하게 소유하며 사사로운 사유물로 전락시키지 않는 것이 바로 대동사회다.

41 『예기』「예운」: 大道之行也, 天下爲公. 選賢與能, 講信脩睦. 故人不獨親其親, 不獨子其子, 使老有所終, 壯有所用, 幼有所長, 矜寡孤獨廢疾者, 皆有所養, 男有分, 女有歸. 貨惡其棄於地也, 不必藏於己, 力惡其不出於身也, 不必爲己. 是故, 謀閉而不興, 盜竊亂賊而不作. 故外戶而不閉, 是謂大同.

대동사회에 사는 인간들은 인간애의 실현을 부모와 가족에게 한정시키지 않고 만민으로 확산시키기도 한다. 공자가 꿈꾸는 유토피아, 그것이 바로 모두가 공평한 대동의 세계이다. 백성이 편안하게 먹고 살면서 아무런 걱정이 없는 세상을 만들기 위한 공자의 노력은 죽을 때까지 멈추지 않았다. 경전을 저술하고 제자를 양성하며 먼 미래에라도 대동사회가 이루어지기를 갈망했던 것이다. 공자의 사상을 근거로 본다면 대동 사회를 완성하기 위해서는 다음과 같은 것들이 이루어져야 한다.

첫째, 사유물은 소유하되 재물을 독점해서는 안 된다. 대동세계를 실현하기 위한 근본적인 토대는 물질적인 측면에 있다. 물질적 욕망이 채워지지 않은 사람에게 도덕적 행위의 당위성을 강조한다고 해서 도덕적 행위를 하는 것은 아니기 때문이다. 공자는 '균등한 분배의 정의'가 지켜져야 한다고 주장했다. 특히 기층민들의 민생경제 보장이라는 대전제 하에서만 분배는 정당화 될 수 있으며, 그렇지 않은 상태에서는 정당하지 못한 것으로 간주된다.

둘째, 어질고 능력 있는 사람이 정치를 담당해야 한다. 도덕적 인간들로 구성된 이상 사회를 건설하기 위해서는 위정자의 도덕성이 선결되어야 한다. 위정자의 도덕성이 선결되어야 하는 것은 백성들에게 미치는 영향력 때문이다. 공자는 어진 자를 등용하면 어질지 못한 자가 멀어지게 된다고 하였다. 고금을 막론하고 존재하는 정치인들의 부정부패는 도덕성 결여에 기인한다. 모든 문제를 도덕성 회복으로부터 해결할 수 있다고 믿었던 유가의 정치이념은 이러한 측면에서 현대 사회에서도 유효성을 잃지 않고 있다.

셋째, 가족주의를 확대하여 사해동포주의(四海同胞主義)가 되어야 한다. 가족주의로부터 발생한 유가의 도덕관은 차등적 사랑을 통해서 만인을 평등하게 사랑하는 방향으로 나아간다. 따라서 내 집안의 노인을 노인으로 대접하듯이 남의 노인에게까지 미치고, 내 어린아이를 어린아이로 사랑하듯이 남의 어린아이에게까지 미루어나간다고 하는 이념 속에는 현대인의 개인주의적 풍조를 쇄신시킬 수 있는 의미가 담겨 있다. 대가족에서 핵가족으로 변모한 현대 사회에서 유가의 가족주의가 지속되기는 어렵다. 따라서 가족주의의 확대를 통해서 가족의 범위를 인류로 확산시켜야 한다.

넷째, 소외된 계층을 위한 사회가 되어야 한다. 소외된 계층은 의지할 데 없는 사람들이다. 그러므로 노인과 어린아이, 병들고 가난한 사람들, 의지할 데 없는 외로운 사람들은 사회적인 제도적 장치에 의해서 보호되어야 한다. 특히 춘추전국시대와 같은 혼란한 사회에서 백성들은 전쟁과 기아에 시달리고 있었으며, 계급으로 인한 신분 차별은 극복하기 어려운 문제였다. 따라서 이들이 인간다운 삶을 살 수 있도록 사회적으로 보장된 제도적 장치가 마련된다면 여민동락(與民同樂)하는 사회가 될 수 있고, 이상 사회의 건설에 가까워질 수 있을 것이다.

다섯째, 개인의 능력과 자율성이 보장되어야 한다. 공자의 학도들이 계급적 차별에 관계없이 교육받을 기회를 가질 수 있었던 것은 이러한 사상에 기초하고 있다. 사회가 혼란하게 된 원인을 계급 질서의 붕괴로 규정했던 공자는 비록 계급을 인정하고 있지만, 계급적 차별로 인해서 개인의 능력이 소장되는 것을 원하지 않았다. 그에게 있어서 차별은 도덕적 완성에 따른 차별이 더욱 중요하게 다루어지고 있기 때문이다. 따라서 덕 있고 어진 사람이 등용되고, 자신의 재능을 발휘할 수 있도록 기회가 주어지는 사회가 대동사회다. 이것은 모든 인간이 동일한 능력을 가지고 태어났기 때문에 동일한 대우를 받아야 된다는 것을 의미하지는 않는다. 능력 있는 사람은 능력에 맞게 등용되고 능력 없는 사람일지라도 버림받지 않는 사회를 의미하는 것이다.

이상에서 언급한 대동사회의 구체적인 내용은 모두 이상적인 사회 건설을 위해서 필수적인 요소들이다. 즉, 자기의 욕망을 극복하고, 천하의 이익을 위해서 모든 인간이 노력하는 사회가 곧 대동사회다. 따라서 공자는 하루만이라도 인을 실행한다면 천하가 모두 인으로 돌아올 것이라고 하였던 것이다. 인을 사랑이라는 말로 해석한다면 대동사회는 사랑으로 충만한 사회임에 틀림없다. 이상적인 사회 건설을 도덕적 기초로부터 마련하고자 했던 공자의 노력이 생명력을 갖고 지속될 수 있었던 것은 과거와 현재의 인간이 보편성을 가지고 있다는 사실을 반증하는 예가 될 수 있다.

제 2 장

노자

욕심을 줄이면 행복하리라

老子

'도'라고 말 할 수 있는 도는 불변하는 도가 아니고, 이름 지을 수 있는 이름은 불변하는 이름이 아니다. 무명(無名)이 천지의 시작이며, 유명(有名)이 만물의 모태다. 그러므로 언제나 무욕(無欲)으로 오묘함을 관찰할 수 있고, 유욕(有欲)으로 움직임을 볼 수 있다. 이 두 가지는 같은 것인데 겉으로 드러난 이름만 다른 것이다. 동일하다는 것은 심오함을 말하는 것이요, 심오하고 또 심오하니 모든 오묘함의 문이 된다.

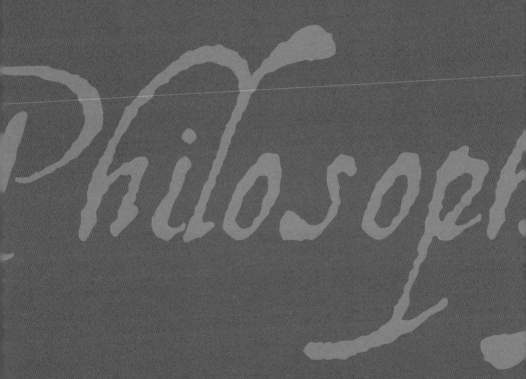

동양 정신의 보고,
노자

동양에 가장 많은 영향을 끼친 사상은 아마도 유가와 도가일 것이다. 이 두 사상은 서로 상반되는 주장을 하고 있으면서도 중국은 물론 동양에 가장 큰 영향을 끼친 사상이다. 그 대표적인 인물이 유가의 공자와 도가의 노자라고 할 수 있다.

춘추시대의 중국은 질서가 무너져 혼란한 상황이었기 때문에 공자는 정명론(正名論)을 주장하며 올바른 질서의 확립을 주장했다. 각자의 직분에 맞는 언행과 덕을 실천하면 질서가 바로잡힌다고 생각한 것이다. 그 가운데서도 군주의 덕성이 정치의 전제조건이 되어야 한다고 주장했다. 하지만 노자는 이와 달리 인간의 인위적 행위가 오히려 사회와 국가를 혼란하게 만들기 때문에 자연성을 회복하고 무위(無爲)로 대처할 때 안정될 수 있다고 주장했다. 그래서 노자는 유가의 핵심 사상인 예(禮)와 악(樂)을 부정하고 무위자연의 순수한 본래 모습으로 돌아가기를 희망했던 것이다. 그 결과 오랜 세월동안 유가는 현실 정치에서 중요한 역할을 담당했고 도가는 백성들의 마음에 깊이 뿌리를 내렸다. 따라서 공자와 노자를 대표로 하는 두 사상은 중국은 물론 동아시아 문명에 중추적 역할을 했던 사상이라고 할 수 있다.

「노자」는 동양의 고전 가운데 가장 많이 읽히는 책 가운데 하나다. 그런데 도가 사상이 그렇듯 노자라는 책에 대해서는 여러 가지 학설이 분분한 것도 사실이다. 무위자연을 주장하는 도가에서 저작을 남긴다는 것 자체가 모순되는 일이라고 보는 학자도 있다. 따라서 노자의 작자 문제는 지금도 논란이 되고 있다.

노자는 운문형식의 글로 짧게 작성되어 있어서 매우 함축적인 의미를 담고 있다. 전체 내용은 81편의 글이 상하 양편으로 나뉘어 있으며, 약 5,000자로 구성되어 있다. 1편에서 37편까지가 상편인 '도경(道經)'이라 하며, 38편부터 81편까지가 하편인 '덕경(德經)'이라 칭하는데 이것을 합해서 「도덕경」이라 한다. 노자의 내용을 잘 살펴보면 여러 사상가의 글이 혼재된 것을 느낄 수 있을 것이다. 따라서 이 책은 한 사람에 의해 작성된 것이 아니라 여러 학자들의 견해가 혼합된 것이라고 보는 것이 타당하다. 그런데 사마천은 「사기」에서 이 책을 노자의 저작이라고 밝히고 있다.

노자는 도와 덕을 닦았는데, 그 학문은 자신을 숨겨 이름을 내지 않기 위해 힘쓰는 것이다. 주나라에 오래 살다가, 주나라가 쇠퇴해지는 것을 보고 드디어 그곳을 떠났다. 함곡관(函谷關)에 이르자 관문을 지키는 수장(守將) 윤희(尹喜)가 노자에게 말했다.

"선생께서 장차 숨으려 하시니 억지로라도 저를 위해 책을 써 주십시오."

이에 노자는 상하 두 편의 책을 써서 도덕의 뜻을 5천여 자로 말하고 떠났다. 그가 생을 마친 것을 아무도 알지 못했다.[42]

노자가 어떻게 세상을 떠났는지 어디로 사라졌는지 알 수 없다는 표현은 아마도 노자를 신비화하고 무위적인 모습으로 드러내기 위함인 것 같다. 노자가 160세 또는 200세까지 살았다는 이야기도 이러한 것과 상호 연결된 것이다. 사기에서 노자의 생애에 대해 간략하게 언급하고 있는 내용을 보면 더욱 쉽게 알 수 있다.

노자는 초나라 고현(苦縣)의 여향(厲鄕) 곡인리(曲仁里) 사람이다. 성은 이(李), 이름은 이(耳), 자는 담(聃)이고 주나라 왕실서고의 사관(史官)이었다. 공자가 주나라에 가서 노자에게 예(禮)에 대해 묻자 노자가

42 『사기』 권63 「노자한비열전」: 老子脩道德, 其學以自隱無名為務. 居周久之, 見周之衰, 廼遂去. 至關, 關令尹喜曰 : 「子將隱矣, 彊為我著書.」於是老子廼著書上下篇, 言道德之意五千餘言而去, 莫知其所終.

말했다.

"그대가 말하는 예라는 것은 그것을 말했던 사람들의 뼈와 더불어 모두 썩어버리고, 오직 그 말만 남아 있을 뿐이다. 그리고 군자는 때를 얻으면 마차를 타고, 때를 얻지 못하면 떠돌아다닌다. 내가 듣건대, 훌륭한 장사꾼은 물건을 깊이 감추어두고 마치 빈 듯이 하고, 군자는 많은 덕을 지니고 있으나 겉모습은 마치 어리석은 것 같이 한다고 했다. 그대는 교만한 기운과 많은 욕심, 잘난 체하는 태도와 잡념을 버리는 것이 좋다. 이런 것들은 모두 그대 자신에게 무익한 것이다. 내가 그대에게 알려줄 것은 이것뿐이다."

공자는 돌아와서 제자들에게 말했다.

"나는 새가 하늘을 잘 날고, 물고기가 헤엄을 잘 치며, 들짐승이 잘 달리는 줄 알고 있어 달리는 것은 그물로 잡을 수 있고, 헤엄치는 것은 낚싯줄로 잡을 수 있으며, 나는 것은 줄 화살로 잡을 수 있다. 그러나 용에 이르러서는 나는 능히 알 수 없다. 용은 바람과 구름을 타고 오르기 때문이다. 나는 오늘 노자를 만났는데, 그는 용과 같았다."

오늘날 우리가 보는 노자는 하상공이 주석한 판본과 왕필이 주석한 판본이다.[43] 그런데 최근 노자에 대한 문헌이 발굴되면서 언

43 하상공은 한문제(B.C 180-157) 때의 인물로 노자의 도덕경을 가장 잘 이해해서 주석서를 남겼는데, 황하 강가에 살았기 때문에 하상공(河上公)이라 불리었다. 왕필은 삼국시대 위(魏)나라의 학자로 24세의 젊은 나이로 죽었지만 당시 이미 도덕경과 주역에 관한 주석을 남긴 천재 철학자였다고 한다.

제 저술되었는가의 문제가 대두되었다. 하나는 죽간본이라고 하여 대나무 조각에 글을 쓴 것이고, 하나는 백서본이라고 하여 비단에 글을 쓴 것이다. 죽간본은 분량이 적어 본래 노자의 글을 발췌한 것이라고 보는 견해가 많고, 백서본은 후난성 마왕퇴 유적지에서 발견되었는데 오늘날 알려진 판본과 똑같이 81편으로 구성되었지만 상편과 하편의 순서가 뒤바뀌어 있다. 노자는 기원전 3~4기 무렵에 만들어진 것으로 추정된다.

노자에 대한 해석은 다양한 학자들에 의해서 이루어졌으며, 최초 서양어 번역은 예수회 선교사에 의해 라틴어로 번역되었다. 그리고 이 필사본이 1788년 영국왕립학회에 소개되면서 기독교와 연관되는 계기가 되었다. 이후 19세기에 이르러 제임스 레그가 중국문화에 대한 철저한 연구를 바탕으로 노자에 대한 번역을 완성했다. 노자는 동양 고전 가운데 서양에서 가장 많이 번역된 책이다. 초기의 기독교와 신비주의적 색채로 해석되던 한계를 뛰어넘어 점차 문화에 바탕을 둔 해석이 등장했지만 여전히 동서양 모두 노자에 대한 신비적 모습을 버리지 못하고 있는 것도 사실이다. 춘추시대의 사회 상황을 이해한다면 노자의 사상은 단순한 수양론적 의미보다 정치적 기술이 내포되어 있음을 인식해야 한다. 그동안 많은 사람들에 의해 도가 학파의 사상은 유가와 상반된 것으로 간주하고 반사회적, 반문명적, 반인륜적 사상으로 간주되었다. 이러한 생각이 물질중심의 사회를 반성하는 의미가 담겨 있지만 지나치게 편협된 사고로만 흘러간다면 역기능 또한 만만치 않을 것이다. 어떠한 사상이든 그 시대의 문제를 극복하기 위해 제시되고 사회를 반영한다는 의미에서 다양한 접근 방법과 해석이 필요하다.

노자가 말하는 도의 본체

노자 사상의 핵심은 '도(道)'이다. 물론 유가를 비롯한 제자백가가 모두 도를 말하고 있지만 노자가 말하는 도는 만물을 생성시키는 근원적인 의미의 도라고 할 수 있다. 노자의 도를 말로 표현하는 것은 사실 매우 어려운 일이다. 더구나 인간의 지각으로 인지할 수도 없고 지혜로도 표현할 수 없는 것이다. 그래서 '노자의 사상은 신비주의'라는 말도 생겨났을 것이다. 신비주의는 중세의 종교에서 신의 본질과 존재를 알 수도 없고 접근할 수도 없다고 주장하는 데서 충분히 나타난 것처럼 노자의 철학에서도 그러한 요소가 없다고 할 수는 없다. 그래서 노자는 다음과 같이 말하고 있다.

"만물이 혼돈의 상태일 때는 천지보다 먼저 생겨나 적막하고 조용하다. 홀로 있어 바뀌는 일이 없고 두루 행하여 위태로움도 없으니 이 세상의 어머니가 될 수 있다. 나는 그 이름을 알 수 없어 그저 도라 불러 본다. 억지로 명명하라 한다면 '대'라고 하겠다."[44]

노자는 도를 사실상 언표 불가능한 존재로 표현하고 있다. 언어가 가진 한계를 인식하고 있을 뿐 아니라 무한한 도를 유한한 언어로 표현한다는 것은 불가능한 일이었던 것이다. 즉 노자가 말하는 도는 언어가 가진 능력을 초월한 곳에 존재한다. 또한 도는 말로 표현할 수도 없지만 이름을 붙일 수도 없는 존재다. 그래서 '무'라고 표현하기도 하고 '황홀'이라고 말하기도 한다.

> "보아도 보이지 않는 것을 이름 하여 '이'라 하고, 들어도 들리지 않는 것을 이름 하여 '희'라 하며, 잡아도 잡히지 않는 것을 이름 하여 '미'라 한다. 이 세 가지로는 밝혀 낼 수 없는데 그것은 하나로 뒤섞여 있기 때문이다. 그 위라서 더 밝은 것도 아니고 그 아래라서 더 어두운 것도 아니다. 끝없이 이어지니 무어라 이름 붙일 수도 없고 결국 아무 것도 없는 상태로 돌아간다. 이를 일러 '형상 없는 형상'이라 하니 아무 것도 없는 모습이다. 이것을 '황홀'이라 한다."[45]

인간의 감각기능으로는 설명할 수 없는 우주의 본원을 '이' '희' '미'라고 표현하고 있으며, 아울러 황홀이라 말하고 있는데, 이러한

44 『노자』 25장 : 有物混成 先天地生. 寂兮寥兮, 獨立不改, 周行而不殆. 可以爲天下母. 吾不知其名. 字之曰道. 强爲之名曰大.

45 『노자』 14장 : 視之不見, 名曰夷. 聽之不聞, 名曰希. 搏之不得, 名曰微. 此三者, 不可致詰, 故混而爲一. 其上不皦, 其下不昧, 繩繩不可名. 復歸於無物, 是謂無狀之狀, 無物之象, 是謂惚恍.

표현은 도를 단순한 자연적 질서라는 의미 이상을 표현하고자 한 것이다. 당시 유가에서 사용하던 도의 의미는 우주의 이법과 사회적 질서를 의미하는 것으로 사용되었는데 노자는 이러한 의미를 배제하고 매우 포괄적이고 근원적 의미로 사용한 것이다.

근원적인 모습을 인간의 능력으로는 파악할 수 없다는 사실이 노자의 도를 어렵게 만들었을 것이다. 표현하지 않을 수도 없고 표현한다고 해도 적절한 언어를 찾을 수 없었기 때문이다. 노자가 말하는 진리의 세계는 혼돈의 세계다. 혼돈의 세계는 인간의 감각기관으로 파악할 수 없기 때문에 보아도 보이지 않고 들어도 들리지 않으며 잡아도 잡히지 않는 세계에 속한다. 그렇지만 인간이 인식하지 못한다고 존재하지 않는 것은 아니다. 그래서 형상이 없는 형상이라고 표현 한 것이다.

> "'도'라고 말 할 수 있는 도는 불변하는 도가 아니고, 이름 지을 수 있는 이름은 불변하는 이름이 아니다."[46]

인간이 파악한 도는 참된 도가 아니고 인간이 붙인 이름은 참된 이름이 아니라고 노자는 말하고 있다. 이 부분은 노자에 나오

46 『노자』 1장 : 道可道非常道, 名可名非常名. 無名天地之始, 有名萬物之母. 故常無欲以觀其妙, 常有欲以觀其徼. 此兩者同, 出而異名. 同謂之玄. 玄之又玄, 衆妙之門.

는 말 가운데 가장 유명한 말이기도 하면서 가장 설명하기 어려운 말이기도 하다. 인간이 말로 표현하는 도는 인간의 인식세계 속에서 가능한 것이다. 즉, 말이란 어떤 것에 대해서 구별할 수 있을 때 가능하게 된다. 따라서 말로 표현 가능한 도는 인간의 의식세계에서 가능한 것이지 본래의 모습은 아니다. 참된 진리는 인간의 의식세계에서 파악하기 이전의 상태를 말하는 것이다. 그래서 노자는 "도가 입을 통해 나오면 담박하여 아무런 맛도 없다. 보려고 해도 보이지 않고 들으려고 해도 들리지 않으며 아무리 써도 부족함이 없다"[47]라고 말했다.

노자가 말하는 도라는 것은 만물이 존재하는 이유요 모든 이치의 근거가 된다. 만물은 제각기 이치가 다르지만 도는 만물의 이치의 모든 근거가 되며, 우주 만물은 도로 말미암아 도로부터 생겨난 것이다.

> "도는 영원히 이름이 없다. 비록 다듬지 않은 통나무처럼 비록 보잘것없어 보이지만 세상 누구도 신하처럼 부릴 수 없다."[48]

통나무는 그릇이 되기 이전의 상태이므로 도의 모습에 비유할

---

47 『노자』 35장 : 道之出口, 淡乎其無味. 視之不足見, 聽之不足聞, 用之不足旣.

48 『노자』 32장 : 道常無名, 樸雖小, 天下莫能臣也.

수 있다. 이러한 태초의 모습이 바로 우주의 본래 모습이며 도의 모습이다. 이러한 태초의 모습에서 만물이 생성되는 것이다. 그래서 노자는 "도가 하나를 낳고, 하나가 둘을 낳고, 둘이 셋을 낳고, 셋이 만물을 낳는다"[49]라고 했던 것이다. 마치 「주역」의 생성과정과 유사하다고 할 수 있다. 주역에서 태극이 음양을 낳고, 음양이 사상을 낳고, 점차 분화하여 만물이 탄생하는 것과 비슷한 이치이다.

인간의 감각기관으로 인식할 수 없으면서도 어느 곳에나 존재하며 만물을 생성하는 근원적인 존재인 도는 변화하면서도 변화하지 이전의 '무'의 상태이다. 모든 만물은 '유'에서 생겨나고, 유는 '무'에서 생겨나기 때문에 도와 무의 관계는 미묘하다. '무' 이전에도 도는 존재하고, 만물의 생성 과정에 있어서 도가 무를 이루고, 무에서 유가 나오는 것이다.

> "근본으로 돌아가는 것이 도의 움직임이요, 유약함이 도의 작용이다. 온 세상 모든 것은 '유'에서 생겨나고, '유'는 '무'에서 생겨난다."[50]

만물은 도에 의해서 존재하고 변화하지만 그것은 저절로 그렇게 되는 것이다. 그것을 바로 자연이라고 한다. 아무런 일을 하지

---

49 『노자』 42장 : 道生一, 一生二 , 二生三, 三生萬物.
50 『노자』 40장 : 反者道之動, 弱者道之用. 天下萬物生於有, 有生於無.

않는 것 같지만 자연스럽게 만물을 존재하게 만들고 변화하게 만드는 것이다. 그래서 '무위(無爲)'라고 말하며 "도는 항상 아무 것도 하지 않지만 그렇다고 해서 하지 않는 것도 없다"[51]라고 말한다. 인간이든 만물이든 억지로 하려고 하는 작위적 행위는 계산된 행위에 불과하다. 하지만 도는 계산된 행위를 하는 것이 아니라 자연을 따를 뿐이다. 계산되거나 계획된 행위가 아니므로 하는 것이 없는 것처럼 보이지만 실상은 모든 것이 변화하고 존재하게 만드는 원인이 된다.

무위의 정치를 위하여

춘추전국시대는 제후국들의 전쟁이 빈번하던 시기였다. 특히 춘추에서 전국시대로 넘어가는 시기에 철기가 등장하면서 생산량이 급증하였고, 그로 인해 전쟁이 더 자주 일어나 사회는 큰 혼란을 겪게 된다. 각국의 제후들은 부국강병을 추구하며 전쟁을 일삼게 되었고 백성은 전쟁에 동원되거나 무거운 세금에 시달려 굶어 죽는 지경에 이르렀다. 이러한 현실을 목도한 공자는 덕치와 예치로 백성을 다스려야 한다고 주장했으며, 묵자는 겸애를 주장하여

51 『노자』 37장 : 道常無爲而無不爲.

피지배계층의 이익을 대변하고자 했고 기타 제자백가 역시 다양한 해법을 제시하며 백성의 삶을 구제하고자 했다.

노자도 제자백가와 비슷한 생각에서 출발한다. 힘들고 고통 받는 백성을 편안하게 할 수 있는 방법이 무엇인지 고민하게 되었고 나름대로의 해법을 제시한 것이다. 노자는 당시의 상황에 대해서 다음과 같이 언급하고 있다.

> "조정은 화려한데 백성의 논밭은 황폐하고, 창고는 비어 있는데 위정자는 비단 옷을 입고 날카로운 칼을 차고 음식에 물릴 지경이 되고 재물은 남아돈다. 이것을 일컬어 도둑이라 하는 것이니 정말로 도가 아니다."[52]

> "위정자들이 세금을 너무 많이 받아먹기 때문에 백성이 굶주리는 것이다. 백성을 다스리기 어려운 것은 위정자들이 인위적으로 무엇인가를 하려고 하기 때문에 다스리기 어려운 것이다. 백성이 쉽게 죽음으로 내몰리는 것은 위정자들이 지나치게 사치스러운 삶을 추구하기 때문에 죽음으로 내몰리는 것이다."[53]

---

51 『노자』 37장 : 道常無爲而無不爲.

52 『노자』 53장 : 朝甚除, 田甚蕪, 倉甚虛. 服文綵, 帶利劍, 厭飮食, 財貨有餘, 是謂盜夸. 非道也哉.

53 『노자』 75장 : 民之饑, 以其上食稅之多. 是以饑. 民之難治, 以其上之有爲. 是以難治. 民之輕死, 以其上求生之厚. 是以輕死.

위정자를 도둑으로 여기는 것은 오늘날과 비슷한 상황인 것 같다. 백성은 굶주리는데 백성을 위해 정치를 해야 할 위정자들은 오히려 사치하며 배부르게 먹고 즐긴다면 올바른 나라가 될 수 없고 오래 지속되기도 어려울 것이다.

노자가 지적한 것은 당시 제자백가들이 지적한 문제점과 비교해도 크게 다르지 않다. 하지만 이러한 문제에 대한 원인과 해답은 서로 다르게 나타난다. 노자는 인간의 인위적인 노력이나 지혜가 발달할수록 사회는 더욱 혼란해지고 수렁으로 빠진다는 생각을 했다. 그렇기 때문에 인간의 본래 모습인 도의 상태로 돌아가야 한다고 주장했던 것이다. 그래서 노자는 "백성에게 날카로운 도구가 많을수록 나라가 더욱 혼란해지고, 사람들이 기교를 부릴수록 간사한 일들이 많이 나타난다"[54]라고 했던 것이다.

노자는 인간의 지식이나 지혜로 국가를 다스리지 말고 무위(無爲), 무사(無事), 자연(自然)으로 통치할 것을 주장했다. 인위적으로 복잡한 제도를 만들고 백성의 삶에 간섭하는 것이 아니라 스스로 생각하고 움직이며 저절로 정화되는 것이 가장 이상적인 것이라고 생각했던 것이다. 지혜가 늘어나면 인간사회는 더욱 복잡하게 되고 권모술수가 난무하여 서로를 해치게 될 것이다. 그래서 아무것도 억지로 만들지 않는 것이 오히려 안정시키는 방법이라고 생

54 『노자』 57장 : 民多利器, 國家滋昏, 人多伎巧, 奇物滋起.

각한 것이다. 노자가 "세상을 얻으려는 사람은 항상 억지로 일을 꾸미지 않아야 한다. 억지로 일을 꾸미게 된다면 세상을 얻을 수 없을 것이다"[55]라고 한 말이 바로 이러한 것을 의미한다.

하지만 어떤 학자들은 노자가 백성을 우매하게 만드는 우민정치를 주장했다고도 말한다. 왜냐하면 노자는 "백성을 다스리기 어려운 것은 그들이 지혜롭기 때문이다"[56]라는 말을 했기 때문이다. 하지만 이 말은 백성이 지혜롭기 때문에 그들을 다스리기 어려운 것이 아니라 인간의 인위적 행위가 결국 자연을 파괴하고 인간의 욕망을 부채질하기 때문에 이를 다스리기 어렵다라고 해석하는 게 옳다.

> "성인이 다스리게 되면 마음은 비우고 배는 채우며, 뜻은 약하게 하고 뼈는 튼튼하게 한다. 사람들로 하여금 항상 무지와 무욕하게 하고, 지혜로운 사람들로 하여금 감히 인위적인 행위를 하지 못하게 한다. 억지로 하고자 하는 것이 없으니 다스려지지 않는 것이 하나도 없다."[57]

무지와 무욕, 무위가 진정으로 백성을 어리석게 만들기 위한 것인지 고민해야 한다. 노자의 말을 그대로 받아들이면 우민정치

55 『노자』 48장 : 取天下, 常以無事. 及其有事, 不足以取天下.

56 『노자』 65장 : 民之難治, 以其智多.

57 『노자』 3장 : 是以聖人之治, 虛其心, 實其腹, 弱其志, 强其骨. 常使民無知無欲, 使夫智者不敢爲也. 爲無爲則無不治.

를 주장했다고 말할 수 있지만 전체적인 노자의 말을 종합해서 본다면 이것은 통치형태의 한 방법일 뿐이지 백성을 진정으로 어리석은 존재로 만들기 위한 것이 아니다. 노자가 말하는 성인은 바로 이러한 무위의 정치를 행하는 인물이다. 유가에서 말하는 성인도 사실 이와 다르지 않다. 유가에서는 인격적으로 가장 완성된 인간을 성인이라고 하는데, 결국 성인이 다스리는 나라는 모두가 제자리를 찾기 때문에 인위적으로 통치하지 않아도 저절로 다스려지게 된다고 강조한다. 이와 같은 의미에서 본다면 노자가 말하는 성인이나 유가에서 말하는 성인은 서로 공통점이 많다.

> "내가 억지로 일을 하지 않으면 백성은 저절로 교화되고, 내가 고요함을 좋아하면 백성은 저절로 바르게 되며, 내가 일을 꾸미지 않으면 백성은 저절로 부유하게 되고, 내가 욕심을 내지 않으면 백성은 저절로 통나무처럼 순박하게 된다."[58]

노자는 백성을 저절로 교화되고(自化), 저절로 바르게 되며(自正), 저절로 부유해지고(自富), 저절로 순박하게 되는(自樸) 존재로 파악하고 있다. 즉, 백성의 주체성을 인정하고 있다는 의미이다. 마음을 비운다는 것은 지혜를 비우고 무지로 채운다는 말이고, 뜻을

58 『노자』 57장 : 我無爲而民自化, 我好靜而民自正, 我無事而民自富, 我無欲而民自樸.

약하게 한다는 말은 마음을 비우라는 의미이다. 노자는 무위의 도에 따라 백성을 통치할 것을 주장하는 것이지 교묘한 통치술이나 강력한 제도를 통해서 백성을 다스려서는 안 된다고 말한다. 그래서 "정치가 어수룩하면 백성이 순박해지고, 정치가 치밀하게 이루어지면 백성은 교활해진다"[59]라고 한 것이다. 노자는 인위적으로 통치하지 않고 무위로 통치하는 행위를 생선을 굽는 것에 비유하기도 했다.

> "억지로 하는 자는 실패하게 마련이고, 집착하는 자는 잃을 수밖에 없다. 따라서 성인은 무위하기 때문에 실패하는 일이 없고 집착하지 않기 때문에 잃는 것이 없다."[60]

> "큰 나라를 다스리는 것은 작은 생선을 요리하는 것과 같다."[61]

노자의 정치는 무위와 무지의 정치다. 작위적으로 예악(禮樂)을 강조했던 유가의 도에 반대하고 지식을 추구하던 제자백가에 일침을 가하는 해법이었다. 정치를 생선을 굽는 것에 비유하여 이리저리 뒤척이다 모두 부서지는 정치를 하지 말라고 하였다. 오늘날

---

59 『노자』 58장 : 其政悶悶, 其民淳淳, 其政察察, 其民缺缺.

60 『노자』 64장 : 爲者敗之, 執者失之. 是以聖人無爲故無敗, 無執故無失.

61 『노자』 60장 : 治大國, 若烹小鮮.

에는 좋은 도구들이 많아서 생선을 쉽게 굽기도 하지만 넓적한 돌에 생선을 굽던 당시를 생각하면 노자의 비유를 이해하기 쉬울 것이다. 법이 발달한 현대사회에서도 국민을 위해 법을 만들지만 결국 그로인해 국민은 더 피곤하고 제약을 받게 된다. 노자가 이미 말했던 것처럼 지나치게 인위적인 방법으로 국가를 통치하는 것은 오히려 마음을 비우고 지혜를 줄이는 정치보다 수준이 낮다고 할 수 있다.

최상의 선은 물과 같다

노자의 사상 가운데 가장 큰 특징은 물과 같이 유약한 것을 강하다고 표현한 것이다. 역설적인 노자의 표현이지만 사실 물은 노자의 도를 가장 잘 표현한 단어이다. 현대인들은 노자가 말하는 물의 덕망과 지혜를 높이 평가하고 있다. 항상 낮은 곳으로 처하며 모든 것을 수용하는 태도와 더러운 것도 배척하지 않는 겸손한 물의 덕이 삶의 지혜를 담고 있다고 여기기 때문이다. 노자는 다음과 같이 말했다.

> "최상의 선은 물과 같다. 물은 만물을 이롭게 할 뿐 다투지 않고, 모두가 싫어하는 곳에 처하므로 도에 가깝다. 머물 곳을 잘 고르고, 마음

은 심연을 닮고, 사람들에게는 어질고, 말은 믿음직하며, 바르게 다스리고, 일은 능력 있게 하고, 움직일 때는 때에 맞게 한다. 다투지 않으므로 허물도 없다."[62]

여기서 '상선약수'라는 유명한 말이 나왔다. 물은 유약함의 상징이지만 그 모습에는 인간이 배우고 따라야 할 지혜가 담겨 있다고 보는 것이다. 서로 다투고 경쟁하며 전쟁을 일삼는 인간의 삶은 고통과 분노로 얼룩져 자연스러운 본성을 해치게 된다. 따라서 만물을 이롭게 하되 다투지 않는 겸손한 물의 모습이 노자에게는 매우 이상적이었을 것이다. 그래서 역설적으로 "세상에서 가장 부드러운 것이 세상에서 가장 단단한 것을 부릴 수 있다"[63]라고 한 것이다. 유연함이란 살아 있음을 의미한다. 그와 반대로 강한 것은 죽음을 의미한다. 따라서 유연한 것이 강한 것을 능히 이길 수 있는 것이다. 사람의 의식세계도 마찬가지다. 생각이 유연한 사람은 어떠한 경우에도 대처할 수 있지만 생각이 고정되어 움직이지 않는 사람은 모든 경우에 대해서 적절하게 대응할 수 없게 된다. 그래서 노자는 다음과 같이 말한다.

"사람이 살아 있을 때는 유약하지만 죽으면 굳고 강해진다. 만물과

---

62 『노자』 8장 : 上善若水. 水善利萬物而不爭, 處衆人之所惡, 故幾於道. 居善地, 心善淵, 與善仁, 言善信, 正善治, 事善能, 動善時, 夫唯不爭, 故無尤.

63 『노자』 43장 : 天下之至柔, 馳騁天下之至堅.

초목도 살아 있으면 부드럽고 연하지만 죽으면 마르고 뻣뻣해진다. 그러므로 단단하고 강한 것은 죽음의 무리이고 부드럽고 약한 것은 삶의 무리이다. 그러므로 군대가 너무 강하면 전쟁에서 패하게 되고, 나무도 강하면 부러질 뿐이다. 강화고 큰 것은 밑에 놓이게 되고, 부드럽고 약한 것은 위에 놓이게 된다."[64]

사물이든 사람이든 모든 것은 죽으면 뻣뻣하게 되고 딱딱하게 된다. 어린 아이들은 유연하고 부드럽기 때문에 높은 곳에서 떨어져도 잘 다치지 않지만 나이 많은 사람들은 넘어지면 쉽게 다치기 마련이다. 따라서 유연하다는 것은 삶의 지혜요 생명을 유지하는 법칙이다. 사상이나 철학도 경직되면 남을 이해하고 포용하는 능력이 떨어지며 자신의 아집에만 집착하게 된다. 이러한 사상은 생명력을 잃게 되어 결국 사람들에게 설득력을 잃게 되고 말 것이다. 노자가 물을 중시하는 것은 바로 자신의 아집을 가지고 있지 않기 때문이다. 자기만의 모양을 가진 존재는 자기만의 아집에 사로잡혀 있는 것과 같다. 하지만 물은 자기만의 모양이 없다. 언제나 사물의 모양에 따라 흐르고 대처한다. 그렇기 때문에 물은 자유자재로 변화하고 만물에 응대하게 되는 것이다.

64 『노자』 76장 : 人之生也柔弱, 其死也堅强. 萬物草木之生也柔脆, 其死也枯槁. 故堅强者死之徒, 柔弱者生之徒. 是以兵强則不勝, 木强則兵. 强大處下, 柔弱處上.

"천하에 물보다 더 부드럽고 약한 것은 없으나 굳고 강한 것도 물을 이기지 못하니 어떤 것도 물과 바꿀 만한 것이 없다."[65]

노자가 유연한 물의 지혜를 강조한 것은 상대적으로 강한 것을 좋다고 여기는 인간들의 어리석은 가치관에 대해서 가르침을 주는 것이다. 인간은 사물의 절대적인 가치를 보는 것이 아니라 상대적인 관점에서 바라보는 경향이 강하다. 따라서 좋은 것과 나쁜 것을 구별하려고 하고 예쁜 것과 못생긴 것을 구별해서 좋은 것과 예쁜 것은 가치가 있고 나쁜 것이나 못생긴 것은 가치가 없다고 생각한다. 하지만 인간에게 예쁜 사람이 물고기에게도 예쁘게 보이지는 않을 것이다. 따라서 예쁜 것은 상대적 가치에 불과하지 절대적인 것은 아니다. 이와 마찬가지로 인간이 부여한 상대적 가치는 인간의 눈을 멀게 만들고 올바른 판단을 하지 못하게 한다. 그래서 노자는 다음과 같이 말했다.

"유와 무가 서로 낳고, 어려움과 쉬움이 서로 이루어주며, 긴 것과 짧은 것이 서로 만들어내고, 높음과 낮음이 서로의 관계에서 비롯되고, 음과 소리가 서로 어울리고, 앞과 뒤가 서로 따르는 것이다."[66]

---

65 『노자』 78장 : 天下莫柔弱於水, 而攻堅强者, 莫之能勝, 以其無以易之.

66 『노자』 2장 : 故有無相生, 難易相成, 長短相較, 高下相傾, 音聲相和, 前後相隨.

상대적인 가치는 인간이 만들어 낸 것에 불과하다. 좋고 나쁜 것, 아름답고 추한 것, 길고 짧은 것, 강하고 약한 것 같은 개념은 모두 상대적인 개념에 지나지 않는다. 긴 것은 짧은 것과 비교할 때 긴 것이 될 수 있지만, 그것보다 더 긴 것과 비교하면 오히려 짧은 것이 된다. 따라서 긴 것은 영원히 긴 것이 될 수 없고, 짧다고 해서 영원히 짧은 것이 되지도 않는다. 노자는 이러한 상대적인 가치판단에서 오는 분별을 부정한다.

상대적 가치는 인간 스스로 만든 것에 불과하다. 사물을 있는 그대로 객관적으로 보는 것이 사물을 올바르게 보는 것이며, 그로 인한 판단도 옳게 된다. 노자가 말하는 혼돈의 세계가 바로 이러한 상대적 개념과 절대적 개념이 혼재해 있는 것을 말한다. 절대적으로 좋은 것도 절대적으로 나쁜 것도 없고, 절대 선도 절대 악도 없는 상태가 바로 혼돈이다. 인간의 의식이 만들어낸 상대적인 개념에 집착하면 세상은 모두 양분되는 것이다. 따라서 상대적인 가치판단으로부터 벗어나 절대적인 자유의 경지에 머물러야 자연스러운 삶이 된다. 그래서 성인은 무심한 상태에서 일을 처리해야 한다. 전쟁이 난무하는 것이나 경쟁이 심화되는 것도 인간의 상대적 가치로 인해 발생하는 일이다. 성인은 좋고 나쁨이 없이 모두 받아들이는 존재다. 따라서 무심한 상태에서 자연스럽게 노닐 수 있으며, 사물의 본래 모습을 인정할 수 있어야 한다.

노자가 상대적 가치를 부정하고 존재하는 사물의 절대성을 바라보도록 요구하는 것은 인간의 인위적 욕망이 만들어낸 가치에서 벗어나 절대 자유의 경지에서 삶의 가치를 추구하라는 의미이다. 수천 년 전에 살았던 노자의 가르침은 오늘날을 사는 현대인에게도 많은 교훈을 주고 있다. 좋은 집에서 살기를 바라고 부유한 삶이 최고의 가치로 인정받는 시대가 될수록 인간은 타인의 존재를 인정하지 않고 자기의 아집에 사로잡혀 올바른 모습으로 사물을 대하거나 사람을 볼 수 없다. 거울이 사물을 있는 그대로 비추듯 자연스럽게 존재의 가치를 인정할 줄 아는 삶이야말로 진정한 노자의 가르침이 주는 교훈일 것이다.

노자가 말하는
이상적 인간상

공자가 성인을 이상적 인간으로 표현하고 있는 것처럼 노자 역시 성인에 대해서 자주 언급하고 있다. 그런데 「논어」에는 사실 성인보다 군자에 대해 언급한 곳이 많다. 현실적으로 도달할 수 있는 인간이 바로 군자였기 때문이다. 이와 달리 노자는 군자에 대해서 언급한 경우는 드물고 대부분 성인에 대해 언급하고 있다.

노자는 적극적으로 정치적 모순을 극복하려고 했다기보다 소극적이지만 엄중하게 자신의 정치적 견해를 밝히고 있으며, 당시의 혼란한 상황을 극복하고자 했다. 그는 당시의 사회에 대해 "조정은 너무 적막하고 들판은 너무 황폐하며 창고는 텅 비었다. 그런데도 한 쪽에서는 비단옷을 입고 날카로운 칼을 차고 실컷 먹고 마시고도 재물은 남아 있으니 이것이 도적이 아니고 무엇이겠는가?"[67]라고 비판했다. 그리고 이러한 모순을 극복할 수 있는 성인이 나타나 정치에 참여하기를 희망했던 것이다.

노자의 정치관이 무위에 있는 것처럼 그가 바라는 이상적 인간도 무위로 일관하는 사람이다. 그렇기 때문에 노자가 꿈꾸는 인간은 도를 체득한 소박한 인간이라고 할 수 있다.

"성인은 스스로 크다고 여기지 않기 때문에 위대함을 이룰 수 있다."[68]

"문밖에 나가지 않고도 천하를 다 알고, 창으로 내다보지 않고도 하늘의 도를 볼 수 있다. 멀리 나가면 나갈수록 그만큼 덜 알게 된다. 그러므로 성인은 돌아다니지 않고도 알 수 있고, 보지 않고도 이름 지을 수 있으며, 하는 일 없이도 모든 것을 이룬다."[69]

"덕을 품은 것이 두터운 사람은 갓난아이와 같다. 독이 있는 벌이나 전갈과 뱀도 물지 않고, 사나운 맹수도 덤벼들지도 못하며, 날짐승도

---

67 『노자』 53장 : 朝甚除, 田甚蕪, 倉甚虛. 服文綵, 帶利劍, 厭飮食, 財貨有餘, 是謂道夸

68 『노자』 34장 : 以其終不自爲大, 故能成其大.

69 『노자』 47장 : 不出戶, 知天下, 不闚牖, 見天道. 其出彌遠, 其知彌少. 是以聖人不行而知, 不見而名, 不爲而成.

덮치지 못한다. 뼈는 약하고 근육은 부드럽지만 쥐는 힘은 단단하다. 아직 남녀의 교합을 알지 못하나 음경이 일어서는 것은 정기가 지극하기 때문이다. 하루 종일 울어도 목이 쉬지 않는 것은 조화가 지극하기 때문이다."[70]

"강과 바다가 모든 골짜기의 왕이 될 수 있는 까닭은 낮추기를 잘했기 때문이다. 그러므로 모든 골짜기의 왕이 되는 것이다. 그런 까닭에 백성 위에 있고자 하면 반드시 말을 낮추어야 하고, 백성 앞에 서고자 하면 반드시 자신을 뒤에 두어야 한다. 그렇기 때문에 성인은 위에 있어도 백성이 귀중하게 여기지 않고, 앞에 있어도 백성이 해롭게 여기지 않는다. 그래서 세상 모든 사람이 그를 즐거이 받들면서도 싫어하지 않는다. 그는 다투지 않기 때문에 천하의 모든 사람들이 그와 더불어 겨루지 않는다."[71]

노자가 말하는 성인은 있는 듯 없는 듯 하고, 겸손하게 낮추는 자세 때문에 누구도 그와 다투려고 하지 않는다. 어린아이처럼 순진하고 소박한 마음으로 백성을 다스리기 때문에 싫어하는 사람

70 『노자』 55장 : 含德之厚, 比於赤子. 蜂蠆蛇不螫, 猛獸不據, 攫鳥不搏. 骨弱筋柔而握固, 未知牝牡之合而全作, 精之至也. 終日號而不嗄, 和之至也.

71 『노자』 66장 : 江海所以能爲百谷王者, 以其善下之. 故能爲百谷王. 是以欲上民, 必以言下之, 欲先民, 必以身後之. 是以聖人處上而民不重, 處前而民不害. 是以天下樂推而不厭, 以其不爭. 故天下莫能與之爭.

도 없게 된다. 백성이 보기에는 아무 일도 하지 않는 것 같지만 결국에는 모든 것이 저절로 이루어지도록 하는 것이 바로 성인이다. 그러므로 성인이 통치를 하게 되면 백성도 욕망을 버리고 인위적으로 무엇인가를 하려고 하지 않게 되는 것이다.

"천지는 의식적으로 사랑하지 않는다. 만물을 추구로 여길 뿐이다. 성인도 의식적으로 사랑하지 않는다. 그래서 백성들을 역시 추구로 여긴다."[72]

추구는 제사에 사용하는 짚으로 만든 개를 말한다. 제사가 끝나면 추구는 쓸모가 없기 때문에 아무 곳에나 버려진다. 이처럼 천지가 만물을 의식적으로 사랑하지 않는 것처럼 성인도 백성을 의식적으로 사랑하지 않고 그저 스스로 살아가도록 버려두는 것이다. 노자는 진정한 사랑은 간섭하지 않고 교육시키지 않는 것이라고 했다. 인간의 지혜가 발달하면서 혼란이 더욱 가중된다고 생각했기 때문에 가만히 놓아두는 것이 가장 좋은 사랑이라고 여긴 것이다.

"하늘과 땅은 영원하니 하늘과 땅이 영원한 까닭은 자기 스스로를 위

72 『노자』 5장 : 天地不仁, 以萬物爲芻狗. 聖人不仁, 以百姓爲芻狗.

해 살지 않기 때문이다. 그러므로 영원할 수 있었다. 성인도 자기를 앞세우지 않기에 앞서게 되고 자기를 버리기에 오히려 자신이 보존된다."[73]

천장지구(天長地久)라는 제목의 홍콩 영화가 있다. 바로 노자에 나오는 말을 인용한 것이다. 천지가 오랜 생명을 유지할 수 있었던 까닭은 자신의 사적인 욕심을 부리지 않아서이다. 성인도 고정된 마음으로 사는 것이 아니라 백성의 마음을 자기 마음으로 여기며 살아간다. 세상 모든 것을 포용하기 때문에 분별심도 없게 되고, 모든 사람을 어린 아이처럼 만들어버린다. 겸손하고 자신을 낮추는 측면에 있어서는 공자와 노자의 성인에 대한 관점은 다르지 않다. 하지만 공자는 학문을 하고 덕을 쌓아 성인이나 군자가 되어야 한다고 주장하는 반면 노자는 오히려 성스러움을 없애고 지혜를 버려야 한다고 말한다. 또한 공자가 최고로 여기는 인과 의를 없애야 오히려 행복한 세상이 될 것이라고 주장한다.

73 『노자』 7장 : 天長地久, 天地所以能長且久者, 以其不自生, 故能長生. 是以聖人後其身而身先, 外其身而身存.

노자가 꿈꾸는 이상세계, 소국과민

유가의 이상사회를 대동세계라고 말한다면 노자가 꿈꾸는 세상은 어떤 모습을 하고 있을까? 어떤 사상이나 이념이 종국에 추구하는 것은 바람직한 사회를 만드는 일이다. 그러한 측면에서 노자와 도가가 추구하는 사회도 인간이 행복한 세상을 만드는 것을 목적으로 삼고 있을 것은 분명하다.

하지만 노자와 장자가 추구하는 이상사회는 제자백가가 추구하는 인위적인 모습이 아니라 무위의 정치를 통해서 도달한 이상적인 모습이다. 그래서 노자는 다음과 같이 이야기 했다.

> "국토가 작고 백성이 적으며 여러 가지 기구가 있어도 쓰지 않고, 백성으로 하여금 죽음을 중히 여기고 멀리 떠돌지 않게 한다. 비록 배와 수레가 있어도 탈 필요가 없으며 갑옷과 병기가 있어도 쓸 필요가 없다. 백성으로 하여금 다시 새끼줄을 묶어서 옛날처럼 의사를 전달하게 하고, 맛있게 먹고 잘 입고 편안하게 살고 풍속을 즐기도록 한다. 이웃나라의 닭과 개가 우는 소리가 서로 들려도 백성이 늙어 죽

74 『노자』 80장 : 小國寡民, 使有什佰之器而不用, 使民重死而不遠徙. 雖有舟輿, 無所乘之, 雖有甲兵, 無所陳之. 使人復結繩而用之. 甘其食, 美其服, 安其居, 樂其俗. 隣國相望, 鷄犬之聲相聞, 民至老死不相往來.

도록 서로 왕래하지 않는다."[74]

한 마디로 말해 '소국과민'이다. 나라는 크지 않아도 좋고 백성은 많지 않아도 된다는 말이다. 영토를 넓히고 많은 백성 위에 군림하는 국가가 아니라 비록 나라도 작고 백성이 적어도 모두가 행복한 나라를 꿈꾸었던 것이다. 어떤 제도를 어떻게 만들고, 행정구역은 어떻게 정하며, 군사와 법률은 어떻게 운용해야 한다는 주장을 하지 않고 있다. 인위적인 모습으로 구축된 국가를 희망하지 않기 때문이다. 좋은 도구나 무기가 있어도 쓸 일이 없게 만들고, 백성으로 하여금 그저 편안하게 먹고 살 수 있는 나라면 충분한 것이다. 이를 두고 노자의 사상을 원시사회로 회귀하는 것으로 해석하는 경우도 있지만 반드시 그렇게 이해할 필요는 없다. 인간의 문명은 점차 발달해 가는 것이지 후퇴하는 경우는 없기 때문이다.

노자가 아무리 원시사회로 돌아가자는 주장을 했다고 해도 그렇게 되기는 쉬운 일이 아닐 것이다. 그런 의미에서 본다면 노자가 주장하는 소국과민의 국가는 아무 것도 없었던 비문명의 시대로 돌아가자는 의미가 아니라 그러한 문명의 이기가 있더라도 사용하지 않아도 될 만큼 소박한 사회로 돌아가자는 주장일 것이다. 노자는 수레도 없고 문자도 없는 사회를 희망하는 것이 아니라 그런 것들을 사용하지 않아도 되는 소박하고 자족한 국가를 이상사회라고 여겼다.

"장차 오므리고자 한다면 반드시 먼저 펼쳐야 한다. 장차 약하게 하려면 반드시 먼저 강하게 해야 한다. 장차 망하게 하려거든 반드시 먼저 흥하게 해야 한다. 장차 빼앗고자 한다면 반드시 먼저 주어야 한다. 이것을 일러 미명이라 한다. 부드럽고 약한 것이 굳세고 강한 것을 이긴다. 물고기가 연못에서 나와서는 살 수 없는 것처럼 나라를 이롭게 만드는 것도 사람들에게 보여서는 안 된다."[75]

노자는 오므리는 것과 펴는 것, 약한 것과 강한 것, 망하는 것과 흥하는 것, 빼앗는 것과 주는 것을 대립적 구도로 표현하고 있는데 이러한 구도는 상호 배척되는 것이 아니라 하나의 통일된 구조 속에서 순환하는 것이라고 여겨진다.

노자가 "오므리고자 하면 반드시 먼저 펼쳐야 한다"라고 한 말을 뒤집어 보면 "장차 펼치고자 한다면 반드시 먼저 오므려야 한다"는 말이기도 한다. 당시 사회는 혼란으로 치닫고 전쟁으로 많은 백성이 목숨을 잃는 상황이었기에 노자는 한 걸음 진보하기 위해 뒤로 물러서기를 원했던 것이다.

유가에서는 인의(仁義)와 충효(忠孝) 같은 덕목으로 세상을 다스려야 한다고 주장하고 있지만 노자는 이러한 것이 오히려 세상을

75 『노자』 36장 : 將欲歙之, 必固張之. 將欲弱之, 必固强之. 將欲廢之, 必固興之. 將欲奪之, 必固與之. 是謂微明. 柔弱勝剛强. 魚不可脫於淵, 國之利器, 不可以示人.

혼란하게 만든 원인이라고 주장하고 있다. 그런데 잘 생각해보면 노자의 주장이 매우 이치에 맞는 것임을 알 수 있다. 질병이 생기는 곳에 의사가 잇는 것처럼, 국가가 혼란해야 충신이 생기는 것이다. 그래서 노자는 자연스러운 도가 사라지자 인의와 같은 인위적인 도리가 생겼다고 주장했다.

> "대도가 사라지자 인의가 생기고, 지혜가 일어나자 큰 위선이 생겼다. 여러 친척이 화목하지 않게 되자 효도와 자애가 있게 되고, 국가가 혼란해지자 충신이 생겼다."[76]

일반적으로 가치 있다고 생각하는 것들이 노자에게서는 오히려 부자연스러운 것들이었다. 그래서 노자는 "성스러움을 없애고 지혜를 버리면 백성의 이로움이 백배가 되고, 인과 의를 버리면 백성은 효도하고 자애롭게 될 것이다"[77] 라고 했던 것이다. 백성에게 충성을 다하고 효도를 다하도록 가르치는 것은 그만큼 나쁜 사회가 되었다는 것을 의미한다. 따라서 통치자는 충성이 무엇인지 효도가 무엇인지도 모르게 통치하는 것이 가장 평화로운 세상이라고 강조한 것이다. 지식을 배우고 지혜가 축적될수록 인간 사회는

---

76 『노자』 18장 : 大道廢, 有仁義, 慧智出, 有大僞. 六親不和, 有孝慈, 國家昏亂, 有忠臣.
77 『노자』 19장 : 絕聖棄智, 民利百倍. 絕仁棄義, 民復孝慈.

속임수가 늘어나고 경쟁이 심화되며 복잡한 사회가 된다. 차라리 지혜를 사용하지 않고 경쟁을 하지 않아도 행복한 사회가 된다면 그것이야말로 노자가 꿈꾸는 이상적인 사회의 모습일 것이다. 그렇게 하기 위해서는 인간의 인위적 가치를 제거하고 근원적인 도의 모습으로 돌아가야 하는데 통치자가 바로 이러한 국가를 만드는 것이 최상의 정치인 셈이다.

얄팍한 인간의 지혜를 사용하는 순간 사회는 혼란으로 치닫기 때문에 노자는 "지혜로 나라를 다스리는 것은 나라를 해치는 것이 되고, 지혜로 나라를 다스리지 않는 것이 나라의 복이 된다"[78]라고 했다. 노자는 백성이 현명하게 될수록 나라를 다스리기 어렵다고 본 것이다. 그리고 통치자나 백성이 모두 어리석은 것처럼 무위자연의 상태가 가장 이상적인 모습이었던 것이다.

위정자가 충신을 귀중하게 여기면 백성은 충신이 되려 하고, 부모가 효도를 중시하면 자녀들은 효도하려 한다. 또한 사람들이 귀한 보물을 귀하게 여기면 누구나 그것을 가지려고 아우성일 것이다. 그런데 충신을 귀하게 여기지 않고 효도를 강조하지 않으며 보물을 하찮은 물건처럼 여긴다면 어떻게 되겠는가? 사람들은 일부러 충성하려고 하지 않을 것이고 보물을 보물로 여기지 않아서

78 『노자』 65장 : 以智治國, 國之賊, 不以智治國, 國之福.

다툼이 생기지 않을 것이다. 그래서 노자는 "욕심이 없으면 고요가 찾아들고 온 세상이 저절로 안정될 것이다"[79]라고 했던 것이다. 노자가 바라는 이상적인 국가는 역시 무위와 자연으로 다스리는 국가이다.

> "세상은 신령한 그릇과 같아서 인위로 다스릴 수가 없다. 인위로 다스리면 그것을 망치고, 그것에 집착하는 사람은 잃고 말 것이다."[80]

인위적인 방식으로 통치를 하려는 사람이나, 집착으로 다스리고자 하는 사람은 결국 나라를 망치게 될 것이다. 무위만이 절대적인 통치술이고, 이를 통해 도달한 국가가 가장 행복한 국가가 될 것이라는 것이 노자의 주장이다.

---

79 『노자』 37장 : 不欲以靜, 天下將自定.

80 『노자』 29장 : 天下神器, 不可爲也. 爲者敗之, 執者失之.

제 3 장

묵자

어려운 천민을 위한 서곡

墨子

성인은 천하를 다스리는 것을 자신의 임무로 삼는 사람이다. 그렇기 때문에 혼란의 원인을 반드시 살펴야 한다. 혼란은 어디에서 일어나는가? 그것은 바로 서로 사랑하지 않기 때문에 발생하는 것이다. 신하와 자식이 임금과 부모에게 효도하지 않는 것을 혼란이라고 한다. 자식이 자신만을 사랑하고 부모를 사랑하지 않기 때문에 부모를 해치고 자신을 이롭게 한다. 아우가 자신을 사랑하고 형을 사랑하지 않기 때문에 형을 해치고 자신을 이롭게 한다. 신하가 자신을 사랑하고 군주를 사랑하지 않기 때문에 군주를 해치고 자신을 이롭게 한다. 이것이 바로 혼란이다. 만약 부모가 자식에게 자애롭지 않고, 형이 동생에게 자애롭지 않으며, 군주가 신하에게 자애롭지 않다면 이 역시 혼란한 것이다.

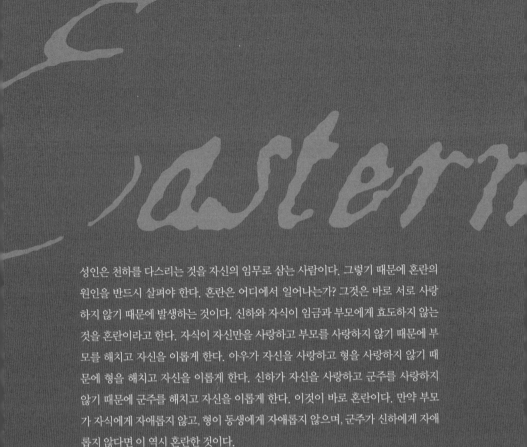

천민의 대변자,
묵자

다른 제자백가와 마찬가지로 묵자(墨子)의 생애에 대해서 알려진 기록은 거의 없다. 다만 공자보다는 조금 늦고 맹자보다는 앞선 시대에 활동했던 사상가로 알려져 있다. 게다가 묵자는 난해한 책으로 알려져 주석서도 없고 한나라 이후로 소홀하게 취급되어 오랜 세월 동안 사람들에게서 잊히고 말았다.

제자백가가 활동할 당시만 해도 "양주와 묵자의 말이 천하에 가득해서, 천하의 말이 양주에게로 돌아가지 않으면 묵자에게로 돌아간다"[81]라고 맹자는 말했다. 그래서 학자들은 당시에 가장 왕

81 『맹자』「등문공하」: 楊朱墨翟之言, 盈天下, 天下之言, 不歸楊則歸墨,

성한 학파를 유, 묵, 도, 법이라고 말하기도 한다. 그 정도로 큰 영향력을 행사했던 묵자의 사상은 진(秦), 한(漢)을 거치면서 급격하게 추락하고 말았다. 더구나 한나라로 진입하면서 유가를 존숭하게 되자 묵자의 사상은 더욱 알려지지 않게 되었고 급기야 사마천의 「사기」에는 "묵적은 송나라의 대부로서 나라의 방어를 잘하였고 절용을 주장하였다. 어떤 사람은 공자와 같은 때 사람이라 하고, 어떤 사람은 그보다 뒤의 사람이라 한다"[82]라는 불과 24글자의 매우 간략한 소개에 그치고 있다. 이처럼 묵자에 대해서 알려진 것이 거의 없으니 학자들마다 다양한 견해를 내놓기도 했다.

하지만 묵자는 잘 알지 못해도 '겸애'를 모르는 사람은 드물 것이다. 묵자의 이론 가운데 가장 널리 알려지고 핵심적인 이론이 바로 겸애이다. 겸애는 사실상 계급을 타파하고 모두가 평등하게 사랑해야 한다는 혁신적인 이론이다. 당시 천대받던 계층들을 위해 그들의 이익을 대변하고 모든 사람에게 이익이 되는 정치를 해야 한다는 이론이 바로 겸애였다. 따라서 제자백가의 사상 가운데 어려운 계층을 위한 사상으로 독보적인 위치를 차지하고 있는 것이 바로 묵자라고 할 수 있다.

묵자가 겸애를 주장한 데에는 이유가 있는데, 그것은 묵자의 출신 성분과 관련이 있다. 묵(墨)이라는 글자가 가지고 있는 의미

---

82 『사기』「맹자순경열전」: 蓋墨翟, 宋之大夫, 善守禦, 為節用. 或曰並孔子時, 或曰在其後.

에서 본다면 검다는 뜻을 가진 흑(黑)과 흙이라는 의미의 토(土)가 결합되어 노동자나 농민이 일을 하다가 얼굴이 검게 탄 계층이라는 설도 있고, 죄인의 이마에 글자를 새겨 넣는 묵형(墨刑)을 받은 사람들의 대변자라는 설도 있다. 이러한 점으로 미루어 본다면 묵자는 지배계층이 아니라 천민계층이었을 것이라는 주장이 설득력을 갖는다.

계급이 존재하고 전쟁이 극심한 시대에 천민들의 어려움을 이해하고 그들의 삶을 이롭게 하기 위해 노력했던 묵자는 앉은 자리가 따뜻해질 겨를도 없이 천하를 돌아다녔으며, 묵자의 굴뚝은 검어질 시간도 없을 만큼 분주했다고 한다. 본래 유가의 학문을 공부했던 묵자는 유가의 이론이 시대에 맞지 않고 백성의 이익을 대변하지 못한다고 생각해 유가를 비판하고 천민을 위해 앞장서게 된 것이다.

「묵자」는 묵자 자신의 저술이라기보다 그의 제자들과 추종자들에 의해 여러 세대에 걸쳐 완성되었다고 한다. 「한서예문지」에는 71편이라고 되어 있으나 현재에는 편명만 있고 본문이 없는 것이 8편, 편명도 본문도 없는 것이 10편으로서 현존하는 것은 모두 53편에 불과하다. 「묵자」를 소홀하면서 한 때는 도교의 경전 속에 포함되기도 했지만 청나라 때 이르러 필원(畢沅)이라는 학자에 의해 비로소 「묵자」에 대한 주석서가 발간되었고, 이후 손이양(孫詒讓)이 여러 이론을 정리해 오랜 세월 동안 묻혀 있던 묵자의 사상이 새로운 생명을 얻게 되었다.

「묵자」의 사상을 가장 잘 나타내는 부분은 「상현(尙賢)」, 「상동(尙同)」, 「겸애(兼愛)」, 「비공(非攻)」, 「절용(節用)」, 「절장(節葬)」, 「천지(天志)」, 「명귀(明鬼)」, 「비악(非樂)」, 「비유(非儒)」편 등이다. 이 10편은 수미상관하여 각 편의 주장이 크게 다르지 않다. 모두 백성의 이익이 되는 일을 행하고 해가 되는 일을 제거해야 한다는 것이다. 그래서 이 10편을 묵자의 10대 주장이라고 한다. 오늘날 묵자는 재조명을 받으면서 반전론자, 평화주의자, 혁명가, 노동운동가, 평등주의자 등으로 불리고 있다. 국력 소모의 전형적인 전쟁을 반대하고, 지배계급의 쓸데없는 낭비, 백성의 삶과 거리가 먼 음악을 반대하며, 후한 장례를 반대하는 등 당시로서는 매우 혁명적인 사상을 가졌다고 할 수 있다. 하지만 맹자는 묵자의 주장을 무부무군(無父無君) 즉, 부모도 없고 임금도 없는 금수와 같은 사상이라고 비판했다. 유가의 학문을 배우고 그 모순을 극복하고자 했던 묵자의 사상은 어느 측면에서는 유가의 주장과 비슷한 측면이 있지만 유가의 지배논리를 타파하고자 하는 측면이 강했다고 할 수 있다.

겸애, 남의 부모를 내 부모같이 사랑하라

묵자의 핵심사상은 누가 뭐라 해도 겸애에 있다. 겸애는 혈연을 중시하던 시대에 혈연을 초월하고 계급이 고착된 사회에서 계급초월을 주장하는 것이다. 모든 사람이 동등한 입장에서 평등하게 살아갈 수 있는 방법을 겸애라고 한 것이다. 묵자가 침략 전쟁을 반대한 것도 결국은 겸애를 파괴하는 주범이라고 생각했기 때문이다.

이러한 묵자의 주장은 당시에는 많은 사람에게 큰 호응을 얻었지만 유가의 강력한 비판을 받았다. 유가의 입장에서 볼 때 묵자의 겸애는 부모를 무시하는 것으로 받아들여졌기 때문이다. 부모에 대한 효를 중시하고 혈연적 유대를 강조했던 유가의 입장에서 볼 때 묵자의 주장은 너무 황당한 것이었다. 유가를 대표하는 공자와 맹자는 가까운 사람을 먼저 사랑하는 친친(親親)과 존귀한 사람을 존귀하게 대해야 한다는 존존(尊尊)을 주장했다. 따라서 부모와 형제, 가족, 친척이 가장 가까운 사람이며, 그들을 먼저 사랑할 수 있어야 그 마음을 미루어 타인과 만물을 사랑할 수 있다고 여겼으며 또한 군주와 신하가 엄격하게 구분되어야 한다고 주장했다. 하지만 묵자는 이러한 것이 모두 온전하게 사랑하는 방법이 아니며 혼란의 원인이 된다고 주장했다.

"성인은 천하를 다스리는 것을 자신의 임무로 삼는 사람이다. 그렇기 때문에 혼란의 원인을 반드시 살펴야 한다. 혼란은 어디에서 일어나는가? 그것은 바로 서로 사랑하지 않기 때문에 발생하는 것이다. 신하와 자식이 임금과 부모에게 효도하지 않는 것을 혼란이라고 한다. 자식이 자신만을 사랑하고 부모를 사랑하지 않기 때문에 부모를 해치고 자신을 이롭게 한다. 아우가 자신을 사랑하고 형을 사랑하지 않기 때문에 형을 해치고 자신을 이롭게 한다. 신하가 자신을 사랑하고 군주를 사랑하지 않기 때문에 군주를 해치고 자신을 이롭게 한다. 이것이 바로 혼란이다. 만약 부모가 자식에게 자애롭지 않고, 형이 동생에게 자애롭지 않으며, 군주가 신하에게 자애롭지 않다면 이 역시 혼란한 것이다."[83]

묵자는 천하가 혼란한 이유를 서로 사랑하지 않기 때문이라고 말했다. 혼란의 원인은 자신만을 사랑하는 자애(自愛) 때문이니 자애를 겸상애(兼相愛) 즉 겸애로 바꾸어야 한다고 주장한다. 묵자는 "남의 나라 보기를 자기 나라 보듯 하고, 남의 집안 보기를 자기 집안 보듯 하며, 다른 사람의 몸을 보기를 자기 몸처럼 하면 된다"[84] 라고 했다. 사실 남의 부모를 내 부모같이 사랑하거나 남의 자식을 내 자식처럼 사랑하는 결코 일은 쉽지 않은 일이다. 인간에게는 도

83 『묵자』「겸애상」: 聖人以治天下為事者也, 不可不察亂之所自起. 當察亂何自起? 起不相愛. 臣子之不孝君父, 所謂亂也. 子自愛不愛父, 故虧父而自利, 弟自愛不愛兄, 故虧兄而自利, 臣自愛不愛君, 故虧君而自利, 此所謂亂也. 雖父之不慈子, 兄之不慈弟, 君之不慈臣, 此亦天下之所謂亂也.

84 『묵자』「겸애중」: 然則兼相愛, 交相利之法, 將奈何哉? 子墨子言 :「視人之國, 若視其國, 視人之家, 若視其家, 視人之身, 若視其身.

덕적 정감이 있고 유가는 그것을 바탕으로 천하의 안정과 사회적 질서를 도모할 수 있어야 한다고 강조했지만 묵자의 입장에서 이것은 이상에 지나지 않고 쉽게 실천할 수 없다고 생각했던 것이다. 따라서 그는 유가의 주장에 반기를 들고 새로운 진단과 그에 따른 처방을 주장했다.

"만약 천하 사람들을 서로 사랑하게 한다면 나라와 나라가 서로 공격하지 않고, 집안과 집안이 서로 어지럽히지 않게 되고, 도적들이 없어지고, 군주와 신하와 부모와 자식은 모두 효도하고 자애롭게 될 것이다. 이와 같이 된다면 천하는 잘 다스려질 것이다. 그러므로 성인이 천하를 다스림에 어찌 미워함을 금지하고 사랑을 권하지 않을 수 있겠는가. 그러므로 천하가 서로 사랑하면 잘 다스려지고 서로 미워하면 혼란하게 된다. 그러므로 묵자가 다른 사람을 사랑하라고 권한 것이다."[85]

"천하의 사람들이 모두 서로 사랑하면 강한 자가 약한 자를 억누르지 않고 많이 가진 사람이 적은 사람의 것을 빼앗지 않고, 부자가 가난한 사람을 업신여기지 않고, 귀한 사람이 천한 사람에게 오만하지 않고,

85 『묵자』「겸애상」: 若使天下兼相愛, 國與國不相攻, 家與家不相亂, 盜賊無有, 君臣父子皆能孝慈, 若此則天下治, 故聖人以治天下為事者, 惡得不禁惡而勸愛? 故天下兼相愛則治, 交相惡則亂, 故子墨子曰 :「不可以不勸愛人」者, 此也.

간사한 사람이 어리석은 사람을 속이지 않게 된다. 모든 천하의 재앙과 찬탈과 원한이 발생하지 않게 할 수 있는 것은 서로 사랑함으로써만 가능한 것이다. 그래서 어진 사람들은 그것을 칭송한다."[86]

"남을 사랑하면 남도 그를 사랑할 것이고, 남을 이롭게 하면 남도 그를 이롭게 할 것이다. 남을 미워하면 남도 그를 미워할 것이고, 남을 해치면 남도 그를 해칠 것이다."[87]

겸애는 남을 사랑하는 것만이 아니라 모든 인간을 사랑할 것을 요구하는 것이다. 그렇게 되면 모든 사람에게 서로 이익이 된다. 맹자도 "남을 사랑하는 자는 남이 항상 그 사람을 사랑하고 남을 공경하는 자는 남이 항상 그 사람을 공경한다."[88]라고 했다. 그러나 맹자가 말하는 것과 묵자의 주장은 서로 다름을 알 수 있다. 묵자는 "서로 사랑한다는 일은 실행하지 않으면 안 되는 것이다. 이것은 성왕의 도이며 모든 백성에 큰 이익이 되는 것이다."[89]라고 했다.

---

86 『묵자』「겸애중」: 天下之人皆相愛, 強不執弱, 衆不劫寡, 富不侮貧, 貴不敖賤, 詐不欺愚. 凡天下禍篡怨恨, 可使毋起者, 以相愛生也. 是以仁者譽之.

87 『묵자』「겸애중」: 夫愛人者, 人亦從而愛之. 利人者, 人亦從而利之. 惡人者, 人亦從而惡之. 害人者, 人亦從而害之.

88 『맹자』「이루하」: 愛人者, 人恒愛之, 敬人者 人恒敬之.

89 『묵자』「겸애하」: 當若兼之, 不可不行也. 此聖王之道, 而萬民之大利也.

이러한 묵자의 주장을 이타주의라고 말하는 학자도 있다. 사람을 사랑하는 일은 내가 먼저 주는 것이지 남에게 받으려고 하는 것은 잘못된 것이다. 그런데 대부분의 사람은 주는 것보다 받으려고 하는 생각이 강하다. 그 결과 서로 자기의 이익만을 생각하게 되고 남의 이익에 대해서는 관대하지 못하게 된다. 묵자는 이러한 것을 간파하고 "어진 사람이 하는 일은 반드시 천하의 이익을 일으키고 천하의 해악을 제거하는 일이다"[90]라고 했던 것이다. 상호간의 이익이 되는 일이 바로 겸애이다.

유가와 묵자의 사랑법이 어찌 보면 크게 다르지 않은 것 같지만 유가는 다름을 다르게 대해야 한다고 주장하여 구별(別)을 강조하고, 묵자는 모두가 동일하게 대우받아야 한다는 겸(兼)을 주장했다. 맹자는 내 부모를 받드는 마음을 미루어 남의 부모에게 미치고, 내 자식을 사랑하는 마음을 미루어 남의 자식에까지 미친다고 했던 반면에 묵자는 내가 먼저 남의 부모를 사랑하고 이롭게 한 다음에 남도 나의 부모를 사랑하고 이롭게 해줌으로써 나에게 보답하도록 해야 한다고 말한다. 즉, 유가의 사랑은 차별적 사랑이고 묵자의 사랑은 차별 없는 사랑이다. 이것이 두 학파의 다른 점이다.

묵자의 기본 원리 가운데 겸애와 함께 언급되는 것이 교리(交利)이다. 교리는 자기의 이익을 얻기 위해서는 남을 이롭게 해야 한다

---

90 『묵자』「겸애하」: 仁人之事者, 必務求興天下之利, 除天下之害.

는 뜻이다. 묵자는 모두가 서로 사랑하고 모두가 서로 이익이 되는 방법으로 대안을 제안하고 있다.[91] 그렇기 때문에 겸애를 언급하면서 항상 교리를 함께 언급하고 있다.

공자가 군자와 소인을 구별하면서 군자는 의리를 중시하고 소인은 이익을 중시한다고 말했고, 맹자 역시 이익을 취하는 것에 반대하고 인의를 가지고 통치를 해야 한다고 말했다. 이러한 공자와 맹자의 주장과는 달리 묵자는 이익을 강조하고 있다. 그런데 묵자가 말하는 이익이란 모든 사람에 두루 혜택이 돌아가는 공적인 이익이라고 할 수 있다. 이러한 측면에서 본다면 유가의 이론과 다르지 않을 것이다. 하지만 엄격하게 구별한다면 유가는 명분을 중시해 결과보다 동기에 중점을 두고 있으며, 묵가는 동기보다 결과에 중점을 두고 있다는 것이다. 따라서 유가는 '의(義)'와 '이(利)'가 엄격하게 구별되지만 묵자는 백성의 이익이 곧 의로움인 것이다.

절용, 비공, 절장, 비악

묵자는 백성의 이익을 위해서 하는 일을 정의로 생각하고 백성의 이익을 빼앗는 정치를 반대했다. 그래서 「묵자」 곳곳에는 서로 사랑하고 서로 이익이 되도록 해야 한다는 말이 자주 등장한다. 사

---

91 『묵자』「겸애중」: 以兼相愛、交相利之法易之

랑과 이익이 서로 조화를 이룰 수 없다고 생각할 수 있지만 묵자는 이 두 가지를 절묘하게 병행시키고 있다. 따라서 묵자는 이익이 되지 않는 허례허식, 사치와 낭비, 쾌락을 일체 반대하고 모든 사람이 철저히 생산적인 일에 참여할 것을 주장한다. 그렇기 때문에 「절용」, 「비공」, 「절장」, 「비악」 등의 편에서는 당시 모순된 정치적 상황과 제거해야 할 문제에 대해 언급하고 있다. 아래에서는 묵자의 이러한 정신을 각 편에 나오는 내용에 따라 간략하게 언급하고자 한다.

첫째, 절용정신. 즉, 쓸데없는 비용을 줄이고 없애는 것이다. 백성이 먹고 살기에도 힘든 상황인데 무기를 만들거나 사치스런 생활을 한다는 것은 용납될 수 없는 것이다. 그래서 묵자는 "쓸데없는 비용을 없애는 것이 성왕의 도리이며 천하의 이익이다"[92]라고 했다.

> "옛 성왕들은 쓰임을 절약하는 방법에 대해서 '모든 천하의 공인들은 수레, 가죽 제품, 질그릇, 쇠 연장, 가구 등을 만들거나 각기 그들의 능력대로 일에 종사하도록 해야 한다. 그리고 모든 백성들이 사용하기에 충분한 정도에서 그친다'라고 했다. 성왕은 비용이 많이 들고 백성의 이익에 보탬이 되지 않는 짓은 하지 않았던 것이다."[93]

---

92 『묵자』「절용장」: 去無用之費, 聖王之道, 天下之大利也.

93 『묵자』「절용중」: 古者聖王, 制為節用之法曰 : 「凡天下群百工, 輪車鞼匏陶冶梓匠. 使各從事其所能.」曰 : 「凡足以奉給民用, 則止. 諸加費不加于民利者, 聖王弗為.」

"성인이 한 나라를 다스리면 그 나라의 부를 배로 증가시킬 수 있다. 이것을 확대하여 천하를 다스리면 천하의 부를 배로 증가시킬 수 있다. 성인이 부를 배로 증가시키는 것은 다른 나라의 땅을 빼앗아다가 늘리는 것이 아니다. 그 나라의 사정에 따라 쓸데없는 비용을 없앰으로써 부를 배로 증가시키는 것이다."[94]

한 사람이 부유하게 되는 것은 수입이 많은 것도 중요하지만 지출 경비를 줄이는 것이 중요하다. 묵자는 나라를 부유하게 만드는 근본을 비용의 절감에서 찾고 있다. 좋은 옷과 좋은 집에서 살기를 바라는 것이 인지상정이지만 이것보다 더 중요한 것은 백성의 이익과 행복이다. 옷은 추위와 더위를 막아주기 위한 것이고, 집은 바람과 비를 막거나 도둑의 침입에 대비하기 위한 것이므로 화려하기만 하고 쓸모가 없는 것은 없애야 한다. 따라서 물건을 만드는 것은 실용성과 유익함을 먼저 생각해야 하며, 천하의 이익이 되지 못하는 것은 제거해야 하는 것이다. 이것이 묵자의 절용정신이다.

둘째, 비공정신. 즉 전쟁을 반대하는 것이다. 전쟁은 국가나 개인에 있어서도 모두 해로울 분 득이 되는 경우는 많지 않다. 설령

94 『묵자』「절용상」: 聖人為政一國, 一國可倍也. 大之為政天下, 天下可倍也. 其倍之, 非外取地也. 因其國家, 去其無用之費, 足以倍之.

승리를 해서 적국의 토지와 백성을 취한다고 해도 아군의 피해 역시 적지 않을 것이다. 「손자병법」에서 손자가 싸우지 않고 승리하는 것을 최상이라고 주장한 것을 생각한다면 전쟁이 가져오는 피해는 이루 말할 수 없이 클 것이다. 따라서 묵자는 이러한 위정자들의 사리사욕을 채우는 전쟁을 강력히 반대했던 것이다.

"만약 한 사람을 죽였으면 그것은 불의며, 반드시 한 번 죽을죄가 있다고 말한다. 이렇게 말해 나간다면 열 사람을 죽였으면 열 배 무거운 불의이며 반드시 열 번 죽어 마땅한 죄고, 백 사람을 죽였으면 백 배 무거운 불의이며 반드시 백 번 죽어 마땅한 죄를 지었다고 해야 한다. 이러한 이치를 천하의 군자들은 다 알고 비난하면서 불의라고 말한다. 그런데 지금 남의 나라를 공격하여 큰 불의를 행하면서, 그 잘못을 알지 못하고 오히려 그것을 따르며 명예롭고 의로운 일이라고 칭송한다면, 진실로 불의를 모르고 있다고 해야 할 것이다."[95]

"국가에서 정치를 하면서 백성의 재물을 빼앗고 백성의 이익을 없애는 일이 이와 같이 많은데 어찌하여 그러한 전쟁을 하려고 하는가?"[96]

95 『묵자』「비공상」: 殺一人, 謂之不義, 必有一死罪矣. 若以此說往, 殺十人十重不義, 必有十死罪矣. 殺百人, 百重不義, 必有百死罪矣. 當此, 天下之君子皆知而非之, 謂之不義, 今至大為不義攻國, 則弗知非, 從而譽之, 謂之義, 情不知其不義也.

96 『묵자』「비공중」: 國家發政, 奪民之用, 廢民之利, 若此甚眾, 然而何為為之?

"지금 천하의 왕공, 대인과 군자들이 진정으로 천하의 이익을 일으키고 천하의 해로움을 제거하고자 한다면 마땅히 자주 전쟁을 일으키는 것이 천하의 큰 해로움이라는 것을 알아야 한다. 지금 인의를 실천하고 훌륭한 선비를 구하며 위로는 성왕의 도를 행하고 아래로는 나라와 백성의 이익을 실현하고자 한다면 마땅히 침략을 반대하는 이론을 살피지 않을 수 없다."[97]

묵자에게 있어서 전쟁은 국가의 근본을 잃게 하는 것이며, 백성은 자신의 생업을 포기해야 하는 일이다. 게다가 사람의 생명을 앗아가는 것은 물론 살아 있는 사람마저 불행하게 만드는 죄악일 뿐이다. 맹자가 전쟁을 반대한 것은 의로운 전쟁이 없기 때문이지만 묵자가 전쟁을 반대한 것은 이로움이 없기 때문이다. 묵자가 침략 전쟁을 반대하는 이유가 바로 여기에 있었다. 사실 어떠한 사상도 전쟁을 찬성하지는 않을 것이다. 병가(兵家)마저도 전쟁을 찬성하지 않는데, 묵자처럼 겸애를 주장하는 입장에서는 더욱 당연한 일이다. 그래서 묵자는 침략 전쟁을 반대하지만 공격해 오는 적을 막는 방어전까지 반대한 것은 아니다.

셋째, 절장정신. 즉 후한 장례문화를 반대하는 것이다. 묵자의

---

97 『묵자』「비공하」: 今且天下之王公大人士君子, 中情將欲求興天下之利, 除天下之害, 當若繁為攻伐, 此實天下之巨害也. 今欲為仁義, 求為上士, 尚欲中聖王之道, 下欲中國家百姓之利, 故當若非攻之為說, 而將不可不察者此也.

절장정신은 유가에서 중시하는 장례에도 그대로 적용되고 있다. 부모가 죽으면 3년상을 지내는 것도 반대하고 호화로운 묘지를 조성하는 것도 반대했다. 장례 자체를 반대한 것이 아니라 지나치게 형식에 치우치거나 쓸데없이 많은 비용을 들이는 것에 반대한 것이다. 유가의 입장에서 보면 장례를 간소하게 행하는 것은 불효의 극치라 할 수 있는 주장이기에 묵자는 유가로부터 많은 비난을 받기도 했다.

"묵자는 요임금, 순임금, 우왕이 간소하게 장례를 행하던 방법을 설명하면서 '세 명의 성왕을 통해서 보건대 성대한 장례와 오랜 상기는 성왕의 도가 아니다'[98]라고 하였다."

"옛날에 성왕이 장사지내는 원칙을 만들어 말했다. 관의 두께는 세 치 정도로 뼈가 썩기에 충분하게 하고, 수의는 세 벌로 하여 흉한 것을 가릴 수 있으면 충분하다. 묘혈을 팔 때는 아래로는 너무 깊이 파서 지하수가 나오지 않도록 하고, 위로는 냄새가 새어나오지 않을 정도면 된다. 봉분의 높이는 석 자 정도면 된다. 죽은 사람을 이미 장사지냈으면 산 사람들은 오랫동안 곡하지 말고 빨리 하던 일에 종사하며 각자의 능력을 발휘해 서로 이롭게 해야 한다. 이것이 성왕의 법이다."[99]

---

98 『묵자』「절장하」: 若以此若三聖王者觀之, 則厚葬久喪果非聖王之道

공자는 3년상에 대해서 천하가 지켜야 하는 공통의 예법이라고 했다. 하지만 묵자는 이것을 부정했다. 사실 묵자가 말하는 것처럼 공자가 지나치게 후한 장례를 주장한 것은 아니다. 공자는 자식이 부모의 품을 벗어나 살 수 있게 되는 기간을 3년으로 보았고, 그에 따라 부모에 대한 최소한의 은혜를 갚는 기간을 3년으로 정한 것이다. 묵자는 심지어 슬퍼서 곡을 하는 것조차 위선이라는 생각을 하고 있었다. 굶주리고 헐벗은 백성은 먹고 살기에도 바쁜데 지나친 비용을 들여가며 후하게 장례를 행하는 것이 옳은 행위라고 보지 않았던 것이다. 묵자는 검소하고 최소한의 비용을 들여 장례를 행하고 일상으로 돌아와 생산 활동을 하는 것이 모든 사람에게 이익이 된다고 생각했다.

넷째, 비악정신. 즉 음악을 반대하는 것이다. 묵자가 말하는 음악을 오늘날과 같은 의미로 생각하면 이상하게 여겨질 것이다. 현대사회에서 음악이 없는 세상은 상상할 수도 없기 때문이다. 묵자는 음악을 연주하면 각자 맡은 일을 할 수 없다는 생각에서 음악은 비생산적인 일이며 백성의 삶을 외면하는 일이라고 생각했다. 음악은 먼 고대부터 인간의 삶에서 빠질 수 없는 것이며 기쁨과 슬픔을 모두 표현할 수 있는 좋은 수단이다. 하지만 당시 위정자들은

---

99 『묵자』「절장하」: 是古聖王制為葬埋之法曰, 棺三寸, 足以朽體, 衣衾三領, 足以覆惡, 以及其葬也, 下毋及泉, 上毋通臭, 壟若參耕之畝, 則止矣. 死者既以葬矣, 生者必無久哭而疾而從事, 人為其所能, 以交相利也.」此聖王之法也.

백성의 삶을 돌보지 않고 쾌락에 빠지는 경우가 종종 있었기에 그러한 음악을 반대한 것이었다.

"백성에게는 세 가지 근심이 있다. 굶주리는 사람이 먹지 못하고, 추위에 떠는 사람이 옷을 입지 못하며, 피로한 자가 쉬지 못하는 것이다. 이 세 가지는 백성의 가장 큰 근심거리다. 이러한 상태에 있는데, 만약 큰 종을 울리고 북을 치며 거문고와 비파를 연주하고 피리와 생황을 불면서 방패나 도끼를 들고 춤을 춘다면 백성이 입고 먹을 재물은 어디서 얻을 수 있겠는가."[100]

"군자들로 하여금 음악을 듣게 한다면 정치를 처리할 겨를이 없게 하고, 천한 사람들로 하여금 음악을 듣게 한다면 일에 종사할 틈이 없게 만들 것이다. 지금의 왕공과 대인들은 오직 그것을 즐김으로써 백성이 입고 먹는 데 쓸 재물을 축내고 뺏으면서 음악을 연주하는 것이 이처럼 지나친 것이다. 그러므로 묵자는 말하기를 '음악을 연주하는 것은 그릇된 일이다'라고 한 것이다."[101]

100 『묵자』「비악상」: 民有三患，饑者不得食，寒者不得衣，勞者不得息，三者民之巨患也。然即當為之撞巨鐘，擊鳴鼓，彈琴瑟，吹竽笙，而揚干戚，民衣食之財將安可得乎？

101 『묵자』「비악상」: 與君子聽之, 廢君子聽治. 與賤人聽之, 廢賤人之從事. 今王公大人惟毋為樂, 虧奪民之衣食之財, 以拊樂如此多也. 是故子墨子曰 :「為樂非也!」

묵자는 당시의 사회 상황에 대해서 굶주리는 사람이 먹지 못하고, 추위에 떠는 사람이 옷을 입지 못하며, 피로한 자가 쉬지 못한다고 설명하고 있다. 그래서 먼저 백성이 행복하게 살 수 있도록 해야 한다고 생각한 것이다. 음악을 연주하기 위해서는 장정이나 부인들이 동원되어야 하는데 그렇게 되면 생업에 지장을 초래하게 된다. 그래서 백성에게 음악은 백해무익이었다. 만약 묵자가 오늘날과 같은 시대에 살았다고 해도 여전히 음악을 반대했을까? 그렇지 않았을 것이다. 당시에는 음악을 연주하고 듣기 위해서 많은 사람이 동원되고 막대한 비용이 들었을 것이다. 묵자는 어렵고 혼란한 시대에 음악을 들으며 백성의 고혈을 빨아먹는 위정자에 대해 경고했던 것이다. 묵자도 풍족하게 먹고 사는 정치가 이루어졌다면 음악을 반대하지 않았을 것이다.

묵자의 주장에는 일관성이 있다. 그것은 바로 백성의 이익을 위하는 일이라면 전쟁도 없어야 하고, 장례도 줄이며 음악마저 필요가 없는 것이다. 이것을 궁극적으로 겸애와 교리라고 표현했다. 서로 사랑하는 마음이 있으면 이익을 함께 나누고, 전쟁도 사라지게 될 것이다. 묵자가 말하는 의로움이란 바로 이롭게 하는 것이다.

묵자의 유가비판

묵자는 젊어서 노나라에 유학하여 예학(禮學)과 공자의 사상을 배웠으나, 전통적인 제도와 관행을 함께 비판하고 유가의 이론을 반대하는 데 주력했다. 그래서 「묵자」에는 별도의 「비유」편이 존재하며 유가에서 주장하는 거의 모든 것을 비판하고 있다.

묵자는 유가의 상례는 거짓이라고 비판하고, 혼례는 지나치게 위엄 있게 하기 때문에 위아래가 뒤집혔다고 비판한다. 그리고 천명에 관한 이론을 운명론이라 비판하면서 관리들이 그것을 믿으면 그의 직분에 태만하게 되고 농민들은 가난하게 될 것이라고 말한다. 아울러 예의와 음악을 번거롭게 만들어 사람을 혼란하게 만들고, 유가는 게으른 집단이라고 비판하고 있다.

> "예의와 음악을 번거롭게 꾸며 사람들을 어지럽히고, 오랫동안 상을 치르며 거짓으로 슬퍼하고 부모를 속인다. 운명론을 주장하며 가난에 빠져 있으면서도 고상한 채 버티고 있으며, 근본을 버리고 할 일은 버려두고서 태만한 것을 편하게 여기고, 먹고 마시는 것을 탐하면서도 일하는 것에는 게으르다. 굶주림과 추위에 빠져 얼어 죽거나 굶어 죽을 위험에 처해도 벗어날 수가 없다."[102]

묵자가 유가를 비판하는 것은 당시 가장 큰 세력을 가진 학파

102 『묵자』「비유하」: 且夫繁飾禮樂以淫人, 久喪僞哀以謾親, 立命緩貧而高浩居, 倍本棄事而安怠傲, 貪於飮食, 惰於作務, 陷於飢寒, 危於凍餒, 無以違之.

가 유가라는 것을 증명하기도 하지만, 묵자가 천민을 위한 대변자라는 것을 생각하면 당연한 것으로 볼 수 있다. 유가는 주로 지배계층의 이론이었고 지식인들의 집단이었다. 그러나 묵가는 신분도 비천하고 경제적으로도 어려운 사람을 위한 집단이었기에 생존을 위해서는 상호 계급을 초월한 사랑과 경제적 재분배를 주장하지 않을 수 없었다. 그래서 유가의 허례허식과 같은 비생산적인 것을 지양하고 일하지 않고 놀고먹는 모습을 개선해야 한다고 생각했다. 이러한 묵자의 이론이 당시 피지배계층에게 절대적 호응을 얻을 수 있었던 것은 당연한 결과일 것이다.

묵자의 눈에 비친 유가는 부모의 상을 당해서도 거짓으로 꾸미기를 좋아하고, 겉으로는 군자인 척 하면서 실제로는 위선자의 모습을 하고 있었다. 급기야 묵자는 공자를 이중적 인간으로 묘사했다. 공자가 자신의 행동을 정당화시키려고 "굶주리고 곤궁할 때는 제멋대로 취하여 자신을 살리려고 하고, 풍부하고 배부르면 곧 위선적인 행동으로라도 자기 자신을 꾸미는 것이다"라고 말하자 "더럽고 사악하며 거짓됨이 이보다 큰 것이 있겠는가?"라고 하며 극단적인 비판을 하고 있다.[103] 언행일치와 학행일치를 주장한 공자가 곤란할 때와 편할 때의 행동을 다르게 했다는 묵자의 주장은 얼마나 신빙성이 있을지 의문이다. 적어도 공자는 세계 4대 성인 가

103 『묵자』「비유하」: 夫飢約則不辭妄取以活身, 贏飽則偽行以自飾. 汙邪詐偽, 孰大於此!

운데 한 사람이며 누구보다 열심히 세상을 살았다는 점에서 묵자의 주장을 그대로 믿을 수는 없을 것이다. 하지만 일부 유자들의 위선적인 행동과 일하지 않고 거만함을 부리는 모습이 전체 유가를 비판하기에 이르렀을 것이다. 그래서 묵자의 주장을 모두 믿는 것보다 묵자가 그렇게 주장할 수밖에 없었던 상황을 이해하는 것이 바람직할 것이다.

제 1 장

장자

졸렬한 인간 세계에서 벗어나 진정한 자유를 꿈꾸다

莊子

옛날에 장자가 꿈에 나비가 된 적이 있었다. 훨훨 날아다니는 나비가 되어 스스로 흡족해 하고 있었다. 자신이 장자라는 것도 깨닫지 못했다. 그러나 문득 잠에서 깨어나니, 자신은 엄연히 장자였다. 도대체 장자가 꿈에 나비가 된 것인지, 아니면 나비가 꿈에 장자가 된 것인지 알 수가 없었다. 장자와 나비 사이에는 반드시 분별이 있을 것이다. 이것을 일러 '물화'라고 한다.

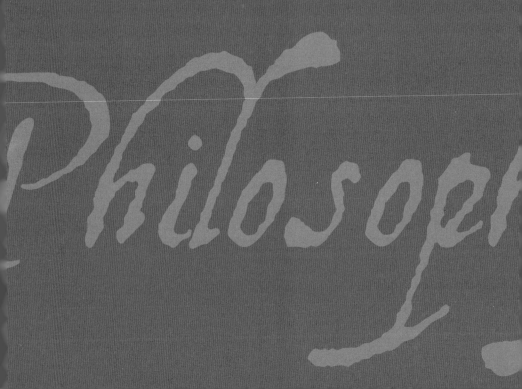

우화의 집합체,
장자

도가의 철학을 말할 때 '노장(老莊) 철학'이라고 하는데 그것은 바로 노자와 장자를 아울러 칭하는 명칭이다. 공자와 맹자의 유가 철학을 공맹철학이라고 말하는 것과 같다. 장자는 노자의 뒤를 이어 도가철학을 완성한 인물로 잘 알려져 있다.

장자가 살았던 시대는 주지하는 바와 같이 매우 혼란했던 전국시대였다. 부강한 나라를 꿈꾸는 군주들에게 유세를 하고 지위를 얻는 것을 목적으로 삼는 인물이 많았던 시대에 장자는 회의를 느끼고 자연스런 삶을 추구했다. 인간이 만든 제도나 법이 결국 추악한 사회를 만드는 것이라 생각하고 인위적인 것을 거부했던 것이다. 그래서 그의 행적이나 저술에 대해서도 자료가 많지 않으며,

장자에 대한 이야기도 많이 전하지 않는다. 사마천의 「사기」에도 장자에 대해 아주 짧게 언급되어 있을 뿐이다. 그곳에 실린 내용을 모두 담아도 다음과 같이 짧다.

장자는 몽(蒙) 출신으로 이름은 주(周)다. 장주는 일찍이 송나라의 몽읍(蒙邑) 칠원성(漆園城)의 관리를 지냈다. 양혜왕(梁惠王), 제선왕(齊宣王)과 동시대에 활약했다. 그의 학문은 관련되지 않은 분야가 없지만 그 요지는 노자의 말로 귀착된다. 그래서 10여 만 자로 된 그의 저서는 거의 대부분이 우화로 채워져 있다. 그의 저서 중 「어부(漁夫)」, 「도척(盜拓)」, 「거협(胠篋)」등은 공자의 무리를 비난하고 노자의 도를 밝혔다. 「외루허(畏累虛)」, 「항상자(亢桑子)」 등은 모두 지어낸 이야기로 사실이 아니다. 그러나 글을 잘 짓고 자유자재로 구사할 뿐만 아니라 사물을 생동감 있게 묘사하는 방법으로 유가와 묵자를 공격했으니, 당대의 이름 높은 학자라 할지라도 그의 비난을 벗어날 수 없었다. 장자의 말은 거친 물결처럼 양양하고 스스로 자유분방하여 제멋대로였으므로 왕공대인으로부터 존중받을 수가 없었다. 초나라 위왕(威王)은 장주가 현인이라는 소문을 듣고 사신을 보내 후한 예물로 맞이하여 그를 재상으로 삼으려고 했다. 장주가 듣고 웃으면서 초나라 사신에게 말했다.

"천금은 많은 재물이고, 경상(卿相)의 자리는 매우 존귀한 자리요. 그런데 그대는 교제(交祭)를 지낼 때 희생(犧牲)으로 바치는 소를 보지 못했소? 맛있는 음식으로 몇 년 동안 사육되다 아름답게 수놓은 비단 옷을 몸에 두르고 태묘에 끌려갑니다. 그때는 비록 그가 어린 돼지새끼가 되고 싶다한들 어찌 가능하겠소? 그대는 빨리 돌아가 나를 더럽히지 마시오. 나는 차라리 더러운 시궁창에서 노닐며 즐거워할지언정 나라를 다스리는 제후들에게 구속받지 않을 것이오. 죽을 때까지 벼슬을 하지 않으며 스스로 즐거운 마음으로 살 것이오."[104]

이 글을 통해서 본다면 장자는 맹자와 동 시대에 활동했으며 옻나무 밭을 관리하는 하급관리를 지낸 것으로 보인다. 장자는 벼슬에 연연하지 않고 매우 자유로운 삶을 추구했던 인물이었다. 그에게 있어서 인간의 자유는 가장 중요한 과제였기 때문이다. 이러한 「장자」의 특징 때문에 후대에도 많은 사람에게 영향을 끼쳤고, 중국인의 삶에서 내면적인 부분은 장자로 채워졌다고 해도 과언이 아닐 것이다.

장자는 현실도피주의자가 아니다. 무위자연을 주장했기 때문에 현실을 도피한 철학자로 생각하는 사람들이 많은 것 같은데 장

104 『사기』 권63 「노자한비열전」: 莊子者, 蒙人也, 名周. 周嘗為蒙漆園吏, 與梁惠王、齊宣王同時. 其學無所不闚, 然其要本帰於老子之言. 故其著書十餘萬言, 大抵率寓言也. 作漁父、盜蹠、胠篋, 以詆孔子之徒, 以明老子之術. 畏累虛, 亢桑子之屬, 皆空語無事実. 然善屬書離辭, 指事類情, 用剽剝儒、墨, 雖當世宿學不能自解免也. 其言洸洋自恣以適己, 故自王公大人不能器之. 楚威王聞莊周賢, 使使厚幣迎之, 許以為相. 莊周笑謂楚使者曰 :「千金, 重利 ; 卿相, 尊位也. 子獨不見郊祭之犧牛乎 ? 養食之數歲, 衣以文繡, 以入大廟. 當是之時, 雖欲為孤豚, 豈可得乎 ? 子亟去, 無污我. 我寧遊戲污瀆之中自快, 無為有國者所羈, 終身不仕, 以快吾志焉.」

자는 오히려 매우 현세주의적인 사상을 설파한 인물이다. 현실의 문제를 회피하거나 도피하는 것이 아니라 인간의 삶을 불행하게 만든 원인과 인간을 구속하는 모든 것으로부터의 자유를 간절하게 갈망한 것이었다. 그래서 「장자」에는 이러한 현실을 비유하고 설명하기 위해 많은 우화를 동원해 설명했고, 정상적인 사람보다 다양한 모습을 가진 인간을 등장시켜 인간의 잘못된 판단과 가치관에 경고를 보냈던 것이다.

「장자」의 완성 시기는 대략 전국시대 말기로 추정되는데, 오늘날 우리가 보는 「장자」라는 책은 서기 4세기 서진(西晉) 시대의 곽상(郭象)에 의해서 정리된 것이다. 내편 7편, 외편 15편, 잡편 11편 등 전체 33편으로 구성되어 있다. 내편의 제목은 각 편의 주제에 따라 제목을 선정했지만 외편과 잡편은 특별한 의미 없이 첫머리에 나오는 글자를 따서 붙였다. 또한 「한서예문지」에 따르면 「장자」는 52편이 존재했다고 한다. 현존하는 「장자」보다 두 배에 가까운 내용이 있었다는 주장이다.

「장자」 가운데 어느 것이 장자의 손에 의해서 직접 저술된 것인지 학자들 사이에 논란이 분분하지만 대체적으로 내편은 장자가 직접 저술했거나 장자의 철학을 가장 적절하게 내포한 것이라고 보는 견해가 많고, 외편과 잡편은 내편의 뜻을 부연한 것으로 그 자신이 쓴 것도 일부 있는 것 같지만 대부분 위작(僞作)으로 그의 후학들이 연구해 발전시킨 것이라 여겨진다.

「노자」를 「도덕경」이라고 칭하는 것처럼 「장자」도 「남화경」 또는 「남화진경」이라 칭하는데 그것은 당나라 현종이 장자를 높여서 남화진인이라고 칭한 데서 유래한다. 「장자」는 9할이 우화로 구성되었기에 어디까지가 사실인지 구분이 명확하지 않다. 하지만 장자가 현실을 도피하고 싶어서 우화나 꿈 이야기를 한 것이라고 생각하지는 않는다. 오히려 객관적으로 세상을 바라보고 냉철한 통찰을 하기 위해 우화나 꿈을 이용했을 것이다.

장자의 도

장자의 글은 대부분 우화로 되어 있기 때문에 내용을 이해하는 것은 어렵지 않을 것이다. 그러나 정작 글을 읽다 보면 알 듯 모를 듯 하는 마음이 계속 들어 어디까지 이해하고 있는지 스스로 분간하기 어려울 때가 많다. 때로는 현세주의적인 발언을 하기도 하고 때로는 현실을 부정하기도 하며, 무한한 자유를 그리워하며 세속으로부터의 탈출을 꿈꾸는 내용이 보이기도 한다. 그래서 「장자」는 어려운 글이 아닐 수 없다.

노자의 사상을 계승한 것으로 알려져 있지만 노자와는 또 다른 사변적 내용이 많고 「노자」가 정치적 목적을 달성하기 위한 부분에 치중해 있다면 「장자」는 종교적 부분으로 승화되는 측면도 있다. 그래서 장자를 남화진인이라 부르며 도교의 형성에 많은 영향을 미치기도 했던 것이다. 장자는 도에 대해 아래와 같은 재미있는 이야기로 설명한다.

동곽자가 장자에게 물었다.

"소위 도라고 하는 것은 어디에 있습니까?"

"존재하지 않는 곳이 없다."

"구체적인 예를 들어 말씀해 주십시오."

"땅강아지나 개미에게 있다."

"어떻게 그처럼 낮은 것에 있을 수 있습니까?"

"기장이나 피에도 있다."

"어떻게 그처럼 더 낮은 것에 있을 수 있습니까?"

"기와나 벽돌에도 있다."

"어떻게 그처럼 더더욱 심합니까?"

"똥이나 오줌에도 있다."[105]

장자가 말하는 도는 무소부재 즉 없는 곳이 없다. 이 세상 어느 곳에나 도가 존재한다고 생각했다. 그래서 기왓장이건 심지어 똥이나 오줌에도 도가 존재한다고 말하고 있다. 노자가 고상하고 초

105 『장자』「지북유」: 東郭子問於莊子曰:「所謂道,惡乎在?」 莊子曰:「無所不在.」 東郭子曰:「期而後可.」 莊子曰:「在螻蟻.」 曰:「何其下邪?」 曰:「在稊稗.」 曰:「何其愈下邪?」 曰:「在瓦甓.」 曰:「何其愈甚邪?」 曰:「在屎溺.」

월적 존재로 도를 묘사하는 반면에 장자는 만물 속에 도가 존재한다고 하는 주장을 하면서 인간들이 이러한 이치를 알지 못하고 엉뚱한 데서 도를 찾고 상대적 가치에 빠져 다투고 있다고 말한다. 또 다른 이야기를 보자.

포정이 문혜군을 위해 소를 잡은 일이 있었다. 그의 손이 닿는 곳이나, 어깨를 기댄 곳, 발로 밟은 곳, 무릎으로 짓누른 곳은 쓱싹하는 소리와 함께 칼이 움직이는 대로 살이 떨어져 나가는 소리가 났는데, 음률이 맞지 않는 것이 없었다. 그의 동작은 상림의 춤과 같았고, 그 절도는 경수의 음절에도 맞았다. 문혜군이 말했다.

"아. 훌륭하다. 기술이 어찌 그와 같은 경지에 이를 수 있는가?"

포정이 칼을 내려놓고 말했다.

"제가 좋아하는 것은 도인데, 이것은 재주에서 한걸음 진일보 한 것입니다. 제가 처음 소를 잡을 때는 눈에 보이는 것이 모두 소였습니다. 그런데 3년이 지나자 소의 모습은 눈에 보이지 않게 되었습니다. 지금은 정신으로 소를 보고 눈으로 보지 않습니다. 감각기관의 지각능력이 활동을 멈추고 대신 신묘한 작용이 움직이면 자연의 결을 따라 커다란 틈새를 치며, 커다란 공간에서 칼을 움직이되 본시 그러한 바를 따를 뿐인지라 힘줄이나 근육을 건드릴 일이 없는데 하물며 큰 뼈야 말할게 있겠습니까? 솜씨 좋은 백정은 1년에 한 번 칼을 바꾸는데, 그것은 살을 가르기 때문입니다. 평범한 백정들은 달마다 칼을 바꾸는 데, 뼈를 가르기 때문입니다. 지금 제 칼은 19년이 되었으며, 수 천 마리의 소를 잡았으나, 칼날은 방금 숫돌에 간 것 같습니다. 소의 뼈마디에는 틈이 있는 데 칼날에는 두께가 없습니다. 두께가 없는 것을 틈이 있는 곳에 넣기 때문에 칼을 휘휘 놀려도 항상 여유가 있는 것입니다. 그래서 19년이 지났어도 칼날은 새로 숫돌에 갈아 놓은 것 같은 것입니다. 하지만 그럼에도 뼈와 살이 엉킨 곳에 이르게 되면, 저도 어려움을 느껴 조심조심 경계하며 시선을 한 곳에 집중하고 천천히 손을 움직여서 칼의 움직임을 아주 미묘하게 합니다. 그리고 나면 칼을 들고 서서 사방을 둘러보며 만족스러운 기분에 잠깁니다. 그러다가 칼을 닦아 챙겨 넣습니다."

이 말을 듣고 문혜군이 말했다.

"훌륭하구나. 나는 포정의 말을 듣고 양생의 도를 터득했도다."[106]

이 일화는 장자가 말하는 도에 대한 표현을 적절하게 나타내고 있다. 여기서 말하는 '칼'이 바로 장자가 말하는 도라고 할 수 있다.

---

106 『장자』「양생주」: 庖丁爲文惠君解牛, 手之所觸, 肩之所倚, 足之所履, 膝之所踦, 砉然嚮然, 奏刀騞然, 莫不中音. 合於桑林之舞, 乃中經首之會. 文惠君日:「譆,善哉! 技蓋至此乎?」庖丁釋刀 對曰:「臣之所好者 道也, 進乎技矣, 始臣之解牛之時, 所見无非全牛者. 三年之後, 未嘗見全牛也. 方今之時, 臣以神遇而不以目視, 官知止而神欲行. 依乎天理, 批大郤 導大窾, 因其固然, 技經肯綮之未嘗微礙, 而況大軱乎! 良庖歲更刀, 割也, 族庖月更刀, 折也. 今臣之刀, 十九年矣, 所解數千牛矣, 而刀刃, 若新發於硎. 彼節者有閒, 而刀刃者無厚. 以無厚, 入有閒, 恢恢乎其於遊刃, 必有餘地矣. 是以十九年而刀刃若新發於硎. 雖然, 每至於族, 吾見其難爲, 怵然爲戒,視爲止, 行爲遲. 動刀甚微,謋然已解, 如土委地. 提刀而立, 爲之四顧, 爲之躊躇滿志, 善刀而藏之.」文惠君日:「善哉! 吾聞庖丁之言, 得養生焉.」

두께가 없는 칼날, 이것이 바로 도이다. 두께가 없기 때문에 비집고 들어갈 틈이 없어도 어느 곳이나 들어갈 수 있는 칼이 되는 것이다. 두께가 없다는 것은 무(無)와 같다. 물론 정확하게 말한다면 두께가 없는 칼을 움직이는 원리를 도라고 하는 말이 맞을 것이다.

칼을 자유자재로 움직일 수 있는 것은 아무나 할 수 있는 일이 아니다. 인간의 능력으로는 사실 불가능한 일이며 오직 도를 터득한 사람만이 가능한 것이다. 아무리 소를 잘 잡는 사람일지라도 오래 사용하면 칼날이 무뎌지는 것은 당연한 일이다. 칼날에는 두께가 있기 때문이다. 그런데 장자는 인간 세계에서는 존재할 수 없는 '두께 없는 칼날'을 제시했다. 상상이나 이론상으로는 가능하겠지만 실재하는 세계에서는 불가능한 것이다. 그래서 장자는 도를 말로 표현할 수도 없고 인식할 수도 없다고 했다.

> "대저 도는 정(情)과 신(信)은 있지만 작용이나 형체는 없어서 전해 줄 수는 있지만 받을 수는 없으며, 체득할 수는 있으나 눈으로 볼 수는 없다. 스스로 근본이 되기 때문에 천지가 생기기 전부터 존재했다. 귀신과 상제를 신령스럽게 하고 천지를 생성하며, 태극보다 앞서 존재하면서도 높다고 여기지 않으며, 육극의 아래에 머물면서도 깊다고 여기지 않고, 천지보다 먼저 생겼으면서도 오래된 것처럼 여기지 않고, 상고보다 오래되었으면서도 늙었다 여기지 않는다." [107]

"도는 본래 구별이 없었고 말은 본래 일정한 의미가 있지 않았다. 이 것 때문에 사물의 구별이 있게 되었다."[108]

"큰 도는 말로 칭할 수 없다."[109]

장자는 도를 무형의 존재로 규정하며 모든 만물에 앞서 존재한다고 여겼다. 아울러 인간의 인식범위를 벗어난 존재이므로 알려주거나 가르쳐서 알 수 있는 것이 아니라고 했다. 참으로 알쏭달쏭하다. 공자처럼 인간이 살아가는 도리를 표현하는 것이 아니라 오히려 인간이 만든 도를 벗어나야 비로소 도의 진정한 모습에 한걸음 가까이 갈 수 있다고 본 것이다. 물론 제자백가가 말하는 도가 실재하는 사물을 가리키는 경우는 없다. 그렇지만 인간이 밟고 걸어가는 길처럼 어느 정도 인식 가능하고, 모르는 사람에게는 길을 알려주면서 함께 걸어갈 수 있다고 생각했다. 그런데 장자에 이르러서는 이러한 도는 모두 거짓이고 진실한 도는 오관으로 느낄 수도 없고 말로 표현할 수도 없지만 우주가 존재하기 이전부터 존재했던 가장 근원적인 존재이며 어느 곳에나 존재하는 것이다. 인간

107 『장자』「대종사」: 夫道, 有情有信, 無爲無形, 可傳而不可受, 可得而不可見. 自本自根, 未有天地, 自古以固存. 神鬼神帝, 生天生地. 在太極之上而不爲高, 在六極之下而不爲深, 先天地生而不爲久, 長於上古而不爲老.

108 『장자』「제물론」: 夫道未始有封,言未始有常,爲是而有畛也,請言其畛.

109 『장자』「제물론」: 夫大道 不稱.

의 잘못된 인식이 어떠한 결과를 가져오는지 잘 나타내는 일화다.

> 남해의 황제는 숙이고 북해의 황제는 홀이고 중앙의 황제는 혼돈이다. 숙과 홀이 때때로 혼돈의 땅에서 함께 만났는데, 혼돈이 그들을 매우 잘 대접하였더니 숙과 홀이 혼돈의 은덕에 보답하려고 함께 상의하여 이렇게 말했다.
> "사람들은 모두 일곱 개의 구멍이 있어 보고 듣고 먹고 숨 쉬는데 이 혼돈만은 없으니 시험 삼아 구멍을 뚫어줍시다."
> 하루에 구멍 한 개씩 뚫었더니 칠일 만에 죽어버렸다.[110]

사람의 얼굴에는 눈, 코, 귀의 구멍 각 두 개씩 있고 입을 포함하면 모두 일곱 개의 구멍이 있다. 이것이 보통 사람들의 자연스런 모습이다. 그런데 혼돈은 구멍이 없다. 일곱 개의 구멍을 가진 사람의 입장에서 본다면 혼돈은 얼마나 답답할까? 그래서 자기들과 비슷한 모습으로 혼돈에게 구멍을 뚫어주었지만 결국 혼돈은 죽고 말았다는 이야기다. 장자는 왜 이처럼 황당한 이야기를 지어냈을까? 그것은 바로 인간이 알고 있는 얄팍한 지식으로 도의 세계를 재단하려고 하는 것에 대해 경고한 것은 아닐까? 혼돈은 그 스스로

110 『장자』「응제왕」: 南海之帝爲儵, 北海之帝爲忽, 中央之帝爲混沌. 儵與忽時相與遇於混沌之地, 混沌待之甚善. 儵與忽謀報混沌之德, 曰:「人皆有七竅以視聽食息, 此獨無有, 嘗試鑿之.」日鑿一竅, 七日而混沌死.

아무런 문제가 없는데 옆에서 보는 숙과 홀은 마치 자기들의 관점에서 답답하다고 여기고 혼돈에게 위해를 가한 것이다. 혼돈은 자연그대로의 타고난 모습이다. 그런데 인간이 거기에다 인위적인 힘을 가하는 순간 위험에 빠지게 된다. 인간이 옳다고 여기는 가치관이 정말 옳은 것인지 장자는 묻고 있다.

만물제동

인간은 매일 시비와 호오, 장단과 미추 등의 상대적 가치에 휩싸여 살고 있다. 그 결과 좋은 것과 아름다운 것만을 추구하며 그것이 충족되지 못하면 스스로 비탄에 빠지거나 실망감을 감추지 못한다. 인간의 삶은 어찌 보면 그러한 것을 충족시키는 반복적인 삶일지도 모른다. 하지만 조금만 깊이 생각하면 그러한 것들이 인간의 삶을 행복하게 만드는 것이 아니라는 사실을 알 수 있다.

장자는 상대적 가치에 매몰되어 올바른 판단을 하지 못하고 자신의 주관적 판단에 따라 사물을 규정짓는 모습에 대해 일침을 가한다. "인간들아! 생각 좀 하고 살아라!" 마치 이런 것처럼 말이다. 장자의 이러한 생각은 두 번째 편인 「제물론」에 잘 나타나 있다. 제물론은 만물을 가지런히 한다는 뜻으로, 모든 이론을 가지런하게 한다는 의미를 담고 있다. 당시 제자백가가 활동하며 지식인들이 자기의 이론만 옳다고 주장하는 모습을 비판하는 것이다.

"가령 내가 그대와 논쟁을 했다고 가정해보자. 그대가 이기고 내가 졌다면 그대는 옳고 나는 틀렸다는 말인가? 내가 그대를 이기고 그대가 내게 졌다면 내가 옳고 그대가 옳지 못한 것일까? 어느 한 쪽이 옳고 다른 한 쪽은 그른 것일까? 우리가 둘 다 옳거나 둘 다 그른 것일까? 나와 그대가 서로 알 수 없다면 다른 사람들이 어둠에 빠지고 말 것이니 내가 누구로 하여금 바르게 할 수 있겠나? 만약 그대와 의견이 같은 사람에게 판단해 보라고 하면, 그는 이미 그대와 의견이 같은데 올바로 판단할 수 있겠는가? 나와 의견이 같은 사람에게 판단해 달라고 한다면 이미 나와 같은 사람이니 어찌 올바로 판단할 수 있겠는가? 그렇다고 나와 그대 모두와 의견이 다른 사람에게 판단해 달라고 한다면 이미 나와 그대 모두와 다르니 어찌 바로잡을 수 있겠는가? 나와 그대 모두와 의견이 같은 사람으로 하여금 판단하게 한다면 이미 나와 그대 모두와 의견이 같으니 어찌 바로잡을 수 있겠는가? 그렇다면 나와 그대, 그리고 다른 사람까지도 모두 알 수 없을 것이니 또 다른 사람을 기다려야 할 것인가?"[111]

장자가 말하는 것처럼 살면서 이런 경우가 많다. 누군가와 시

111 『장자』「제물론」:旣使我與若辯矣, 若勝我, 我不若勝, 若果是也, 我果非也邪? 我勝若, 若不吾勝, 我果是也, 而果非也邪? 其或是也, 其或非也邪? 其俱是也, 其俱非也邪? 我與若不能相知也, 則人固受黮闇,吾誰使正之? 使同乎若者正之? 旣與若同矣, 惡能正之! 使同乎我者正之? 旣同乎我矣, 惡能正之! 使異乎我與若者正之? 旣異乎我與若矣, 惡能正之! 使同乎我與若者正之? 旣同乎我與若矣, 惡能正之! 然則我與若與人俱不能相知也, 而待彼也邪?

비가 붙었을 때 다른 사람을 동원해서 잘잘못을 가려달라고 하는 경우가 있다. 그런 경우 장자의 이야기를 생각하면 자기의 주장만 옳다고 말하기는 어려울 것이다. 옳고 그름을 판단할 수 있는 기준을 찾기가 어렵고 인간이 가진 언어의 한계로 인해 시비를 가리기는 쉽지 않다. 따라서 장자는 작은 논쟁에 참여해 자신의 주장만을 고집하는 것을 거부하고 좀 더 넓고 큰 관점에서 만물을 관찰하기를 요구한다.

가끔 비행기를 타고 하늘을 나는 경우가 있다. 이륙하는 순간 가까이 있던 지상 세계는 점차 멀어지면서 형체를 알아 볼 수 없게 된다. 우리가 아름답고 멋지다고 생각하던 사람이나 작고 못생긴 사람의 구별도 없고, 좋고 나쁨의 모습도 구분할 수 없다. 하늘로 높이 올라가면 모든 것이 다 한 덩어리 일 뿐이다. 장자가 주장하는 것이 바로 여기에 있다. 하늘로 높이 올라가서 바라보면 모든 것이 시비를 초월하고 미추를 초월하게 된다. 따라서 만물은 모두 평등한 존재로 보인다. 인간이 만든 상대적 가치를 적용해서 세계를 바라보면 좋은 것과 나쁜 것이 존재하고 아름답고 추한 것이 있지만 세상에는 쓸모없는 존재가 없듯이 모두 동등한 것이다. 장자가 비정상적인 사람들의 모습을 등장시켜 우화를 만들어 내는 것도 사실은 이러한 인간의 잘못된 가치관을 제거하기 위한 것이다.

"도는 어디에 숨었기에 진위가 있게 되었으며 말은 어디에 숨었기에 시비로 갈리게 되었는가? 도는 어디에 간들 존재하지 않으며 말은 어디에 있든 옳지 않겠는가. 도는 작은 성취 때문에 숨어버렸고 말은 화려한 꾸밈 때문에 숨어버렸다. 그러므로 유가와 묵가의 시비가 생겨나게 되어 옳은 것을 그르다고 하고 그른 것을 옳다고 주장한다. 상대방의 옳은 것을 그르다고 주장하고, 그른 것을 옳다고 주장하려면 명석한 인식으로 판단해야 한다."[112]

장자의 눈에 비친 제자백가의 사상들은 모두 시비를 가리려 하고 상대의 주장을 인정하지 않고 있었다. 그런데 도의 세계에서 본다면 모두가 하나일 뿐이다. 장자는 "저것은 이것에서 생겨나고, 이것은 저것 때문에 생겨난다"라고 하며 생과 사, 옳고 그름, 시와 비가 모두 상대적인 것이므로 이것을 초월해 절대적인 관점에서 동일하게 바라보는 시각이 필요하다고 주장했다. 이것을 장자는 양행이라고 한다. 시비를 통합하여 바라보는 관점, 조화롭게 모순과 대립을 넘어서는 경지가 바로 양행이다.

가끔 꿈을 꾸고 난 뒤에 마치 현실에서 일어난 것처럼 생생하게 떠오르는 경우가 있을 것이다. 또한 현실에서도 가끔 꿈과 같은 일들이 일어난다. 이런 경우에는 어떤 것이 꿈인지 어떤 것이 현실

112 『장자』「제물론」: 道惡乎隱而有眞僞? 言惡乎隱而有是非? 道惡乎往而不存? 言惡乎存而不可? 道隱於小成, 言隱於榮華. 故有儒墨之是非, 以是其所非而非其所是. 欲是其所非而非其所是, 則莫若以明.

인지 구별하기 어렵다. 이에 대해 장자는 호접몽을 통해서 꿈과 현실의 이야기를 들려준다.

> "옛날에 장자가 꿈에 나비가 된 적이 있었다. 훨훨 날아다니는 나비가 되어 스스로 흡족해 하고 있었다. 자신이 장자라는 것도 깨닫지 못했다. 그러나 문득 잠에서 깨어나니, 자신은 엄연히 장자였다. 도대체 장자가 꿈에 나비가 된 것인지, 아니면 나비가 꿈에 장자가 된 것인지 알 수가 없었다. 장자와 나비 사이에는 반드시 분별이 있을 것이다. 이것을 일러 '물화'라고 한다."[113]

이 호접몽의 이야기를 통해서 장자가 하고 싶었던 이야기는 무엇일까? 꿈과 현실의 구분이 어렵다고 한 것일까? 아니면 우리가 살고 있는 세계가 꿈이라는 이야기를 하고 있는 것일까? 장자의 대답은 마지막 부분에 있다. 즉 물화(物化)라고 하는 말이다.

장자와 나비는 분명히 다른 존재다. 그런데 모든 만물이 그렇듯이 장자와 나비는 정지해 있지 않고 항상 변하고 있다. 장자가 나비가 될 수도 있고, 나비가 장자가 될 수도 있다. 장자와 나비의 경계가 허물어진 것은 모두 자연의 입장에서 본다면 같은 것이라

---

113 『장자』「제물론」: 昔者, 莊周夢爲胡蝶, 栩栩然胡蝶也, 自喩適志與! 不知周也. 俄然覺, 則蘧蘧然周也. 不知周之夢爲胡蝶, 胡蝶之夢爲周與? 周與胡蝶, 則必有分矣. 此之謂「物化」.

고 보기 때문이다. 따라서 다른 사물과 동화되어 일체가 된다는 경계를 통하여 현실이상의 자유로운 정신세계를 제시한 것이다.

사실 호접몽의 이야기는 「제물론」의 맨 마지막에 나오는 이야기다. 그런 의미로 본다면 물화라는 것은 바로 모든 사물이 서로 독립적으로 존재하는 것이 아니라 인과관계 혹은 연결된 존재라고 말할 수 있다. 그런 관계를 알지 못하고 피차를 구분하고 상대적으로 사물을 판단하는 것은 매우 어리석은 일이다.

쓸모없는 것이
진정으로 쓸모 있다

장자는 쓸모없는 것의 쓰임 즉, 무용지용(無用之用)을 강조했다. 그릇을 만들 때 가운데 쓸모 없는 부분을 제거해야 그릇으로 쓰이게 된다. 결국 쓸모 없는 부분으로 인해 쓸모 있는 것이 된다는 말이다. 장자에는 다음과 같은 재밌는 이야기가 나온다.

> 장자가 산속을 가다가 가지와 잎이 무성한 큰 나무를 보았다. 나무꾼이 그 옆에 있으면서도 나무를 베지 않는 것을 보고 그 까닭을 물으니 쓸모없다는 것이다. 장자가 "이 나무는 쓸모가 없기 때문에 천수를 다하는구나"라고 말하고 산에서 내려와 친구 집에 머물렀다. 친구는 기뻐하며 아이를 시켜 거위를 잡아 요리를 하게 했다.

하인이 물었다.

"한 마리는 잘 울고 한 마리는 울지를 않는데 어느 것을 잡을까요?"

주인이 말했다.

"울지 않는 것을 잡아라."

이튿날 제자가 장자에게 물었다.

"어제 산 속의 나무는 쓸모가 없어 천수를 다 누렸는데, 오늘의 거위는 쓸모가 없어 죽었습니다. 선생님께서는 어느 쪽에 처하시겠습니까?"

장자가 웃으며 말했다.

"나는 재목이 되고 재목이 되지 않는 것의 중간에 처신하겠다. 그러나 재목이 되고 재목이 되지 않는 것의 중간이란 도와 비슷하기는 하나 참된 도는 아니므로 화를 면할 수 없을 것이니라. 자연의 도와 덕을 타고 유유히 떠다니는 자라면 그렇지 않을 것이다."[114]

"산의 나무는 스스로 베이고, 기름 등잔불은 스스로 탄다. 계수나무는 먹을 수 있기 때문에 사람들이 베어가고, 옻나무는 쓸모 있기 때문에 사람들이 잘라간다. 사람들은 모두 유용(有用)의 쓰임만 알고 무용(無用)의 쓰임은 알지 못한다."[115]

114 『장자』「산목」: 莊子行於山中, 見大木, 枝葉盛茂, 伐木者止其旁而不取也. 問其故,曰:「无所可用.」 莊子曰:「此木以不材得終其天年!」 出於山, 舍於故人之家. 故人喜, 命豎子殺雁而烹之. 豎子請曰:「其一能鳴,其一不能鳴,請奚殺?」 主人曰:「殺不能鳴者.」 明日, 弟子問於莊子曰:「昨日山中之木, 以不材得終其天年., 今主人之雁, 以不材死., 先生將何處?」 莊子笑曰:「周將處乎材與不材之間. 材與不材之間, 似之而非也, 故未免乎累. 若夫乘道德而浮遊則不然.

이름을 석이라고 하는 목공이 제나라로 가다가 곡원에 이르렀을 때 그 곳의 사당에 심어진 커다란 상수리나무를 보았다. 그 크기는 수천 마리의 소를 뒤덮을 만하였고, 그 둘레는 백 아름이나 되었으며, 그 높이는 산을 내려다 볼 수 있을 정도여서 열 길을 올라간 뒤에 비로소 가지가 뻗어 있었으며, 배를 만들 수 있는 것이 거의 수십 척에 달할 정도였다. 나무를 구경하는 사람들이 저자거리처럼 몰려와 있었는데 석은 거들떠보지도 않고 그대로 지나쳐 버렸다.

석의 제자는 실컷 그 나무를 보고서 석에게 황급히 달려가 말했다.

"제가 도끼를 들고 선생님을 따라 다닌 이래로 이처럼 아름다운 나무는 아직 본 적이 없었습니다. 그런데도 선생님은 거들떠보지도 않으시고 그대로 지나쳐 버리셨으니 어찌된 일입니까?"

석이 대답했다.

"그만둬라. 그 나무에 대해 말하지 말거라. 쓸모없는 잡목에 불과하다. 그것으로 배를 만들면 가라앉고, 관을 만들면 빨리 썩고, 그릇을 만들면 곧 깨져 버리며, 대문이나 방문을 만들면 나무 진액이 흘러나오고, 기둥을 만들면 좀벌레가 생긴다. 그러니 저 나무는 쓸모없는 나무에 불과하다. 쓸 만한 데가 없으니 저렇게 오랫동안 장수할 수 있었던 것이다."[116]

115 『장자』「인간세」: 山木自寇也, 膏火自煎也, 桂可食故伐之, 漆可用故割之, 人皆知有用之用, 而莫知無用之用也.

이 밖에도 「인간세」편에는 남백자기(南伯子綦)를 비롯한 여러 가지의 쓸모없는 나무에 대해 이야기 하고 있다.

본래 이 세상에 존재하는 것은 분별이 없는 혼돈이라고 장자는 이야기 한다. 군자와 소인도 없고 인간과 금수도 구별이 없었다고 한다. 그래서 장자는 "무릇 지극한 덕이 이루어진 세상에서는 금수와 함께 살았고 만물과 함께 무리지어 살았다. 그러니 어찌 군자와 소인을 알았겠는가. 모두 무지하여 그 덕을 떠나지 않았고 모두 욕심이 없었는데 이것을 일러 소박(素樸)이라고 하였다. 소박하므로 백성의 본성도 순수했던 것이다. 그런데 성인이 나타나서 인을 애써 행하게 하고 서둘러 의를 행하게 함으로써 천하가 비로소 의혹을 품게 되었다"[117] 라고 말한다. 인간의 인위적 행위가 결국 혼란을 만들고 고통을 만든 것이다. 따라서 장자는 이러한 구별을 없애고 지극히 소박하고 자연스런 상태로 돌아갈 것을 희망했다. 말 그대로 자연의 이치대로 사는 것이지 다른 의미를 부여할 필요가 없다고 하는 것이다. 쓸모가 있으면 있는 대로 쓸모가 없으면 없는 대로 모두 자연일 뿐이다. 그런데 인간은 쓸모 있는 것만 추구하고

---

116 『장자』「인간세」: 匠石之齊, 至於曲轅, 見櫟社樹. 其大蔽數千牛, 絜之百圍, 其高臨山, 十仞而後有枝, 其可以爲舟者 旁十數. 觀者如市, 匠伯不顧, 遂行不輟. 弟子厭觀之, 走及匠石, 曰:「自吾執斧斤, 以隨夫子, 未嘗見材如此其美也. 先生不肯視, 行不輟,何邪?」曰:「已矣,勿言之矣! 散木也, 以爲舟則沈, 以爲棺槨則速腐, 以爲器則速毁, 以爲門戶則液樠, 以爲柱則蠹. 是不材之木也, 無所可用, 故能若是之壽.」

117 『장자』「마제」: 夫至德之世, 同與禽獸居, 族與萬物竝, 惡乎知君子小人哉! 同乎无知, 其德不離, 同乎无欲, 是謂素樸. 素樸而民性得矣. 及至聖人, 蹩躠爲仁, 踶跂爲義, 而天下始疑矣.

쓸모 없는 것은 천시하거나 무시한다. 그런데 정작 쓸모 없는 것으로 인해 쓸모 있는 것이 존재한다는 생각은 하지 못한다. 그래서 장자는 쓸모 없음을 강조하며 유용과 무용의 한계를 벗어날 것을 주장한 것이다.

진인을 꿈꾸다

유가나 도가를 비롯한 제자백가에서는 모두 이상적 인간을 꿈꾸고 있는데, 가장 많이 언급되는 것은 성인(聖人)이라는 표현이다. 그런데 같은 용어를 사용하고 있기는 하지만 각 학파에 따라 성인의 내용은 조금씩 다르게 표현되고 있다. 그 중에서 노자는 도를 체득하고 소박한 인간을 이상적 인간으로 말하고 있으며, 장자는 성인(聖人), 지인(至人), 신인(神人), 진인(眞人)이라는 다양한 표현을 사용한다. 「장자」에는 성인이라는 단어가 가장 많이 나오고 있으므로 성인과 지인, 진인에 대한 설명을 차례로 보면서 장자가 말하는 이상적 인간에 대해 살펴보기로 하자.

"지인은 자아가 없고, 신인에게는 공이 없고, 성인에게는 이름이 없다."[118]

118 『장자』「소요유」: 至人无己, 神人无功, 聖人无名.

"성인은 시비를 화합시키고 천균에 안주한다. 이것을 양행이라 말한다."[119]

"성인은 자유롭게 노닐어서 지식을 잉여물로 여기지 않으며, 사람을 구속하는 예의를 아교풀로 여기며, 세속의 덕을 기워 붙이는 것으로 여기며, 기술을 장삿속이라고 생각한다. 성인은 억지로 도모하지 않으니 어디에 지식을 쓰겠으며 깎아 장식하지 않으니 어디에 아교풀을 쓰겠으며, 본래의 자기를 잃어버리지 않으니 어디에 덕을 쓰겠으며, 팔지 않으니 어디에 장삿속을 쓰겠는가. 이 네 가지는 자연이 길러주는 것이니, 자연이 길러준다는 것은 하늘이 먹여주는 것이다. 이미 하늘에서 먹을 것을 받았으니 또 어디에다 인위적인 것을 쓰겠는가. 사람의 육체를 가지고 있지만 희노애락의 감정은 없다. 사람의 육체를 가지고 있기 때문에 사람들과 무리지어 살고, 희노애락의 감정이 없기 때문에 시비의 분별이 몸에 침입하지 못한다."[120]

'천균'은 모든 것을 조화롭게 하는 자연스런 경지를 말하고 '양행'은 시비의 어느 쪽을 취사선택함이 없이 양자를 고르게 조화시키는 것이다. 유명한 고사인 조삼모사(朝三暮四)를 말하는 부분에

---

119 『장자』「제물론」: 聖人和之以是非, 而休乎天鈞, 是之謂兩行.

120 『장자』「덕충부」: 聖人有所遊, 而知爲孽, 約爲膠, 德爲接, 工爲商. 聖人不謀, 惡用知? 不斷, 惡用膠? 無喪, 惡用德? 不貨, 惡用商? 四者, 天鬻也, 天鬻者, 天食也. 既受食於天, 又惡用人! 有人之形, 无人之情. 有人之形, 故群於人, 无人之情, 故是非不得於身.

서 나오는데 상황에 따라서 일희일비하는 모습이 아니라 어느 쪽에도 속하지 않고 어느 것도 고집하지 않으며 자연스럽게 조화를 추구하는 것을 말한다. 보통 성인은 두 가지로 언급되는데, 하나는 예악을 창조하고 도덕적으로 탁월한 의미로 사용되면서 세속적 성인인데 장자는 이러한 성인에 대해 비판하는 경우가 많았다. 다른 하나는 지인이나 진인처럼 모든 것을 초월한 완전한 인격체로 설명된다.

지인에 대한 설명은 장자가 말하는 이상적 모습에 좀 더 가깝다고 할 수 있다. 지인은 생사존망을 초월하고 사물과 접촉해 마음으로 조화를 창조하는 존재라고 할 수 있다. 또한 내면적으로 도를 터득하고 사물과 더불어 자연스럽게 대응하는 존재인 것이다. 장자는 공자의 입을 통해서 지인에 대해 다음과 같이 설명하고 있다.

"삶과 죽음, 보존과 패망, 빈궁과 영달, 가난과 부유함, 현명함과 어리석음, 영예와 치욕, 굶주림과 목마름, 추위와 더위 따위는 사물의 변화이며 천명이 유행하는 것이다. 낮과 밤이 교대하듯, 우리 눈앞에서 펼쳐지는 이러한 순환들의 본말을 인간들의 지능으로는 헤아릴 수 없다. 이 점을 이해한다면, 그것들이 본성의 평화로움을 어지럽히지 못하게 하고, 영혼에까지 침투하지 못하게 할 수 있을 것이다. 마음이 잘 조화되어 있으면 즐거운 마음을 잃지 않을 것이며, 밤낮으로 변화가 끼어 들 틈이 없게 되어 만물과 더불어 어울릴 수 있게 된다. 이

것이야말로 만물과 접촉하여 마음속에서 변화의 때를 만들어내는 것이니, 이것을 일러 재능이 온전하다고 하는 것이다."[121]

"지인(至人)은 먼저 도를 자기 안에 보존하고 그런 다음에 다른 사람에게 도를 보존하게 하였다."[122]

"지인의 마음의 작용은 거울과 같은 것이다. 가는 것은 가는 데로, 오는 것은 오는 대로 맡긴다. 변화에 호응하되 감추는 게 없다. 그러므로 사물에 대응하되 손상을 입지 않을 수 있는 것이다."[123]

지인과 비슷하지만 진인이라는 장자만의 표현이 있다. 그런데 장자는 '옛날의 진인'이라는 표현을 사용하면서 마치 '현재의 진인'과 구별하거나 '현재는 진인이 없다'고 말하려는 듯하다. 진인은 세속에서 말하는 인격적 능력도 탁월하지만 물에도 젖지 않고 불에도 타지 않는 신비한 존재이기도 하다.

"무엇을 일러 진인이라 하는가? 옛날의 진인은 사소한 것이라도 거스

---

121 『장자』「덕충부」: 死生存亡, 窮達貧富, 賢與不肖, 毁譽飢渴, 寒暑, 是事之變, 命之行也., 日夜, 相代乎前, 而知不能規乎其始者也. 故不足以滑和, 不可入於靈府. 使之和預通而不失於兌, 使日夜無郤而與物爲春, 是接而生時於心者也. 是之謂才全.

122 『장자』「인간세」: 古之至人, 先存諸己而後存諸人.

123 『장자』「응제왕」: 至人之用心, 若鏡, 不將不迎, 應而不藏, 故能勝物而不傷.

르지 않았으며, 공을 이루어도 뽐내지 아니하며, 인위적으로 어떤 일을 꾀하지도 않았다. 이러한 사람은 비록 실패를 하더라도 후회를 하지 않고, 성공을 하더라도 자만하지 않는다. 이와 같은 사람은 높은 곳에 올라가도 두려워 떨지 않고, 물에 빠져도 젖지 않으며, 불에 들어가도 뜨겁지 않으니 이것은 지식이 도의 경지에 오름이 이와 같은 것이다. 옛날의 진인은 잠을 자더라도 꿈을 꾸지 않고, 깨어 있을 때에는 근심이 없었으며, 식사를 할 때는 달게 여기지 아니하였으며, 호흡을 하는 것은 매우 길었다. 진인은 발뒤꿈치로 숨쉬고, 범인은 목구멍으로 숨 쉰다."[124]

"옛날의 진인은 삶을 기뻐할 줄도 모르고 죽음을 싫어할 줄도 몰라서 세상에 태어남을 기뻐하지도 아니하며, 죽음을 거역하지도 아니하여 홀가분하게 세상을 떠나며, 홀가분하게 세상에 태어날 따름이다. 그가 태어난 시초를 알려고 하지도 않지만 삶의 종말을 추구하지도 않아서 생명을 받으면 그대로 기뻐하고 생명을 잃으면 대자연으로 돌아간다. 이것을 일컬어 심지로 도를 손상시키지 아니하고, 인위적인 행위로 무리하게 자연의 운행을 조장하지 않는다고 하니 이런 사람을 일러 진인이라고 한다."[125]

---

124 『장자』「대종사」: 何謂眞人? 古之眞人, 不逆寡, 不雄成, 不謨士. 若然者, 過而弗悔, 當而不自得也. 若然者, 登高不慄, 入水不濡, 入火不熱. 是知之能登假於道者也若此. 古之眞人, 其寢不夢, 其覺無憂, 其食不甘, 其息深深. 眞人之息以踵, 衆人之息以喉.

"진인은 좋아하는 것도 한 가지로 여기며 좋아하지 않는 것도 한 가지로 여기며, 일치되는 것도 한 가지로 여기며 일치되지 않는 것도 한 가지로 여긴다. 한 가지로 여기는 것은 하늘과 같은 무리가 되는 것이고, 한 가지로 여기지 않는 것은 사람과 같은 무리가 되는 것이다. 하늘과 사람이 서로 이기지 않을 때 이런 사람을 진인이라고 한다."[126]

위에서 살펴본 성인, 지인, 진인 외에도 피부가 눈처럼 하얗고 어린 아이처럼 부드러운 신인도 있다. 따라서 장자가 말하는 이상적 모습은 다양하기 때문에 한 마디로 단언하기는 매우 어려운 것이 사실이다. 때로는 훌륭한 인간이 갖추고 있는 덕망을 갖춘 존재로 보이기도 하며, 때로는 불에 타도 죽지 않는 것처럼 신비화되기도 합니다. 그런데 이러한 점을 포괄할 수 있는 말은 바로 '자유로운 존재'이다. 즉, 희로애락에 영향을 받지 않고 모든 사물에 대해 초월적 경지를 유지하는 존재인 것이다.

장자가 신비스러운 인간을 등장시키며 이 세상에 존재할 수 없는 모습으로 설명한 것은 무엇일까? 불에 들어가 타지 않는 사람은

---

125 『장자』「대종사」: 古之眞人, 不知說生, 不知惡死., 其出不訢, 其入不距. 翛然而往, 翛然而來而已矣. 不忘其所始, 不求其所終, 受而喜之, 忘而復之, 是之謂不以心損道, 不以人助天, 是之謂眞人.

126 『장자』「대종사」: 故其好之也一, 其弗好之也一. 其一也一, 其不一也一. 其一, 與天爲徒, 其不一, 與人爲徒. 天與人, 不相勝也, 是之謂眞人.

존재할 수 없는데 왜 이러한 모습을 만든 것일까? 장자의 생각을 알기는 어렵지만 아마도 그는 졸렬한 인간 세계에서 벗어나 진정한 자유를 추구하는 이상적인 모습을 추구한 것은 아닐까? 상대적 가치에 아등바등 살아가는 모습을 벗어던지고 한 걸음 물러나 허공을 바라보며 사색에 잠길 줄 아는 인간, 옳고 그름을 내 기준에서 주장하는 것보다 모두 옳은 것일 수도 모두 그른 것일 수도 있다는 생각을 할 줄 아는 인간, 편견과 아집에 사로잡혀 자기주장만 하는 인간보다 보이지 않는 세계의 움직임을 감지하고 절대적 가치를 추구하는 인간을 희망했으리라. 그것이 장자가 말하는 지인 또는 진인의 참 모습일 것이다.

제 5 장

맹자

덕이 없는 왕은 과감하게 바꿔라

孟子

맹자가 말했다.

"군자에게 세 가지 즐거움이 있는데, 천하에 왕 노릇하는 것은 그 속에 들지 않는다. 부모가 모두 생존해 계시고 형제들에게 아무 탈 없는 것이 첫 번째 즐거움이다. 우러러 하늘에 부끄럽지 않으며 고개 숙여 땅을 보아도 사람들에게 부끄럽지 않은 것이 두 번째 즐거움이다. 천하의 영재를 얻어 교육하는 것이 세 번째 즐거움이다. 군자에게 세 가지 즐거움이 있는데 천하에 왕 노릇하는 것은 그 속에 들지 않는다."[127]

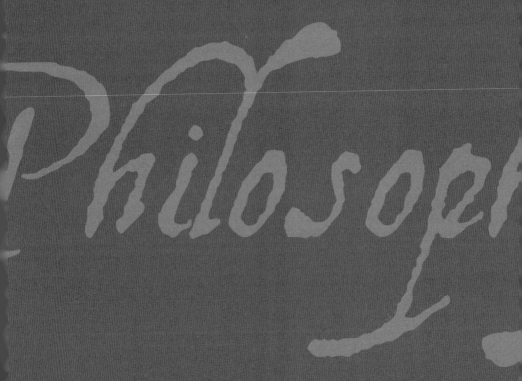

군주를 두려움에 떨게 한 책

공자를 유교의 성인이라고 한다면 맹자는 아성(亞聖)이라고 칭한다. 즉, 공자 다음가는 성인이라는 뜻이다. 맹자 스스로도 공자의 학문을 배우는 것이 자신의 소원이라고 말했지만 후대의 많은 학자에 의해 공자의 적통으로 인정받았다. 따라서 맹자는 공자의 사상을 계승하면서 동시에 자신만의 이론을 체계적으로 정리했는데, 그것이 바로 「맹자」라는 책이다.

「맹자」라는 명칭은 작자의 이름을 따서 만든 것으로 마치 순자

127 『맹자』「진심상」: 孟子曰, 君子有三樂, 而王天下不與存焉. 父母俱存, 兄弟無故, 一樂也, 仰不愧於天, 俯不怍於人, 二樂也, 得天下英才而敎育之, 三樂也, 君子有三樂, 而王天下不與存焉.

(荀子)의 책을「순자」라고 하는 것과 같다. 물론 맹자가 세상을 떠난 뒤에 문인들이 정리한 책이라는 견해도 있지만 일관된 논리 전개와 체제를 본다면 맹자가 직접 저술한 것으로 보는 것이 좋을 듯하다.

「맹자」는 중국 송나라 때 정자와 주자에 의해「논어」,「대학」,「중용」과 함께 유교의 기본경전인 사서(四書)의 하나로 받들어진다. 본래「맹자」는 제자서(諸子書) 가운데 하나로 취급되었기 때문에 다행히 분서갱유 때 소실되지 않았다. 전한 시대의 문제(文帝)는「맹자」를 학관에 채택하였으나 무제(武帝) 때에 이르러 폐지되었다. 그 후 당대의 의종(懿宗) 때에「맹자」를 과거의 과목으로 채택하려고 하였으나 결국 시행되지 않았다. 그러나 한유(韓愈)는 "지금 성인의 도를 보고자 하는 자는 반드시 맹자로부터 시작해야 한다"라고 하여「맹자」를 존중하였다. 한유는 유교를 확립하기 위하여 노불(老佛)을 배척했는데, 이것은 맹자가 양주와 묵적을 배척한 일과 유사하다고 할 것이다. 한유는「원도(原道)」에서 요, 순부터 맹자에 이르는 도통(道統)을 주장했는데, 맹자가 죽고 도통이 끊어졌다고 하였다. 이것은「맹자」를 높이게 된 중요한 근거가 되었다. 맹자의 학문은 자사(子思)에게서 나왔고, 자사의 학문은 증자(曾子)에게서 나왔으므로 맹자를 높이면 증자와 자사도 함께 높여져야 했다. 그로 인해서 주자는 정자의 학설을 계승하여「중용」을 자사의 저작으로,「대학」을 증자의 전이라 하여 함께 사서(四書)로서 존숭하고「사서집주」를 저술하였다. 이후 맹자는 경(經)의 지위를 확고하게 갖게 되었다.

북송 시대에 이르러 신종(神宗)이 왕안석의 건의를 수용하여 과거 과목에 「맹자」를 삽입하였으며, 원풍(元豊) 6년(1083년)에 맹자를 추국공(鄒國公)으로 추증하고, 다음 해에 공자묘에 종사한 뒤로부터 「맹자」는 경서로서의 지위를 확보하게 되었다. 그 이후 정자와 주자로 인해 사서의 하나가 된 것이다.

하지만 명나라를 건국한 주원장은 「맹자」를 매우 싫어했다고 한다. 그래서 「맹자」를 문묘(文廟)[128]에서 빼라고 명령하기도 했고, 「맹자」의 일부분을 삭제해 책을 만들기도 했다. 주원장이 「맹자」를 싫어한 이유는 역성혁명(易姓革命) 사상 때문이다. 역성이란 성을 바꾼다는 의미이고, 혁명이란 천명을 바꾼다는 뜻이다. 따라서 역성혁명이란 왕조교체를 의미하는 것이라고 할 수 있다. 주원장은 왕권을 다져야 하는 시기에 이것을 부정하는 맹자의 사상이 자칫 화근이 될 수 있다고 여긴 것이다. 만약 백성들이 「맹자」를 읽고 위정자에게 대항한다면 곤란하기 때문이다.

이와 달리 우리나라 조선시대의 정조 임금은 「맹자」를 즐겨 읽었다고 한다. 신하들에게 질문을 해서 대답을 못하면 공부 좀 하라고 질책을 하기도 했다. 덕치를 고민한 정조와 왕권에 집착한 주원장이 맹자를 바라보는 시각은 이렇게 달랐던 것이다. 군주를 벌벌 떨게 했던 맹자의 사상은 오늘날도 시사하는 점이 많다고 할

128 문묘는 공자를 받드는 사당으로 공자와 함께 유교의 성현들이 배향되어 있는 곳이다.

것이다.

「맹자」는 양혜왕(梁惠王), 공손추(公孫丑), 등문공(滕文公), 이루(離婁), 만장(萬章), 고자(告子), 진심(盡心)의 7편으로 구성되어 있는데, 후한의 조기(趙岐)가 각 편을 상하로 나누어 14권으로 정착되었다. 또한 「맹자」는 「논어」와 달리 비교적 긴 문장으로 구성되어 있으며, 대화체 형식으로 되어 있다. 「맹자」의 문체는 맹자 자신이 아니고서는 불가능한 것으로 여겨질 만큼 화려하고 논리 정연한 문장으로 구성되어 있다. 그렇기 때문에 「맹자」를 맹자 자신의 저작이라고 주장하는 이유가 타당성을 갖는 것이다.

우리나라에는 삼국시대에 「맹자」가 전래된 것으로 보인다. 당시에는 제자서에 속해 있었는데, 신라가 통일한 후 국학에서 제자서를 가르쳤다는 기록이 나온다. 본격적으로 「맹자」가 연구된 것은 주자학이 전래된 고려 말에서 조선 초기로 보이며, 이 때 주희의 「맹자집주」가 전래되었다. 우리나라의 「맹자」 주석서로는 조익(趙翼)의 「맹자천설(孟子淺說)」, 정조(正祖)의 「어제맹자조문(御製孟子條問)」, 박세당(朴世堂)의 「맹자사변록(孟子思辨錄)」, 언해본으로는 율곡 이이의 「맹자율곡선생언해」가 있다.

민주주의와 자본주의를 중심축으로 하는 현대사회에서는 맹자의 전체적인 사회 · 정치 이론을 받아들일 수 없게 되었지만, 크게는 '성선설'로부터 구체적으로 '호연지기론(浩然之氣論)'에 이르는 견해들은 시대를 뛰어 넘어 인간 생활의 한 지침이 되고 있다. 빈틈

없는 구성과 논리, 박력 있는 논변으로 인해 「장자(莊子)」 및 「좌씨전(左氏傳)」과 더불어 중국 진(秦) 이전의 3대 문장으로 꼽히는 등 문장 교범으로서도 높은 평가를 받아왔으며 한문 수련의 필수적인 교재로 여겨졌다. 또 '오십보백보' '알묘조장(揠苗助長)' 등의 절묘한 비유를 통해 독자의 흥미를 돋우고 논지를 철저히 이해시켜 주는 책이다.

공자가 그랬듯이 맹자도 이익보다 도덕성을 중시했다. 그래서 이익이 인간의 마음을 어지럽히고 남에게 피해를 주는 것에 대해 신랄하게 비판하고 있다. 「맹자」 첫 머리에 나오는 양혜왕과의 대화는 맹자의 관점을 뚜렷하게 보여주고 있다.

맹자가 양혜왕을 만났는데, 왕이 말했다.

"노인께서 천리 길도 멀게 여기지 않고 오셨으니, 또한 장차 무엇으로 우리나라를 이롭게 하시겠습니까?"

맹자가 대답했다.

"왕께서는 하필 이익에 대해서 말씀하십니까? 또한 인과 의가 있을 뿐입니다. 왕께서 '무엇으로 우리나라를 이롭게 할 것인가?'하고 말씀하시면, 대부들은 '무엇으로 우리 집안을 이롭게 할 것인가?'라고 말할 것이며, 선비와 서민들은 '무엇으로 내 자신을 이롭게 할 것인가?'라고 말할 것이니, 위와 아래가 서로 이익만 취한다면 나라가 위태로워질 것입니다. 만승의 나라에서 임금을 죽이는 자는 반드시 천승의 나라일 것이요, 천승의 나라에서 임금을 죽이는 자는 반드시 백승의 가문일 것입니다. 만에서 천을 취하고, 천에서 백을 취하는 것이 적은 것은 아니지만 진실로 의를 뒤로하고서 이익을 앞세운다면 남의 것을 모두 빼앗지 않고는 만족하지 않을 것입니다. 사람됨이 어질면서 자신의 부모를 버리는 자는 있지 않으며, 사람됨이 의로우면서 그의 임금을 뒤로하는 자는 없는 것입니다. 왕께서는 오직 인과 의를 말씀하실 뿐이지 하필 이익에 대해서 말씀하십니까?"[129]

맹자가 주장하는 왕도정치(王道政治)는 바로 이익을 멀리하고 인의(仁義)를 앞세우는 정치를 말한다. 그래서 첫머리부터 이익을 추구하는 왕에게 강한 어조로 쐐기를 박은 것이다. 사실 공자나 맹자는 모두 위정자의 도덕성을 최고의 덕목으로 삼았다. 그런데 공자가 인(仁)을 강조한 반면 맹자는 거기에 의(義)를 더해서 인의를 강조한 것이다. 이 말은 맹자가 살았던 시대가 공자의 시대보다 더욱 정의를 필요로 했던 시기라는 것을 알려준다. 공자가 살았던 춘추시대보다 맹자가 활동했던 전국시대로 접어들면서 경제적 성장과 함께 이익을 차지하고자 하는 전쟁의 강도가 심해지고 더 혼

129 『맹자』「양혜왕상」: 孟子見梁惠王, 王曰, 叟不遠千里而來, 亦將有以利吾國乎. 孟子對曰, 王何必曰利. 亦有仁義而已矣. 王曰, 何以利吾國, 大夫曰, 何以利吾家, 士庶人曰, 何以利吾身, 上下交征利, 而國危矣. 萬乘之國, 弑其君者, 必千乘之家, 千乘之國, 弑其君者, 必百乘之家, 萬取千焉, 千取百焉, 不爲不多矣, 苟爲後義而先利, 不奪不饜. 未有仁而遺其親者也, 未有義而後其君者也. 王亦曰仁義而已矣, 何必曰利.

란했다. 그래서 맹자는 인간의 정서적 감정에 호소하는 인(仁)보다 옳은 것을 추구하는 의(義)를 강조하게 된 것이다.

인간의 삶에서 물질이 차지하는 비중은 매우 크다. 그러나 물질을 지나치게 추구하다보면 결국 남의 것을 빼앗거나 남을 해치는 일이 다반사로 일어나게 된다. 물질의 유혹을 이겨내지 못하면 친구 사이의 우정도 깨지고 가족 간의 반목도 생기고 사회에서 신용을 잃어버리게 될 것이다. 더 나아가 국가를 다스리는 위정자의 경우에 이익을 추구하는 욕망이 사적으로 흐르게 된다면 백성의 원망을 사게 되고 결국 멸망에 이를 것이다. 맹자는 바로 이러한 이익을 추구하는 정치를 반대하고 도덕성을 기반으로 하는 정치를 추구했다. 맹자가 위정자가 어떠한 정치를 해야 하는지 잘 보여주는 일화가 있다.

> 자산이 정나라의 정치를 맡아보고 있을 때, 자신이 타고 있던 수레로 사람들을 태워 진수와 유수를 건너게 해주었다. 맹자가 말했다.
> "은혜로운 사람이지만 정치를 할 줄 모르는구나. 11월에 도보로 건너는 다리를 만들고, 12월에 수레가 건너는 다리를 만들면 백성이 건너가는 데 걱정하지 않을 것이다. 군자가 정치를 공평히 한다면 길을 갈 때 사람들을 물리치고 가도 좋은데, 어떻게 사람마다 모두 건너게 해줄 수 있겠는가? 그러므로 정치를 하는 사람이 사람마다 모두 기쁘게 해주려면 날마다 그 일만 해도 모자랄 것이다."[130]

정나라의 자산이라는 인물은 훌륭한 재상으로 명성이 높은 사람인데 맹자는 그를 정치도 모르는 사람이라고 비판했다. 백성을 위해 자신의 배를 이용하게 하는 것보다 다리를 만들어 근본적인 문제를 해결하는 것이 백성에 대한 올바른 도리요 훌륭한 정치라고 말한 것이다. 많은 사람은 자산과 같은 정치가를 칭찬할 것이다. 당장 자신에게 처한 문제를 해결해 주기 때문이다. 그러나 근본을 무시하고 말단을 치유하는 것은 언제나 사상누각이 되고 마는 법이다.

왕보다 내가 더 존중받아야 할 사람이라네

맹자는 도덕과 예의를 지키지 않는 왕의 존재를 높게 평가하지 않은 것 같다. 다음의 일화가 비록 길지만 맹자의 생각을 잘 드러내 주고 있기에 전문을 인용했다.

> 맹자가 장차 왕에게 조화하러 가려고 했는데 왕이 사람을 보내서 말했다.

130 『맹자』「이루하」: 子産, 聽鄭國之政, 以其乘輿, 濟人於溱洧, 孟子曰, 惠而不知爲政. 歲十一月, 徒杠成, 十二月, 輿梁成, 民未病涉也. 君子平其政, 行辟人, 可也, 焉得人人而濟之. 故, 爲政者, 每人而悅之, 日亦不足矣.

"과인이 나아가 뵈려고 했는데 감기가 들어 바람을 쐴 수가 없습니다. 아침에 조회하려 하니 선생님의 의중을 잘 모르겠지만 과인이 만나 뵐 수 있겠습니까?"

맹자가 말했다.

"불행히 병이 나서 조회에 나갈 수 없습니다."

맹자가 다음날 일찍 동곽씨의 상가에 조문하려고 길을 나서자 공손추가 말했다.

"어제는 병으로 사양하셨는데 오늘 문상하시는 것은 잘못된 것이 아닙니까?"

그러자 맹자가 말했다.

"어제의 병이 오늘은 나았으니 어찌 조문하지 않겠는가?"

왕이 사람을 시켜 문병하게 하고 의원을 보내자 맹중자가 대답했다.

"어제 왕명이 계셨으나 병이 나서 조회에 나가지 못하였습니다. 오늘은 병이 조금 나아 조회에 달려갔는데 당도했는지 아직 모르겠습니다."

그리고 즉시 몇 사람을 시켜 맹자가 오는 길에서 기다리다가 "집으로 돌아오지 마시고 조회에 꼭 나가십시오"라고 이르게 했다. 맹자가 할 수 없이 경추씨에게 가서 묵었는데 경추씨가 말했다.

"안으로는 부모와 자식, 밖으로는 임금과 신하의 관계가 인륜 중에서 가장 큰 것입니다. 부모와 자식 사이에는 은혜를 위주로 하고, 임금과 신하 사이에는 공경을 위주로 합니다. 저는 왕이 선생님을 공경하는 것은 보았습니다만 선생님께서 왕을 공경하는 것은 보지 못했습니다."

맹자가 말했다.

"아, 이게 무슨 말이오? 제나라 사람들이 인의를 가지고 왕과 더불어 말하는 사람이 없는 것은 어찌 인의가 좋지 않다고 생각해서 그렇겠소? 그들이 마음속으로 '어찌 임금과 더불어 인의를 이야기 할 수 있겠는가'하고 생각해서 그런 것이니, 그렇다면 임금을 공경하지 않는 것이 이보다 더 클 수가 없소. 나는 요 · 순의 도가 아니면 감히 왕 앞에서 말하지 않소. 그러므로 제나라 사람 가운데 나만큼 왕을 공경하는 사람이 없는 것이오."

경추씨가 말했다.

"아닙니다. 이것을 말하는 것이 아닙니다. 「예기」에 '아버지가 부르면 느리게 대답하지 않고, 임금이 명령하여 부르면 말에 멍에하기를 기다리지 않고 달려간다'고 하였는데, 본래 조회하러 가시려다가 왕명을 듣고는 가지 않으셨으니, 아마 그 예에 맞지 않는 것 같습니다."

맹자가 말했다.

"어찌 이것을 말하겠소. 증자께서 말씀하시기를 '진나라와 초나라의 부유함은 내가 따라갈 수 없으나, 그들이 부유함을 가지고 대하면 나는 나의 인을 가지고 상대할 것이고, 그들이 관작을 가지고 대하면 나는 나의 의를 가지고 대하리니 내 어찌 부족하겠소?'라고 하셨는데, 어찌 옳지 않은 것을 증자께서 말씀했겠소. 이 말씀에는 한 가지 도리가 있을 것이오. 천하에 보편적으로 존경받아야 할 것이 세 가지가 있는데, 관작이 그 하나요, 나이가 그 하나요, 덕이 그 하나입니다. 조정에서는 관작보다 더 중요한 것이 없고, 고을에서는 나이보다 더 중요한 것이 없고, 세상을 돕고 백성의 어른 노릇을 하는 데는 덕보다 더 중요한 것이 없는데 어찌 그 가운데 한 가지를 가진 사람이 두 가지를 가진 사람을 소홀하게 할 수 있겠소. 그러므로 장차 큰일을 하려는 임금은 반드시 마음대로 부르지 못하는 신하가 있어야 하고, 의논하고 싶은 일이 있으면 그에게 나아가야 하는 것이오, 덕을 존중하고 도를 즐기기를 이와 같이 하지 않으면 더불어 일을 할 수 없을 것입니다. 그러므로 탕임금은 이윤에게 배운 뒤에 그를 신하로 삼았기 때문에 힘들이지 않고 왕노릇을 하였고, 환공은 관중에게서 배운 뒤에 그를 신하로 삼았기 때문에 힘들이지 않고 패업을 이룩할 수 있었던 것이오. 지금 천하의 제후들이 차지한 땅도 대개 비슷하고 덕망도 비슷하여 서로 뛰어나지 못한 것은 다른 까닭이 있는 것이 아닙니다. 자기가 가르칠 수 있는 사람을 신하로 삼기를 좋아하고 자기가 가르침을 받을 수 있는 사람을 신하로 삼기를 좋아하지 않기 때문이오. 탕임금이 이윤에 대해서나 환공이 관중에 대해서는 감히 함부로 부르지 않았으니, 관중도 오히려 부를 수 없었는데 하물며 관중을 대수롭게 여기지 않는 나에 대해서야 말할 것이 있겠소."[131]

이 이야기를 보면 맹자의 배포가 얼마나 컸는지 알 수 있다. 왕이 감기를 핑계로 오지 않자 자신도 병을 핑계로 조회에 나가지 않은 것이다. 맹자는 왕이 자신을 만나러 오는 것이 당연한 일이지 자신이 왕에게 가는 것은 옳지 않다고 생각한 것이다. 왜냐하면 자신은 덕과 나이가 왕보다 많고 왕은 맹자보다 지위가 높을 뿐이니 두 가지를 가진 맹자에게 한 가지를 가진 왕이 달려오는 것은 당연하다는 논리이다. 이러한 맹자의 생각은 보통 사람들은 하기 힘든 것이었다.

전쟁을 통해 토지를 늘리고 막강한 군사력을 갖추는 일에만 집중했던 군주들을 향해 맹자는 직격탄을 날리기도 한다. 많은 사람이 잘 알고 있는 '연목구어'의 고사가 바로 그것이다.

맹자가 말했다.

131 『맹자』「공손추하」: 孟子將朝王, 王使人來曰, 寡人, 如就見者也, 有寒疾, 不可以風, 朝將視朝, 不識, 可使寡人, 得見乎. 對曰, 不幸而有疾, 不能造朝. 明日, 出吊於東郭氏, 公孫丑曰, 昔者, 辭以病, 今日吊, 或者不可乎. 曰, 昔者疾, 今日愈, 如之何不吊. 王使人問疾, 醫來, 孟仲子對曰, 昔者, 有王命, 有采薪之憂. 不能造朝, 今病少愈, 趨造於朝, 我不識. 能至否乎, 使數人, 要於路曰, 請必無歸而造於朝. 不得已而之景丑氏, 宿焉, 景子曰, 內則父子, 外則君臣, 人之大倫也, 父子主恩, 君臣主敬, 丑見王之敬子也, 未見所以敬王也. 曰, 惡. 是何言也. 齊人, 無以仁義與王言者, 豈以仁義, 爲不美也. 其心曰, 是何足與言仁義也云爾, 則不敬, 莫大乎是, 我非堯舜之道, 不敢以陳於王前, 故, 齊人, 莫如我敬王也. 景子曰, 否라. 非此之謂也. 禮曰, 父召無諾, 君命召不俟駕, 固將朝也, 聞王命而遂不果, 宜與夫禮, 若不相似然. 曰, 豈謂是與. 曾子曰, 晉楚之富, 不可及也, 彼以其富, 我以吾仁, 彼以其爵, 我以吾義, 吾何慊乎哉, 夫豈不義, 而曾子言之. 是或一道也. 天下有達尊三, 爵一齒一德一, 朝廷, 莫如爵, 鄕黨, 莫如齒, 輔世長民, 莫如德, 惡得有其一, 以慢其二哉. 故, 將大有爲之君, 必有所不召之臣. 欲有謀焉則就之, 其尊德樂道不如是, 不足與有爲也. 故, 湯之於伊尹, 學焉而後, 臣之, 故, 不勞而王, 桓公之於管仲, 學焉而後, 臣之, 故, 不勞而霸. 今天下地醜德齊, 莫能相尚, 無他. 好臣其所敎而不好臣其所受敎. 湯之於伊尹, 桓公之於管仲, 則不敢召, 管仲, 且猶不可召, 而況不爲管仲者乎.

"왕께서는 전쟁을 일으켜 전사와 신하를 위태롭게 하며, 제후들과 원수를 맺은 뒤에야 마음이 좋겠습니까?"

왕이 말했다.

"아닙니다. 내가 어찌 그런 일을 즐겁게 여기겠습니까? 장차 내가 크게 원하는 것을 구하려는 것입니다."

맹자가 말했다.

"왕께서 크게 원하는 것이 무엇인지 들을 수 있겠습니까?"

왕이 웃으며 말을 하지 않았다. 그러자 맹자가 말했다.

"살찌고 단 음식이 입에 부족해서입니까? 가볍고 따뜻한 옷이 몸에 부족해서입니까? 아니면 채색이 눈으로 보기에 부족해서입니까? 성음이 귀로 듣기에 부족해서입니까? 총애하는 신하들을 앞에 놓고 부리기에 부족해서입니까? 왕의 여러 신하들이 모두 그러한 것들을 제공할 텐데 왕께서는 어찌 이것 때문이겠습니까?"

왕이 말했다.

"아닙니다. 나는 이것 때문이 아닙니다."

맹자가 말했다.

"그렇다면 왕께서 크게 하고자 하는 것을 알겠습니다. 땅을 개척하여 넓히고, 진나라와 조나라의 조회를 받고, 중국에 군림하여 사방 오랑캐를 어루만지고자 하는 것입니다. 이렇게 군대를 일으켜 원한을 맺으며 그러한 욕망을 채우는 것은 나무에 올라가서 물고기를 구하는 것과 같은 것입니다."

왕이 말했다.

"그렇게 심합니까?"

맹자가 말했다.

"그것보다 더 심합니다. 나무에 올라가서 물고기를 구하는 것은 비록 고기는 얻지 못하나 뒤에 재앙은 없습니다. 그러나 이러한 소행으로 그러한 욕망을 구하면 마음과 힘을 다해서 하여도 뒤에 반드시 재앙이 있을 것입니다."[132]

연목구어는 말 그대로 불가능한 것을 말한다. 자신이 바르지 않으면서 남에게 바르게 되기를 요구하는 것과 같은 것이다. 당시 위정자들은 도둑질을 하는 사람이 자식에게 도둑이 되지 말라고 하는 것과 다를 것이 없었다. 이러한 말을 들은 군주들은 어떤 심정이었을지 생각하면 웃음이 나기도 한다.

이익과 전쟁 등으로 자신을 해치거나 미리 선을 그어놓고 '나는 성인군자가 될 수 없다'라고 말하는 사람은 바로 자포자기하는 사람이다. 이러한 사람과는 어떠한 일도 할 수 없다. 인의는 인간이

132 『맹자』「양혜왕상」: 抑王, 興甲兵, 危士臣, 構怨於諸侯然後, 快於心與. 王曰, 否. 吾何快於是. 將以求吾所大欲也. 曰, 王之所大欲, 可得聞與. 王笑而不言, 曰, 爲肥甘, 不足於口與, 輕煖, 不足於體與. 抑爲采色, 不足視於目與, 聲音, 不足聽於耳與, 便嬖不足使令於前與. 王之諸臣, 皆足以供之, 而王, 豈爲是哉. 曰, 否. 吾不爲是也. 曰, 然則王之所大欲, 可知已, 欲辟土地, 朝秦楚, 莅中國而撫四夷也. 以若所爲, 求若所欲, 猶緣木而求魚也. 王曰, 若是其甚與. 曰, 殆有甚焉, 緣木求魚, 雖不得魚, 無後災, 以若所爲, 求若所欲, 盡心力而爲之, 後必有災.

머무르고 걸어가야 할 가장 옳은 길이라고 맹자는 생각했다. 사람이 오랫동안 여행을 하면 집으로 돌아가고 싶은 생각이 들기도 한다. 아무리 누추한 집이라도 자기가 편안하게 여기면 그곳이 가장 좋은 곳이다. 그래서 맹자는 인(仁)을 편안한 집이라고 표현했다.

"자기 자신을 해치는 사람과는 함께 말할 수 없고, 자기 자신을 버리는 사람과는 함께 일할 수 없다. 말할 때 예의를 비방하는 것을 자신을 해치는 사람이라고 하고, 내 몸은 인에 머물거나 의에 따라가지 못한다고 하는 것을 자신을 버리는 사람이라고 한다. 인은 사람의 편안한 집이고, 의는 사람의 바른 길이다. 편안한 집을 비워두고 살지 않으며, 바른 길을 버리고 따라가지 않으니 슬픈 일이로다."[133]

많은 사람이 알고 있는 '호연지기'라는 말도 맹자가 한 말이다. 보통은 그냥 호탕한 정신이나 마음 또는 호방한 행동을 가리키는 말로 사용되지만 맹자의 본 의미는 그런 것이 아니었다.

공손추가 물었다.

"감히 여쭙겠습니다만 선생님께서는 무엇을 잘 하십니까?"

---

133 『맹자』「이루상」: 孟子曰, 自暴者, 不可與有言也, 自棄者, 不可與有爲也, 言非禮義, 謂之自暴也, 吾身不能居仁由義, 謂之自棄也. 仁, 人之安宅也, 義, 人之安路也. 曠安宅而弗居, 舍正路而不由, 哀哉.

맹자가 말했다.

"나는 남이 하는 말을 알고, 나는 나의 호연지기를 잘 기른다."

공손추가 물었다.

"감히 여쭙겠습니다. 무엇을 호연지기라고 합니까?"

맹자가 말했다.

"말하기 어렵다. 그 기란 지극히 크고 지극히 강하여서 곧게 길러서 해치지 않으면 천지 사이에 가득 차게 될 것이다. 그 기는 의와 도에 짝이 되니, 이것이 없으면 굶주리게 된다. 이것은 의를 모아 생기는 것이요, 의가 일시적으로 조금 엄습해 와서 얻어지는 것이 아니다. 행동이 마음에 만족치 못함이 있으면 이 호연지기는 굶주리게 된다. 내가 그러므로 '고자는 아직 의를 알지 못한다'고 한 것이니, 이것은 고자가 의를 외재적인 것으로 여기기 때문이다. 반드시 호연지기를 기르는데 종사하고 미리 기약하지 말아서 마음에서 잊지도 말며, 조장하지도 말라. 송나라 사람같이 해서는 안 된다. 송나라 사람 중에 자기 논의 모가 자라나지 않는 것을 안타깝게 여겨 싹을 뽑아 올린 사람이 있었다. 허둥지둥 집에 돌아와 식구들에게 말하기를 '오늘은 피곤하다. 나는 오늘 모가 잘 자라도록 도와주었다'라고 하자, 그 아들이 달려가 보니 모는 모두 말라버렸다. 천하에 모가 자라는 것을 도와주지 않는 사람은 적을 것이다. 쓸모없다고 내버려두는 사람은 김을 매지 않는 사람이요, 싹이 자라게끔 도와주는 사람은 모를 뽑아 올리는 사람이니 무익할 뿐만 아니라 또한 해치는 것이다."[134]

호연지기는 맹자 자신도 설명하기 어렵다고 했는데, 그러면서도 의(義)가 모아져야 생기는 것이라고 했다. 의로움이 모아져야 호연지기가 되는 것이고, 이것이 없으면 인간이 정신적으로 굶주리게 된다는 것이다. 따라서 호연지기는 도덕적인 정감이 충만했을 때 충족되는 것이며, 그로 인해 호연지기가 갖추어진 사람은 말과 행동이 호방하게 보인다. 떳떳한 사람에게는 천만 명이 다가와도 두렵지 않는 인자무적(仁者無敵)과 같은 것이다.

호연지기를 이어서 조장(助長)에 대한 설명을 하고 있다. 세상일은 억지로 되는 것이 아니라 자연의 순리에 따라 된다는 것이다. 식물의 성장을 방해하는 것도 옳지 않고 내버려두는 것도 옳지 않다는 말이 바로 알묘조장의 고사다.

이상에서 살펴본 것과 같이 「맹자」에는 수많은 고사가 담겨 있으며 많은 사람에게 인용되었다. 일시적으로 맹자의 말만 이용할 것이 아니라 우리의 삶도 맹자의 말처럼 도덕적이고 옳은 것만 한다면 얼마나 행복한 세상일 될까?

---

134 『맹자』「공손추상」:敢問夫子, 惡乎長. 曰, 我知言, 我善養吾, 浩然之氣. 敢問何謂浩然之氣. 曰, 難言也. 其爲氣也, 至大至剛, 以直養而無害, 則塞于天地之間. 其爲氣也, 配義與道, 無是, 餒也. 是集義所生者. 非義襲而取之也, 行有不慊於心則餒矣, 我故, 曰, 告子未嘗知義, 以其外之也. 必有事焉而勿正, 心勿忘, 勿助長也, 無若宋人然. 宋人, 有閔其苗之不長而揠之者, 芒芒然歸, 謂其人曰, 今日病矣라. 予助苗長矣라. 其子趨而往視之, 苗則槁矣. 天下之不助苗長者, 寡矣, 以爲無益而舍之者, 不耘苗者也. 助之長者, 揠苗者也, 非徒無益, 而又害之.

인간의 본성은 정말 선한 것일까?

맹자가 유가의 정통성을 얻을 수 있었던 이유 가운데 하나는 성선설에 대한 주장 때문이며, 성선설은 현재까지도 많은 영향을 끼친 사상이다. 맹자 이전까지는 인간의 본성에 대한 논의가 심도 있게 진행되지 않았다. 그래서 공자의 말을 기록한 「논어」에는 성(性)에 대한 언급이 두 번밖에 나오지 않는다. "인간의 본성은 서로 가까운데 습관에 의하여 멀어진다"[135]는 말이 그 가운데 하나다. 공자는 인간의 본성은 서로 비슷하다는 의미로 성상근(性相近)이라고 했지만, 맹자는 확고한 신념을 바탕으로 성선(性善)을 주장하여 유가의 위상을 강화시켰다.

맹자는 인간의 본성을 형이상적이고 선천적인 존재로 파악했으며, 이 선은 윤리적인 의미에 있어서나 심리적인 작용에 있어서의 선이라기보다는 도덕적 행위를 가능하게 하는 근거로서의 선을 주장한 것이다. 맹자는 이러한 도덕적 덕목이 인간에게 본래부터 갖추어져 있으며 하늘이 준 벼슬이라고 표현했다.

> "하늘이 준 벼슬도 있고, 사람이 준 벼슬도 있다. 인, 의, 충, 신하여 즐겁게 선을 행하고 게을리 하지 않는 것이 바로 하늘이 준 벼슬이고, 공경과 대부 같은 것은 사람이 준 벼슬이다."[136]

하늘이 준 벼슬이란 선천적인 것을 의미한다. 그렇다면 맹자가 성선이라고 주장할 수 있는 근거는 무엇일까? 그것은 바로 사단이다. 사단이란 측은지심, 수오지심, 사양지심, 시비지심을 말한다. 맹자는 사단이 없으면 인간이 아니라고 단정했다.

"측은해 하는 마음이 없으면 사람이 아니요, 부끄러워하는 마음이 없으면 사람이 아니요, 사양하는 마음이 없으면 사람이 아니요, 시비를 가리는 마음이 없으면 사람이 아니다. 측은해 하는 마음은 인의 단서이고, 부끄러워하는 마음은 의의 단서이고, 사양하는 마음은 예의 단서이고, 시비를 가리는 마음은 지의 단서이다."[137]

"측은해 하는 마음은 사람이면 누구나 가지고 있고, 부끄러워하는 마음은 사람이면 누구나 가지고 있고, 사양하는 마음도 사람이면 누구나 가지고 있으며, 시비를 가리는 마음도 사람이면 누구나 가지고 있다. 측은해하는 마음은 인이고, 부끄러워하는 마음은 의이고, 공경하는 마음은 예이고, 옳고 그름을 가리는 마음은 지이다. 인의예지는 밖에서부터 나에게 녹아 들어온 것이 아니라 내가 본래부터 가지고

135 『논어』「양화」: 子曰, 性相近也, 習相遠也.

136 『맹자』「고자상」: 孟子曰, 有天爵者, 有人爵者. 仁義忠信, 樂善不倦, 此天爵也, 公卿大夫, 此人爵也.

137 『맹자』「공손추상」: 無惻隱之心, 非人也, 無羞惡之心, 非人也, 無辭讓之心, 非人也, 無是非之心, 非人也. 惻隱之心, 仁之端也, 羞惡之心, 義之端也, 辭讓之心, 禮之端也, 是非之心, 智之端也.

있던 것인데 다만 생각하지 않고 있을 뿐이다. 그러므로 '구하면 얻고, 버려두면 잃어버린다'고 말하는 것이다."[138]

사단은 마치 사람이 사지를 가진 것처럼 인간이면 누구나 가지고 있다. 그리고 사단을 확충하면 비로소 인의예지(仁義禮智)라고 하는 사덕(四德)이 된다. 비유하자면 사단이란 씨앗의 눈과 같은 것이고 사덕은 열매와 같다. 씨앗에 눈이 있어야 싹이 나고 꽃이 피며 열매가 맺히게 된다. 그래서 맹자의 성선을 가능성이라고 말하는 것이다.

맹자는 본성이 선하다는 주장을 펼치면서 물의 비유, 우산(牛山)의 비유, 신체의 유비적(類比的) 비유를 예로 들고 있다. 논리적인 측면에서 조금 지나친 부분도 있지만 이해하기에는 도움이 될 것이다.

"우산의 나무는 일찍이 아름다웠는데, 큰 나라의 교외에 있었기 때문에 도끼와 자귀로 베니 아름다워질 수 있겠는가? 밤낮으로 자라나고 비와 이슬이 윤택하게 만들어서 싹이 돋아나지 않는 것은 아니지만, 소와 양을 방목하여 뜯어먹게 하니 저렇게 벌거숭이가 되어버린

138 『맹자』「고자상」: 惻隱之心, 人皆有之, 羞惡之心, 人皆有之, 恭敬之心, 人皆有之, 是非之心, 人皆有之, 惻隱之心, 仁也, 羞惡之心, 義也, 恭敬之心, 禮也, 是非之心, 智也, 仁義禮智, 非由外鑠我也. 我固有之也, 弗思耳矣, 故曰, 求則得之, 舍則失之.

것이다. 사람들은 벌거숭이가 된 산을 보고 본래부터 재목이 될 만한 나무가 있은 적이 없다고 하는데, 이것이 어찌 산의 본성이겠는가? 비록 사람에게 있어서라도 어찌 인의의 마음이 없겠는가? 다만 그 양심을 놓아 버리는 것이 마치 도끼와 자귀로 나무를 아침마다 찍어대는 것과 같으니 어찌 아름다워질 수가 있겠는가?"[139]

"물은 진실로 동서의 구분이 없지만 그렇다고 상하의 구분도 없겠는가? 인간의 본성이 선한 것은 마치 물이 아래로 내려가는 것과 같으니 인간의 본성은 착하지 않음이 없으며 물의 본성은 아래로 내려가지 않음이 없는 것이다. 이제 물을 손으로 쳐서 튀어 오르게 하면 사람의 이마도 넘어가게 할 수 있고, 물을 격동하게 하여 역류시키면 산에라도 올라가게 할 수 있는데, 이것이 어찌 물의 본성이겠는가? 외부의 세력이 그렇게 만드는 것이다. 사람이 불선을 하게 만드는 것도 역시 이와 마찬가지다."[140]

"같은 종류라면 모두 서로 비슷하니 유독 사람의 경우에만 본성이 다

---

139 『맹자』「고자상」: 孟子曰, 牛山之木, 嘗美矣, 以其郊於大國也. 斧斤, 伐之, 可以爲美乎. 是其日夜之所息, 雨露之所潤, 非無萌蘖之生焉, 牛羊, 又從而牧之. 是以, 若彼濯濯也, 人見其濯濯也, 以爲未嘗有材焉, 此豈山之性也哉. 雖存乎人者, 豈無仁義之心哉, 其所以放其良心者, 亦猶斧斤之於木也, 旦旦而伐之, 可以爲美乎.

140 『맹자』「고자상」: 孟子曰, 水信無分於東西, 無分於上下乎. 人性之善也, 猶水之就下也. 人無有不善, 水無有不下. 今夫水, 搏而躍之, 可使過顙, 激而行之, 可使在山, 是豈水之性哉. 其勢則然也, 人之可使爲不善, 其性亦猶是也.

르다고 의심하겠는가? 성인도 나와 같은 종류의 사람인 것이다. 그래서 용자는 '발의 크기를 알지 못하고 신을 만들어도 나는 그것이 삼태기는 되지 않는다는 것을 안다'라고 말했던 것이다. 신이 서로 비슷한 것은 천하 사람의 발이 비슷하기 때문이다. 입으로 맛보는 미각에도 똑같이 좋아하는 것이 있다. 역아는 인간의 미각을 누구보다 먼저 안 사람이다. 만약에 입이 가진 미각의 성질이, 이를테면 개나 말이 우리와 동류가 아닌 정도로 그렇게 서로 다르다면, 천하의 사람들이 왜 역아가 가려놓은 맛을 즐기겠는가? 미각에 있어서는 온 천하 사람들이 모두 역아에게 기대하는데, 이것은 천하 사람들의 미각이 비슷하기 때문이다. 오직 청각의 경우도 또한 그렇다. 소리에 이르러서는 천하가 사광에게 기대하는데, 이것은 천하 사람의 청각이 서로 비슷하기 때문이다. 오직 시각의 경우도 또한 그렇다. 자도에 이르러서는 천하 사람이 모두 그의 어여쁨을 알지 못하는 사람이 없는데, 자도의 어여쁨을 알지 못하는 사람은 눈이 없는 사람이라 하겠다. 그러므로 입으로 맛보는 경우에 똑같이 좋아하는 것이 있고, 귀로 듣는 경우에 똑같이 듣기 좋아하는 것이 있고, 눈으로 여색을 보는 경우에 똑같이 아름답게 여기는 것이 있으니, 유독 마음에 이르러서만 똑같이 그러한 것이 없겠는가? 마음이 똑같이 옳다고 여기는 것이란 대체 무엇인가? 그것은 도리와 의로움이다. 성인은 우리 마음속에 똑같이 옳다고 여기는 것을 먼저 알았다는 것뿐이다. 그러므로 도리와 의로움이 우리들의 마음을 기쁘게 하는 것은 마치 고기가 우리 입을 즐겁게 하는 것과 같은 것이다."[141]

맹자는 산에 나무가 많은 것이 산의 본성이고, 물은 아래로 흐르려고 하는 것이 물의 본성이며, 좋은 소리나 좋은 맛을 서로 비슷하게 느끼는 것처럼 인간의 본성도 서로 비슷하다고 말했다. 인간의 신체나 감각기관이 서로 비슷하다는 이유로 인간의 마음이나 본성도 서로 유사하다는 주장을 한 것이다. 앞뒤가 조금 맞지 않지만 맹자는 이해하기 쉽도록 설명했다.

이러한 성선설이 정치로 연결되면 그것이 바로 왕도정치가 된다. 그래서 성선설이 갖는 의미가 중요하다. 누구나 성인이 될 수 있다는 인간에 대한 긍정적 판단이 정치로 연결될 경우 어떤 왕이든 성왕(聖王)이 될 수 있다고 생각한 것이다. 맹자는 백성에게 차마 어찌하지 못하는 마음을 가지고 정사에 반영하는 것을 우물에 빠지려는 어린아이에 비교해서 설명했다.

"사람은 모두 다른 사람에게 차마 하지 못하는 마음이 있다. 선왕이

---

141 『맹자』「고자상」: 凡同類者, 擧相似也, 何獨至於人而疑之. 聖人, 與我同類者. 故, 龍子曰, 不知足而爲屨, 我知其不爲蕢也, 屨之相似, 天下之足, 同也. 口之於味, 有同耆也, 易牙, 先得我口之所耆者也. 如使口之於味也, 其性, 與人殊, 若犬馬之於我不同類也, 則天下何耆, 皆從易牙之於味也. 至於味, 天下期於易牙, 是, 天下之口, 相似也. 惟耳亦然, 至於聲, 天下期於師曠, 是, 天下之耳, 相似也. 惟目亦然, 至於子都, 天下莫不知其姣也, 不知子都之姣者, 無目者也. 故曰, 口之於味也, 有同耆焉, 耳之於聲也, 有同聽焉, 目之於色也, 有同美焉, 至於心, 獨無所同然乎. 心之所同然者, 何也. 謂理也義也, 聖人, 先得我心之所同然耳, 故, 理義之悅我心, 猶芻豢之悅我口.

다른 사람에게 차마 하지 못하는 마음을 가지고 다른 사람에게 차마 하지 못하는 정치를 하셨으니, 다른 사람에게 차마 하지 못하는 마음을 가지고 다른 사람에게 차마 하지 못하는 정치를 시행한다면 천하를 손바닥 위에서 움직일 수 있을 것이다. 사람이 모두 다른 사람에게 차마 하지 못하는 마음이 있다고 말하는 까닭은 이러하다. 이제 사람들이 갑자기 어린애가 장차 우물에 빠지려고 하는 것을 보고 다들 놀랍고 측은한 마음을 가질 것이니, 그것은 어린애의 부모와 교분을 맺으려는 것도 아니요, 동네 사람과 벗들에게 칭찬을 받으려는 것도 아니요, 구해주지 않았다는 소리를 듣기 싫어서도 아니다."

우물에 빠지려는 아이를 보면 누구나 구하려고 할 것이다. 이러한 행동은 어떤 이익을 바라는 것이 아니라 측은한 마음이 발동해서 생기는 현상이다. 따라서 불인지심(不忍之心)이 곧 측은지심이 되는 것이다. 그래서 맹자는 이어서 다음과 같이 말했다.

"대체로 네 가지 단서가 나에게 있다는 것을 알아서 확충해 나가면 불이 처음 타오르고 샘물이 처음 솟아나는 것과 같아서, 진실로 그것을 확충시킬 수만 있다면 충분히 천하를 보전할 수가 있고, 진실로 그것을 확충시키지 못한다면 부모를 섬기기에도 부족할 것이다."[142]

사단을 확충시켜 나가면 왕도를 실행하여 천하를 보존할 수 있을 것이고, 그렇지 못하면 부모도 섬기지 못할 것이라고 한 것이다. 맹자는 성선설을 통해서 인간의 무한한 가능성을 열어주고 있다. 신분제 사회에서 희망이 없는 하급계층들에게 상하의 구분 없이 동일한 본성을 가지고 살아간다는 것은 커다란 희망을 준 것이기 때문이다.

정치의 요체,
왕도정치

맹자는 공자의 덕치주의를 계승하여 유덕자(有德者)가 덕으로 통치하는 왕도정치를 주장했다. 맹자가 말하는 왕도(王道)는 요·순 이래 성왕(聖王)이 천하를 다스린 법을 말한다. 왕도로 하는 정치는 인의(仁義)로 하는 인정(仁政)을 말하는 것이다. 맹자는 위정자의 임무는 백성을 보호하는 것(保民)이며 이것은 "산 사람을 봉양하고 죽은 사람을 장사 지내는데 유감이 없도록 하는 것"이라고 하였다. 즉 정치의 출발은 민생의 안정에 있는 것이다. 백성들은 일정

142 『맹자』「공손추상」: 孟子曰, 人皆有不忍人之心. 先王, 有不忍人之心, 斯有不忍人之政矣, 以不忍人之心, 行不忍人之政, 治天下, 可運於掌上. 所以謂人皆有不忍人之心者, 今人, 乍見孺子將入於井, 皆有怵惕惻隱之心, 非所以內交於孺子之父母也, 非所以要譽於鄉黨朋友也, 非惡其聲而然也. 由是觀之, 無惻隱之心, 非人也, 無羞惡之心, 非人也, 無辭讓之心, 非人也, 無是非之心, 非人也. 惻隱之心, 仁之端也, 羞惡之心, 義之端也, 辭讓之心, 禮之端也, 是非之心, 智之端也. 人之有是四端也, 猶其有四體也, 有是四端而自謂不能者, 自賊者也, 謂其君不能者, 賊其君者也. 凡有四端於我者, 知皆擴而充之矣, 若火之始然, 泉之始達, 苟能充之, 足以保四海, 苟不充之, 不足以事父母.

한 생업인 항산(恒產)이 없으면 지조와 같은 항심(恒心)도 없는 것이니 배고픈 백성에게 충성(忠誠)을 기대할 수 없는 것이고 더욱이 지조를 바랄 수도 없다.

백성을 풍요롭게 하기 위해서 맹자는 정전제(井田制)의 실시를 주장했다. 백성은 토지의 경계가 바르고 삶의 터전이 안정된 이후에 예의염치를 알게 된다. 따라서 먹고사는 문제를 먼저 해결해주는 것이 군주의 도리라고 생각한 것이다. 만약 백성을 가르치지 않고 전쟁으로 내몰거나 형벌을 준다면 그것은 백성을 그물질해서 죽이는 행위라고 주장했다. 그러나 경제적 기반을 마련하는 것은 왕도정치의 시작에 불과하다. 경제적 기초는 더욱 높은 문화를 위해서 존재하는 것이기 때문이다.

각자가 어느 정도 교육을 받고 인륜을 밝히게 되어야만 비로소 왕도는 완성된다. 왕도의 실천은 인간의 본성과 관계없는 어떤 것이 아니라, 오히려 인간의 불인지심(不忍之心, 차마 어찌할 수 없는 마음)에 의해서 전개된 직접적 결과다. 맹자가 말하는 것처럼 모든 인간은 차마 할 수 없는 마음을 가지고 있다. 선왕은 그 마음을 가졌기 때문에 왕도를 행할 수 있었다. 그러므로 모든 왕들은 이러한 마음을 펼치기만 하면 쉽게 왕도정치를 할 수 있는 것이다. 춘추시대의 춘추오패라고 하는 왕들은 모두 패도정치를 실시한 인물들이다. 그러므로 공자와 맹자는 이들의 정치를 비판했다. 덕으로 백성을 다스리는 왕도와 달리 무력과 포악함으로 백성을 따르게 하는 것이 패도(霸道)이다. 패도는 왕의 사사로운 욕망을 충족시키기 위하여 백성을 전쟁터에 내보내고 부역을 시키며 명령에 따르지 않으면 힘을 동원하여 강제적으로 따르게 하는 것을 말한다. 즉, 왕도는 백성을 마음으로부터 복종시키는 것이고, 패도는 힘으로 복종시키는 것이다. 그래서 맹자는 다음과 같이 말했다.

> "힘으로 인을 가장한 자는 패자이니, 패자는 반드시 큰 나라를 가지고 있어야 한다. 덕으로 인을 행하는 자는 왕자이니, 왕자는 큰 나라를 가지고 있을 필요는 없다."[143]

> "패자의 백성은 기쁨에 차 있는 것 같고, 왕자의 백성은 의젓한 풍도가 있는 것 같다. 죽여도 원망하지 않고 이롭게 해주어도 공으로 여기지 않으므로 백성이 날마다 선으로 옮겨가면서도 누가 그렇게 시키는지를 알지 못한다. 군자가 지나가는 곳은 교화가 되고, 머물러 있는 곳은 신성하게 되어 상하가 천지와 더불어 같이 흐르나니 어찌 조금 보탬이 된다고 하겠는가?"[144]

패자가 이끄는 백성은 남의 나라를 정벌하며 토지를 확대하고

---

143 『맹자』「공손추상」: 孟子曰, 以力假仁者覇, 覇必有大國, 以德行仁者王, 王不待大.

144 『맹자』「진심상」: 孟子曰, 覇者之民, 驩虞如也, 王者之民, 皞皞如也. 殺之而不怨, 利之而不庸, 民日遷善而不知爲之者. 夫君子, 所過者化, 所存者神, 上下與天地同流, 豈曰, 小補之哉.

이익이 생기기 때문에 즐거운 모습을 드러낼 수 있지만 왕자가 이끄는 백성들은 남의 것을 탐내지 않고 항상 선을 행하며 주변 사람들을 교화시키고 힘쓰지 않아도 세상을 위한 공로가 지극히 큰 것이다.

왕도의 실현을 위해서 맹자는 어진 사람을 등용해야 한다는 상현(尙賢)과 경제적 안정, 그리고 백성의 교화(敎化)를 중요하게 생각했다. 농업사회였던 당시에는 농사의 풍흉에 의하여 백성의 생활이 풍족하게도 되고 궁핍하게도 되었기 때문에 농사철에 전쟁을 일으키지 않고 부역을 시키지 않으며 누구나 농사를 지을 땅을 주어서 농사를 질 수 있게 한다면 백성의 생활이 안락해진다. 그리고 교육을 통해 인륜효제의 도를 가르쳐서 부모를 봉양하고 어른을 공경하는 것을 가르친다면 사회의 질서가 바로잡힐 것이다. 즉 경제적으로 안정이 되고 사회적으로 질서가 잡힌다면 백성은 마치 왕을 어버이처럼 따르게 될 것이니 그러고도 왕노릇 하지 못한 사람은 없다고 하였다.

당시 제후들은 왕도와 패도에 대해 명확하게 인식하고 실천하는데 힘쓰지 않으면서도 이웃나라 제후와 비교해 자신들은 정치를 잘 하고 있다는 생각에 빠져 있었다. 그런데 맹자의 눈에는 오십보백보에 불과했던 것이다.

양혜왕이 말했다.

"과인은 나라를 다스리는데 마음을 다하고 있습니다. 하내 지역에 흉년이 들면 그 백성을 하동으로 옮기고 그 곡식을 하내로 옮기며, 하동에 흉년이 들어도 역시 그렇게 합니다. 그런데 이웃 나라의 정치를 살펴보면 과인이 마음 쓰는 것처럼 하는 사람이 없는데도 이웃 나라의 백성이 줄어들지 않고 과인의 백성이 늘어나지 않는 것은 무슨 까닭입니까?"

맹자가 대답했다.

"왕께서 전쟁을 좋아하시니 전쟁에 비유해서 말씀드리고자 합니다. 병사들의 칼날이 이미 맞부딪쳐 싸움을 하다가 갑옷을 버리고 병기를 질질 끌며 달아나되 어떤 사람은 백 보를 달아난 뒤에 멈추고, 어떤 사람은 오십 보를 달아난 뒤에 멈추어서 오십 보를 달아난 사람이 백 보 달아난 사람을 비웃는다면 어떻겠습니까?"

왕이 말했다.

"안될 말이지요. 다만 백 보가 아닐 뿐이지 이 역시 달아난 것입니다."

맹자가 말했다.

"왕께서 이러한 것을 아신다면 백성이 이웃 나라보다 많아지기를 바라지 마십시오. 농사짓는 시기를 잃지 않으면 곡식을 다 먹을 수 없을 것이요, 촘촘한 그물을 웅덩이와 연못에 넣지 않으면 물고기와 자라를 다 먹을 수 없을 것이며, 도끼를 때에 맞게 산림에 들이면 재목을 다 쓸 수 없을 것이니, 곡식과 고기를 다 먹을 수 없고, 재목을 다 쓸 수 없을 만큼 많으면 이것은 백성으로 하여금 살아있는 사람을 봉양하고 죽은 사람을 장사지내는데 유감이 없게 하는 것입니다. 살아 있는 사람을 봉양하고 죽은 사람을 장사지내는데 유감이 없게 하는 것이 왕도의 시작입니다. 다섯 이랑의 텃밭에 뽕나무를 심으면 오십 먹은 사람이 비단 옷을 입을 수 있을 것이며, 닭과 돼지와 개를 기르되 번식하는 시기를 잃지 않으면 칠십 먹은 노인이 고기를 먹을 수 있을 것이며, 백 이랑의 밭에 농사지을 시기를 빼앗지 않으면 여러 식구가 굶주리지 않을 것이며, 학교의 가르침을 근엄하게 하고 효성과 공경의 뜻으로 가르치면 반백이 된 노인이 길에서 짐을 지는 일이 없을 것이니, 칠십 먹은 노인이 비단 옷을 입고 고기를 먹으며, 백성이 굶지 않고 추위에 떨지 않으면서도 왕 노릇을 하지 못하는 사람은 없습니다. 개와 돼지가 사람이 먹을 음식을 먹어도 거둬들일 줄도 모르며, 길에 굶어 죽은 시체가 있어도 창고의 곡식을 열어 먹일 줄 모르고, 사람이 죽으면 '내 잘못이 아니라 흉년이 들어서 그런 것이다'라고 한다면 이것이 어찌 사람을 칼로 찔러 죽이고도 '내가 그런 것이 아니다. 무기가 그런 것이다'라고 말하는 것과 다르겠습니까. 왕께서 세월을 탓하지 않는다면 이에 천하의 백성이 모여들 것입니다."[145]

오십보백보의 고사가 바로 여기에서 나왔다. 자신은 정치를 잘한다고 하지만 실제는 이웃나라와 큰 차이가 없다는 사실을 알지 못한 당시의 정치인들은 맹자에게 혹독하게 혼이 난 것이다.

힘과 권력으로 다스리는 패도정치를 반대하고 도덕과 신뢰로 백성을 다스리는 왕도정치를 실현하고자 하는 맹자의 이상은 실현되지 못했지만 동양 사상에 미친 영향은 매우 컸으며, 군주들로 하여금 각성하게 만드는 역할도 했다. 백성이 배부르게 먹고 마시도록 한 다음 인륜을 가르치며, 덕이 많은 사람을 높은 자리에 앉게 하면 천하를 손바닥 위에 놓고 다스리는 것처럼 쉬울 것이라고 했다.

「맹자」에 재밌는 이야기가 나온다. 이 이야기를 오늘날 정치가들에게 빗대어 생각해보면 더욱 그럴듯할 것이다.

> 제나라 사람 가운데 아내와 첩을 거느리고 한 집에 사는 사람이 있었다. 남편은 나가면 언제나 술과 고기를 실컷 먹은 뒤에 집에 돌아오곤 하였다. 그의 아내가 같이 먹고 마신 사람이 누구냐고 물으면 모두 부귀한 사람들이었다. 그의 아내가 첩에게 말하였다.
>
> "남편이 나가면 술과 고기를 실컷 먹은 뒤에 돌아오는데, 같이 먹고

---

145 『맹자』「양혜왕상」: 梁惠王曰, 寡人之於國也, 盡心焉耳矣, 何内凶則移其民於河東, 移其粟於河内, 河東凶亦然, 察隣國之政, 無如寡人之用心者, 隣國之民, 不加少, 寡人之民, 不加多, 何也. 孟子對曰, 王好戰, 請而戰喻. 塡然鼓之, 兵刃旣接, 棄甲曳兵而走, 或百步而後止, 或五十步而後止, 以五十步, 笑百步則何如. 曰, 不可, 直不百步耳, 是亦走也. 曰, 王如知此則無望民之多於隣國也. 不違農時, 穀不可勝食也, 數罟不入洿池, 漁鼈, 不可勝食也, 斧斤, 以時入山林, 材木, 不可勝用也, 穀與漁鼈, 不可勝食, 材木, 不可勝用, 是使民養生喪死, 無憾也, 養生喪死, 無憾, 王道之始也. 五畝之宅, 樹之以桑, 五十者, 可以衣帛矣, 鷄豚狗彘之畜, 無失其時, 七十者, 可以食肉矣, 百畝之田, 勿奪其時, 數口之家, 可以無飢矣, 謹庠序之敎, 申之以孝悌之義, 頒白者不負戴於道路矣, 七十者衣帛食肉, 黎民, 不飢不寒, 然而不王者未之有也. 狗彘食人食而不知檢, 塗有餓莩而不知發, 人死則曰, 非我也, 歲也, 是何異於刺人而殺之曰, 非我也, 兵也. 王無罪歲, 斯天下之民, 至焉.

마신 사람을 물으면 모두 부귀한 사람이라고 하지만, 지금까지 이름 난 사람이 찾아온 일이 없었네. 그래서 나는 남편이 가는 곳을 몰래 한번 좇아가 볼까하네."

그리고 일찍 일어나 남편이 가는 곳을 뒤따랐는데, 온 도시를 두루 다녀도 함께 서서 이야기하는 사람이라곤 없었다. 마침내 동쪽 성 밖의 무덤 사이에서 제사 지내는 사람한테로 가서, 남은 음식을 구걸하고, 부족하면 또 돌아보고 다른 곳으로 갔다. 이것이 그가 실컷 먹고 돌아오는 방법이었다. 그의 아내가 돌아와서 첩에게 말해주었다.

"남편은 우러러보고 평생을 살 사람인데, 지금 이 모양이라네."

그리고 첩과 함께 남편을 원망하면서 마당 가운데서 서로 울었다. 그런데 남편은 그런 줄도 모르고 의기양양하며 밖에서 돌아와 아내와 첩에게 교만하게 하였다. 군자의 눈으로 보건대, 사람들이 부귀와 영달을 구하는 자들은 그들의 아내와 첩이 그것을 보면 부끄러워하여 서로 울지 않을 사람이 거의 없을 것이다.[146]

이리저리 기웃거리며 남의 권세와 재력에 기대어 자신을 포장

146 『맹자』「이루하」: 齊人, 有一妻一妾而處室者, 其良人出則必饜酒肉而後反, 其妻問所與飮食者則盡富貴也. 其妻告其妾曰, 良人出則必饜酒肉而後反, 問其與飮食者, 盡富貴也, 而未嘗有顯者來, 吾將瞷良人之所之也. 蚤起, 施從良人之所之, 徧國中, 無與立談者, 卒之東郭墦間之祭者, 乞其餘, 不足, 又顧而之他, 此其謂饜足之道也. 其妻歸告其妾曰, 良人者, 所仰望而終身也, 今若此. 與其妾, 訕其良人而相泣於中庭, 而良人, 未之知也, 施施從外來, 驕其妻妾. 由君子觀之, 則人之所以求富貴利達者, 其妻妾, 不羞也而不相泣者, 幾希矣.

하는 사람들, 가족에게는 그럴듯한 모습으로 포장되어 있지만 밖에서는 온갖 나쁜 짓을 일삼는 사람들, 이러한 사람들이 바로 위에 나오는 남자와 같은 사람일 것이다.

임금답지 않으면 바꿔라

맹자의 왕도정치 사상은 역성혁명이라는 혁신적인 사상으로 발전하게 된다. 이러한 혁명론은 그의 민본설(民本說)에 근거한 것인데, 맹자는 다음과 같이 말했다.

> 제나라 선왕이 경(卿)에 관해서 묻자 맹자가 말했다.
>
> "왕께서는 어떤 경을 물으시는 것입니까?"
>
> 선왕이 말했다.
>
> "경이면 다 같지 않습니까?"
>
> 맹자가 대답했다.
>
> "같지 않습니다. 귀척의 경이 있고, 이성(異姓)의 경이 있습니다."
>
> 선왕이 말했다.
>
> "귀척의 경에 관해서 여쭈어 보고 싶습니다."

147 『맹자』「만장하」: 齊宣王問卿, 孟子曰, 王何卿之問也. 王曰, 卿不同乎. 曰, 不同. 有貴戚之卿, 有異姓之卿. 王曰, 請問貴戚之卿. 曰, 君有大過則諫, 反覆之而不聽則易位.

맹자가 말했다.

"임금에게 큰 허물이 있으면 간언하고, 되풀이해서 간언해도 듣지 않으면 임금의 지위를 바꾸는 것입니다."[147]

'귀척의 경'이란 성씨가 같은 친족을 말하고, '이성의 경'이란 성씨가 다른 사람을 가리키는 말이다. 군주의 허물이 크면 추방하고 새로운 군주를 세워야 한다는 맹자의 말에 함께 대화를 나누던 제선왕도 태연한 척 하기는 어려웠을 것이다. 맹자는 기본적으로 군주보다 백성이 나라의 근본이라는 생각을 가지고 있었기 때문에, 백성을 핍박하는 군주는 마땅히 사라져야 한다고 생각했다. 그래서 맹자는 다음과 같이 말했던 것이다.

"백성이 귀중하고, 사직이 그 다음이며, 임금은 가장 가벼운 존재이다. 그러므로 백성의 마음을 얻은 사람은 천자가 되고, 천자의 마음을 얻은 사람은 제후가 되고, 제후의 마음을 얻은 사람은 대부가 된다. 제후가 사직을 위태롭게 하면 다른 제후로 바꾸어 놓는다."[148]

사직을 위태롭게 하는 왕이 바로 역성혁명의 대상이다. '역성

---

148 『맹자』「진심하」: 孟子曰, 民爲貴, 社稷次之, 君爲輕. 是故, 得乎丘民而爲天子, 得乎天子爲諸侯, 得乎諸侯爲大夫. 諸侯危社稷則變置.

(易姓)'은 성(姓)을 바꾼다는 말이고, '혁명(革命)'이란 천명이 바뀐다는 의미이다. 따라서 역성혁명은 하늘이 부여한 왕위를 수행하지 못했을 경우 하늘의 뜻에 따라서 왕권을 교체한다는 의미다. 하늘의 뜻은 곧 백성의 뜻이므로, 백성을 편안하게 다스리지 못하는 군주는 교체대상이 되는 것이 마땅한 일이라고 생각했던 것이다.

역성혁명의 대표적인 사례가 하나라와 은나라의 교체기에 있었다. 하나라의 마지막 왕인 '걸(桀)'이 실정하자 탕왕이 나타나서 걸을 죽이고 은나라를 세웠고, 또 은나라의 마지막 왕인 '주(紂)'가 포악한 정치를 하자 무왕(武王)이 주를 죽이고 왕위를 차지했다. 즉, 걸과 주는 폭군의 대명사로, 탕과 무는 혁명을 일으켜 백성을 도탄에서 구한 인물인 것이다. 맹자는 이러한 탕과 무의 행위는 신하가 임금을 죽인 것이 아니라 하나의 폭군을 죽인 것으로 간주하여 혁명을 정당화 하였다. 걸과 주의 비도덕적인 정치에 대해 도덕적인 탕과 무가 정권을 빼앗는 것이 정당하다는 논리인 것이다.

제선왕이 물었다.

"탕임금이 걸을 쫓아내고, 무왕이 주를 정벌했다는데 그런 일이 있습니까?"

맹자가 말했다.

"전해 내려오는 글에 있습니다."

왕이 말했다.

"신하가 그 임금을 죽이는 것이 옳은 일입니까?"

맹자가 말했다.

"인(仁)을 해치는 자를 흉포하다 하고, 의(義)를 해치는 자를 잔악하다고 합니다. 흉포하고 잔악한 사람을 평범한 사나이라고 하는데, 평범한 사나이인 주를 죽였다는 소리는 들었어도 임금을 죽였다는 소리는 듣지 못했습니다."[149]

이러한 맹자의 혁명사상은 그의 위민의식(爲民意識)에 기초한 것이며 동시에 위민을 구현하기 위한 보완적 방법이기도 하였다. 맹자의 역성혁명 이론은 "임금이 신하를 보잘 것 없는 풀포기처럼 여기면 신하는 임금을 원수처럼 여긴다"라는 말이나, "반복해서 간언해도 듣지 않으면 임금을 갈아치운다"라고 한 말에서 잘 나타나고 있다.

맹자는 혁명의 근거를 민의를 기본으로 하는 천명에 두고 있다. 그리하여 맹자의 혁명론은 민본주의와 직접 연결된다. 다만 맹자의 혁명론에서는 혁명을 일으키는 주체의 도덕성이 엄격히 요구되고 있다. 군주가 포악하다고 해서 아무나 혁명을 일으킬 수 있는 것이 아니라, 도덕적으로 탁월한 사람이 천명을 받아 혁명을 일

149 『맹자』「양혜왕하」: 齊宣王問曰, 湯放桀, 武王伐紂, 有諸. 孟子對曰, 於傳有之. 曰, 臣弑其君, 可乎. 曰, 賊仁者, 謂之賊, 賊義者, 謂之殘, 殘賊之人, 謂之一夫, 聞誅一夫紂矣, 未聞弑君也.

으켜야 한다는 말이다. 즉, 탕왕, 무왕과 같이 도덕적으로 완결된 사람에 의해서 혁명이 추진되었을 때만이 그 혁명은 정당화될 수 있는 것이다.

덕이 있는 군주가 아니라면 맹자의 역성혁명론은 매우 두려운 이론이 분명하다. 그래서 역사적으로 덕이 없는 포악한 군주는「맹자」를 읽지 못하게 하거나 역성혁명론이 나오는 부분을 없애버리는 경우도 있었던 것이다.

이단을 배척하라

맹자가 활동했던 당시는 제자백가가 활동했던 시기인데, 그 가운데 많은 사람에게 호응을 받았던 학파로는 양주(楊朱)와 묵적(墨翟)이 있었다. 양주의 학설은 위아주의(爲我主義)로 요약되는데, 이것은 자신만을 위하는 학설로 오늘날의 이기주의에 해당한다고 할 수 있다. 묵자의 학설은 겸애주의(兼愛主義)라고 하는데, 이것은 계급차별을 넘어선 평등을 주장하는 이론이라고 할 수 있다. 이 밖에도 농가(農家) 계통의 허행(許行)과 도가 계통의 진중자(陳仲子) 등도 있었다.

이러한 학파들과 같은 시기에 활동했던 맹자는 공자의 학설을 계승해 인의와 도덕을 주장했지만 당시 군주들로부터 수용되지 않았다. 그래서 당시 횡행하던 양주와 묵자의 학설을 공박하고 저지하는 것을 하나의 임무로 생각했다. 당시 상황에 대해서 맹자는 자세하게 설명하고 있다.

"성왕이 나오지 아니하여 제후가 방자해지고, 재야 학자들도 학설을 함부로 의논하여 양주와 묵적의 말이 천하에 가득해서, 천하의 말이 양주에게로 돌아가지 않으면 묵적에게로 돌아간다. 양씨는 자신만을 위하니 이것은 임금이 없는 것과 같고, 묵씨는 모든 사람을 똑같이 사랑하니 이것은 부모가 없는 것과 같은 것이다. 부모가 없고 임금이 없다면 이것은 짐승에 불과하다. 공명의가 말하기를 '푸줏간에 살찐 고기가 있고 외양간에 살찐 말이 있는데도 백성은 굶주린 기색이 있고 들에 굶어 죽은 시체가 있다면, 이것은 짐승을 몰아다가 사람을 잡아먹게 하는 것이다'라고 하였다. 양주와 묵적의 도가 사라지지 않으면 공자의 도가 드러나지 않을 것이다. 이것은 괴이한 말이 백성을 속여서 인의를 막아 버리는 것이니, 인의가 막히면 짐승을 몰아 사람을 잡아먹게 하다가 결국에는 사람이 서로 잡아먹게 될 것이다. 나는 이것을 두려워하여 앞서 가신 성인의 도를 지켜서 양주와 묵적을 배척하며, 음란한 말을 몰아내서 괴이한 학설을 내세우는 자가 나오지 못하게 하려는 것이다. 괴이한 사상이 마음에 일어나면 일에 해가 되고, 그것이 일에서 일어나면 정사에 해가 미치게 되니, 성인이 다시 나와도 내 말을 바꾸지 않을 것이다."[150]

맹자는 양주와 묵자의 학설을 무부무군(無父無君)으로 규정했다. 즉 인륜을 무너뜨리는 학설이 세상에 만연하면 사람이 서로 잡아먹는 혼란이 오게 될 것이라고 경계하며, 이러한 현상이 발생하지 않도록 막는 것이 자신의 임무라고 여겼던 것이다. 그래서 맹자는 양주와 묵자의 학설에 대해 다음과 같이 이야기 한다.

> "양자는 자신만을 위하는 학설을 취하였으니, 한 오라기의 털을 뽑아서 천하를 이롭게 할지라도 하지 않는다. 묵자는 겸해서 사랑하는 학설을 주장하였으니, 머리 꼭대기에서 발뒤꿈치까지 갈아 없어져도 천하를 이롭게 하는 일이라면 할 것이다."[151]

맹자는 자기 몸에 난 털 하나를 뽑아서 세상이 좋아진다고 해도 하지 않을 양주와, 머리끝에서 발끝까지 닳아 없어져도 세상을 행복하게 만든다면 무엇이든 하겠다는 묵자의 견해가 극단에 치우친 사상이라고 본 것이다. 맹자의 활동 때문인지 정확하게 알 수는 없지만 많은 사람이 양주와 묵적의 말에 유혹되었다가 다시 유

150 『맹자』「등문공하」: 聖王不作, 諸侯放恣, 處士橫議, 楊朱墨翟之言, 盈天下, 天下之言, 不歸楊則歸墨, 楊氏, 爲我, 是無君也, 墨氏, 兼愛, 是無父也, 無父無君, 是禽獸也. 公明儀曰, 庖有肥肉, 廄有肥馬, 民有飢色, 野有餓莩, 此, 率獸而食人也, 楊墨之道不息, 孔子之道不著, 是邪說, 誣民, 充塞仁義也, 仁義充塞, 則率獸食人, 人將相食. 吾爲此懼, 閑先聖之道, 距楊墨, 放淫辭, 邪說者不得作, 作於其心, 害於其事, 作於其事, 害於其政, 聖人復起, 不易吾言矣.

151 『맹자』「진심상」: 孟子曰, 楊子, 取爲我, 拔一毛而利天下, 不爲也. 墨子, 兼愛, 摩頂放踵, 利天下, 爲之.

가로 돌아오는 경우도 많았던 것 같다.

"묵가에서 뛰쳐나오면 반드시 양주에게로 돌아가고, 양주에게서 뛰쳐나오면 반드시 유가로 돌아온다. 돌아왔으면 이에 받아들일 뿐이다. 그런데 지금 양주와 묵가와 더불어 논쟁하는 사람들은 마치 놓친 돼지를 쫓듯이 하니, 이미 우리 속에 들어왔는데도 또 쫓아가서 네 다리를 묶는구나."[152]

그런데 양주와 묵적에서 유가로 돌아왔는데도 지나치게 몰아붙이고 책망하는 경우가 있었던 모양이다. 그래서 맹자는 당시 관대하지 못한 일부 유자들에 대해서도 비판하고 있다. 이단을 공박하는 모습에 대한 엄격한 질책과 함께 포용하려는 두 가지의 모습이 맹자에게서 발견되는 것을 알 수 있다. 사실 맹자의 이단 배척에 대한 공로는 당나라의 학자 한유(韓愈)에 의해서 더욱 발휘되었다. 주희가 쓴 「맹자서설」에 보면 다음과 같은 이야기가 나온다.

"양주와 묵적이 횡행하면 정도가 사라지게 된다. 맹자가 비록 어진 성인이었지만 지위를 얻지 못했기 때문에 말이 공허하여 시행되지 못했으니 비록 간절할지라도 어찌 도움이 되었겠는가? 그러나 맹자

152 『맹자』「진심하」: 孟子曰, 逃墨, 必歸於楊, 逃楊, 必歸於儒, 歸, 斯受之而已矣. 今之與楊墨辯者, 如追放豚, 旣入其苙, 又從而招之.

의 말에 의지하여 오늘날 배우는 사람들은 여전히 공자를 종주로 삼고, 인의를 숭상하며, 왕도를 귀하게 여기고 패도를 천하게 여길 줄을 알게 되었다."[153]

맹자의 공로가 없었더라면 사실상 유가의 학설도 계승되기 어려웠고, 세상은 인륜이 무너지게 되었을 것이라고 한유는 말하고 있다. 비록 당시의 군주들에게 수용되지 못하고 세상을 바꾸는 데까지 이르지는 못했지만 유가의 맥을 계승할 수 있게 된 것은 모두 맹자의 공로였던 것이다. 그래서 한유는 맹자를 공자의 적통으로 여겼고, 이러한 한유의 주장은 도통(道統)으로 연결되었다. 도통이란 유가의 도를 계승한 적통을 말한다.

"요임금은 순임금에게 전하시고, 순임금은 우임금에게 전하시고, 우임금은 탕임금에게 전하시고, 탕임금은 문왕, 무왕, 주공에게 전하시고, 문왕, 무왕, 주공은 공자에게 전하시고, 공자는 맹자에게 전하셨는데, 맹자가 죽자 전해지지 못했다."[154]

세상에 존재했던 수많은 사상 가운데 현재까지 전해지는 것은

---

153 『맹자』「맹자서설」: 夫楊墨行, 正道廢, 孟子雖賢聖, 不得位, 空言無施, 雖切何補. 然賴其言, 而今之學者尚知宗孔氏, 崇仁義, 貴王賤霸而已.

154 『맹자』「맹자서설」: 韓子曰, 堯以是傳之舜, 舜以是傳之禹, 禹以是傳之湯, 湯以是傳之文武周公, 文武周公傳之孔子, 孔子傳之孟軻, 軻之死, 不得其傳焉.

그리 많지 않다. 더구나 인간의 삶에 직접 영향을 미치며 존재하는 사상은 더더욱 드물 것이다. 맹자의 노력에 의해 그러한 생명력이 보존되었는지 모르지만 그의 이단배척 사상은 조선시대로 이어져 배불숭유(排佛崇儒) 정책이 기조가 되었고, 조선 개국의 기틀을 마련한 정도전(鄭道傳)이 그 책임을 자임하고 나서기도 했다.

인간의 도리,
오륜

유교 윤리에 대해 생각하면 대부분의 사람은 삼강오륜을 떠올릴 것이다. 삼강오륜이 하나의 단어처럼 사용되지만 사실 삼강과 오륜은 전혀 다른 개념이다. 오륜은 유교의 이념을 반영한 것이지만 삼강은 오륜 가운데 세 가지만을 뽑아서 만든 것으로, 정치적 목적으로 활용하고자 한 것이다. 즉, 오륜은 인간의 수평적 의무를 언급한 것이고 삼강은 수직적 관계를 나타낸 것이므로 삼강오륜을 하나의 단어로 언급하는 것은 옳지 않다. 오륜은 인간관계를 집약적으로 표현한 개념이며 상호 지켜야할 의무에 대해 규정한다.

"후직은 백성에게 농사일을 가르쳐 오곡을 심고 가꾸었는데, 오곡이 익어 백성이 먹고살게 되었소. 사람에게는 도리가 있는데, 배불리 먹고 따뜻하게 옷을 입고서 편안하게 살기만 하고 가르침이 없으면 금수에 가까운 생활을 하게 되는 것이오. 그래서 성인이 이를 근심하여 설에게 사도의 직책을 맡겨 인륜을 가르치게 하였소. 부모와 자식 사이에는 친함이 있고, 임금과 신하 사이에는 의리가 있고, 남편과 아내 사이에는 분별이 있고, 어른과 어린이 사이에는 차례가 있고, 친구 사이에는 신의가 있는 것이오."[155]

오륜은 부모와 자식의 관계에서부터 사회적인 대인관계에 이르기까지를 다섯 가지의 규범으로 규정했지만, 이 다섯 가지의 인간관계를 확충시키면 모든 대인관계를 포괄할 수 있을 것이다. 오륜에서 언급된 인간관계 중에서 붕우의 관계를 제외한 네 가지는 모두 상하 관계를 나타낸다. 즉, 아버지(父), 임금(君), 남편(夫), 어른(長)은 자식(子), 신하(臣), 아내(婦), 어린이(幼)보다 상대적으로 우월한 존재이기 때문에 후자는 전자를 위해 복종하고 의무를 다해야 하는 것으로 인식되었던 것이다. 그러나 이러한 상하 윤리는 한대(漢代)의 동중서(董仲舒)에 의해서 유교가 국교화 되고 부위자강(父爲子綱), 군위신강(君爲臣綱), 부위부강(夫爲婦綱)이라는 삼강(三綱)이 만들어지면서 나타난 현상에 불과하다. 오륜은 유가의 경전인 「맹자」에 분명하게 언급되어 있지만 삼강은 유가 경전에서 나온 개념

155 『맹자』「등문공상」: 后稷, 教民稼穡, 樹藝五穀, 五穀熟而民人育, 人之有道也, 飽食煖衣, 逸居而無教, 則近於禽獸, 聖人有憂之, 使契爲司徒, 教以人倫, 父子有親, 君臣有義, 夫婦有別, 長幼有序, 朋友有信.

이 아니다. 삼강은 동중서가 유가 철학을 한나라의 통치 이념으로 채택하면서 만들어낸 통치 이데올로기에 불과하다.

오륜의 중요한 점은 인간관계의 쌍무성에 있다. 그것은 곧 일방적인 강요나 명령에 의해서 성립되는 관계가 아니라는 말이다. 쌍방이 모두 자신의 의무와 권리를 가지고 있으며, 그들 각자의 권리와 의무를 모두 존중할 때 이들의 인간관계는 성립된다. 만약에 한쪽의 강요나 권리의 주장만 용인된다면 이 관계는 주인과 노예의 관계밖에 되지 않을 것이다.

여기서 쌍무성이라고 하는 의무에는 두 가지 의미를 가지고 있다. 첫째는 자신의 신분에 의해 규정된 계약 또는 직책상 마땅히 해야 할 의무를 말한다. 이것은 신탁 관계에서 발생한 의무라고 할 수 있다. 이때의 의무란 자신이 해야 할 것이면서 동시에 타인이 나에게 이행하기를 요구하도록 되어 있다. 이와 같이 의무가 신탁 관계에서 발생하는 것이라면 군신 관계뿐만 아니라 아내와 남편, 어른과 아이 사이, 친구와 친구 사이에도 존재하는 것이다.

두 번째는 도덕적 의무를 말한다. 의무란 반드시 신탁 관계에서 발생하는 것만은 아니다. 도덕적 의미의 의무란 '해서 마땅한 일', '하여서 가장 좋은 일', '유덕한 사람의 할 일'의 뜻으로 사용된다. 한마디로 이때의 의무라는 것은 인간으로서 마땅히 해야 할 일을 지시하는 것이라 할 수 있다. 따라서 쌍무적인 관계로 규정할 때의 의무란 직책상의 의무와 도덕적 의무를 모두 포함한다.

오륜 가운데 가장 중요한 것은 부자유친이고, 부자유친의 핵심은 효에 있다. 맹자는 인간이 효도를 행하지 못하는 이유를 말하고 있다.

> "세속에서 말하는 불효에는 다섯 가지가 있다. 몸을 게을리 하여 부모의 봉양을 돌보지 않는 것이 첫 번째 불효요, 장기와 바둑을 두고 술 마시기를 좋아하여 부모의 봉양을 돌보지 않는 것이 두 번째 불효요, 재물을 좋아하고 처자에 빠져 부모의 봉양을 돌보지 않는 것이 세 번째 불효요, 육체적인 욕망을 쫓느라 부모를 욕되게 하는 것이 네 번째 불효요, 용맹함을 좋아하고 싸우며 난폭한 짓을 하여 부모를 위태롭게 하는 것이 다섯 번째 불효이다."[156]

맹자가 말하는 다섯 가지의 불효는 오늘날에도 크게 벗어나는 것은 아닌 것 같다. 인간이 인간의 도리를 다하기 위해서는 가장 먼저 부모에 대한 도리를 다해야 한다. 그런데 이러한 원리는 시대가 아물 변해도 변하는 것이 아니다. 다만 그것을 실천하는 방법이 달라질 뿐이다. 원칙과 변칙 사이에서 적절한 방법을 찾는 것은 매우 중요한 일이다. 시간과 장소에 따라 달라질 수 있는 변칙에 대

156 『맹자』「이루하」: 孟子曰, 世俗所謂不孝者五, 惰其四肢, 不顧父母之養, 一不孝也, 博奕好飮酒, 不顧父母之養, 二不孝也, 好貨財私妻子, 不顧父母之養, 三不孝也, 從耳目之欲, 以爲父母戮, 四不孝也, 好勇鬪狼, 以危父母, 五不孝也.

해 맹자는 다음과 같은 이야기를 한다.

순우곤이 말했다.

"남녀가 직접 주고받지 않는 것이 예의입니까?"

맹자가 말했다.

"예의이다."

순우곤이 말했다.

"형수가 물에 빠지면 손으로 끌어당겨 구해야 합니까?"

맹자가 말했다.

"형수가 물에 빠졌는데 손으로 끌어당겨 구해주지 않는다면 이것은 승냥이나 이리 같은 짐승이다. 남녀가 직접 주고받지 않는 것은 예의이고, 형수가 물에 빠졌을 때 손으로 끌어당겨 구해주는 것은 권도이다."[157]

고대의 예법에는 남녀가 손으로 물건을 주고받는 것을 금했다. 그런데 형수가 물에 빠졌을 때도 이러한 원칙을 고집한다면 그것은 잘못된 것이다. 위급한 상황에서 목숨이 더욱 중요하다는 것을 모르는 사람은 없다. 따라서 모든 사람의 도리는 원칙과 변칙을 어떻게 적용하고 실천하느냐에 따라 많이 달라진다. 옛것만 고집하

157 『맹자』「이루상」: 淳于髡曰, 男女授受不親, 禮與. 孟子曰, 禮也. 曰, 嫂溺則援之以手乎. 曰, 嫂溺不援, 是豺狼也, 男女授受不親, 禮也, 嫂溺, 援之以手者, 權也.

고 새로운 것을 수용하지 못하는 어리석음도 역시 맹자가 다시 살아온다면 엄청난 비판을 받게 될 것이다. 시대가 변하면 거기에 따라 변하는 권도(權道)가 적절하게 적용되어야 올바른 유교라고 할 수 있다.

제 6 장

순자

악한 본성을 예로 바꿔라

荀子

예는 어떻게 생기는 것일까? 사람은 태어날 때부터 욕망이 있다. 욕망이 있는데 얻지 못하면 구하려고 하지 않는 경우가 없다. 구하는데 한계가 정해져 있지 않으면 다른 사람과 다투지 않을 수 없다. 다투면 혼란하게 되고, 혼란해지면 궁색해진다. 선왕은 이러한 혼란을 싫어했던 것이다. 그러므로 예의를 만들어 욕망에 한계를 짓고, 그것을 통해 사람의 욕망을 길러주고 사람이 추구하는 것을 공급하며, 욕망이 반드시 물질로 인해 막히지 않도록 하고, 물질은 반드시 욕망에 의해 모두 없어지지 않게 하였다. 이 두 가지가 서로 유지하면서 성장하도록 하였던 것이다. 이것이 바로 예가 생겨난 이유이다.

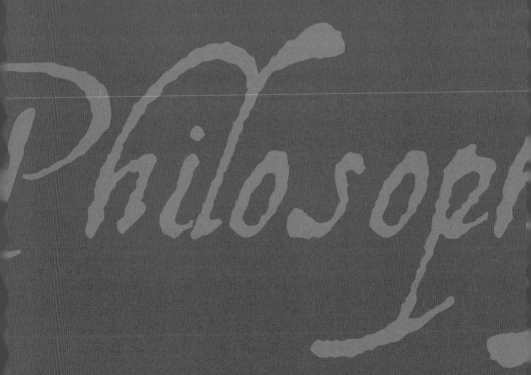

순자,
유가의 이단아?

순자는 항상 맹자와 함께 언급되는 인물인데, 그 이유는 인성론 때문이다. 그 결과 대부분의 사람은 순자의 성악설만 알뿐 다른 사상에 대해서는 잘 알지 못한다. 그만큼 순자의 인성론이 후세에 끼친 영향이 큰 것이며, 동시에 순자가 많은 학자로부터 외면당했다는 것을 증명하는 것이다. 그래서 순자의 저작으로 알려진「순자」도 많이 읽히거나 배포되지 못했다.

「순자」는 대부분 순자 자신의 저술로 보여 지는데, 현재는 32편이 남아 있다. 본래는 순자가 세상을 떠난 후 제자들이 322편으로 편집했던 것을 한대에 이르러 동중서(董仲舒)와 유향(劉向) 등이 32편으로 정리하여「소경신서」라고 칭하였다. 이후에는 학자들이 별로 존숭하지 않아 잘못된 부분이 많았는데, 당나라의 양량(楊倞)이 주석을 붙이고 「순경자」라고 고쳐 20권으로 편집한 것이 현존하는 「순자」이다.

「순자」 32편 가운데 전반부 26편까지는 순자의 글로 추정되며, 그 가운데 「유효」, 「의병」, 「강국」 편에서는 순자를 손경자(孫卿子)라고 칭하는 것으로 보아 제자들이 기록한 것으로 보인다. 왜냐하면 당시 사람들이 순자를 높여 경(卿)이라고 불렀기 때문이다. 양량은 후반부에 나오는 「대략」, 「유좌」, 「자도」, 「법행」, 「애공」 편을 문인들이 만들어 넣은 것이라고 주장했다. 그리고 맨 마지막편인 「요문」에서는 순자를 비평하는 글이 있는 것으로 보아 후인들이 만들어 삽입한 것으로 생각된다.

순자는 '유가의 이단아', '유가의 현실주의자', '동양의 프로메테우스' 등 많은 별칭을 얻은 사상가이다. 그만큼 동양 사상사에서 독특한 위치에 있다고 할 수 있다. 송나라 신종 때 「순자」를 간행하려고 하다가 소식(蘇軾), 주희(朱熹) 등에 의해 강력한 반대에 부딪치기도 했는데 그것은 「순자」가 제자백가를 비판하는 내용 가운데 유가에 대한 비판도 들어있기 때문이다.

순자가 활동했던 전국시대에는 유능한 인재를 모아 자신의 세력을 확충하려는 제후들이 많았고, 그 결과 많은 사상가가 등장했다. 그 가운데 제나라의 직하학궁은 당시 가장 많은 학자가 모여 학문을 토론하는 아카데미였다. 그리고 이곳에서 모여 연구하고 담론하는 학파를 직하학파라 불렀다. 직하학궁은 제나라 수도 임치에 있었는데, 임치에 있는 성문 가운데 서쪽에 있는 성문이 직문(稷門)이었고, 이 직문에 아카데미가 만들어진 것이다. 이 아카데미의 책임자를 좨주라고 하는데 순자는 이 좨주의 자리에 세 번이나 올랐다고 한다. 좨주는 사람들의 추천을 받아 선발되었기 때문에 학문도 높고 덕망도 많은 사람이 선출되는 자리다. 순자는 직하학궁의 학자들과 많은 대화를 하며 자신의 학문을 완성했기 때문에 「순자」에는 제자백가에 대해 비판한 내용이 있으며, 「비십이자」편에 바로 이러한 내용이 담겨 있다.

순자가 성악설을 주장했기 때문에 유가의 이단아로 불리지만 성악설을 주장했다고 해서 사람의 인격까지 악한 것은 아니다. 순자는 공자의 제자 가운데 자하(子夏) 계통의 학파에 속하며, 성악설을 근거로 예치주의를 내세웠다. 또한 중국 고대의 제자백가를 비판적으로 종합, 흡수하여 그의 철학체계를 확립했다. 순자는 맹자와 달리 현실주의적 입장에서 신비주의와 미신을 배격하고 논리성을 중시한 특징이 있다.

인간의 본성은 악하다!

맹자의 성선설과 더불어 수자의 성악설은 이미 잘 알려진 사상이다. 사실 어떤 행동의 옳고 그름을 알기 위해서는 우선 인간의 본성이 어떤지에 대해서 알 필요가 있다. 거기에 기초하여 어떻게 행동하는 것이 올바른 것인지 기준을 정할 수 있기 때문이다.

맹자는 본성의 선천성을 인정하고 있기 때문에 인간 자신이 타고난 본성대로 행위하면 곧 선한 행위가 된다고 주장했다. 순자 또한 본성의 선천성을 인정하지만 인간 자신이 타고난 본성을 그대로 실현하면 그 행위는 악한 행위가 된다고 하였다. 그것은 본성이 악하다고 생각했기 때문이다. 따라서 순자는 악한 본성에 의한 행위를 절제하여 선한 행위를 하도록 유도해야 한다고 주장했다. 본성의 발현이 아니라 본성의 억제와 변화를 통해서 도덕적 행위가 보장된다고 본 것이다.

이러한 맹자와 순자의 차이는 본성에 대한 해석의 차이로부터 발생한 것이다. 맹자가 생각한 본성은 선천적으로 갖추어진 본래의 도덕성을 의미하였고, 순자의 본성은 인간이 원초적으로 가지고 있는 욕구라 생각했다. 따라서 맹자의 성선과 순자의 성악은 '성(性)'에 대한 개념부터 다르게 출발했다고 할 수 있다. 순자는 인간의 본성을 악하다고 규정하면서 다음과 같이 말했다.

> "사람의 본성은 악한데 선한 모습은 인위적인 것이다. 이제 사람의 본성을 살펴보면, 태어날 때부터 이익을 좋아하는 성질이 있다. 이 성질을 따르기 때문에 쟁탈이 발생하고 사양하는 마음이 없는 것이

다. 또한 사람의 본성에는 태어날 때부터 다른 사람을 미워하는 마음이 있다. 이 성질을 따르기 때문에 다른 사람을 해치는 일이 발생하고 충성과 믿음이 없는 것이다. 또 태어날 때부터 육체적인 욕망을 가지고 있어서 아름다운 소리와 아름다운 색을 좋아한다. 이 성질을 따르기 때문에 음란한 마음이 생기고 예의와 규칙이 없어지는 것이다. 그러므로 사람이 타고난 본성을 따르고 사람의 감정에 순응하면 반드시 쟁탈이 일어나고 신분질서를 해치고 이치를 어지럽혀서 포악한 사회로 돌아갈 것이다. 그렇기 때문에 반드시 스승과 법도에 의한 교화, 예의에 의한 인도가 있어야 한다. 그런 다음에 사양하는 마음을 갖게 되고, 사회 규범과 합치되어 잘 다스려진 사회로 돌아갈 것이다. 이것을 통해 본다면 사람의 본성이 악한 것은 분명하다. 사람이 선한 모습을 갖는 것은 인위적으로 그렇게 되는 것이다."[158]

인간의 본성을 악하다고 규정하는 유명한 문장이 바로 여기서 유래한다. 순자는 인간이 타고난 본성을 그대로 둔다면 다툼이 발생하고, 남을 미워하며, 육체적 욕망을 따르게 될 것이라고 했다. 그래서 결국에는 사회를 혼란하게 하고 질서를 어지럽히게 되는

158 『순자』「성악」: 人之性惡, 其善者僞也. 今人之性, 生而有好利焉. 順是, 故爭奪生而辭讓亡焉. 生而有疾惡焉, 順是, 故殘賊生而忠信亡焉. 生而有耳目之欲, 有好聲色焉. 順是, 故淫亂生而禮義文理亡焉. 然則從人之性, 順人之情, 必出於爭奪, 合於犯分亂理而歸於暴. 故必將有師法之化 · 禮義之道, 然後出於辭讓, 合於文理而歸於治. 用此觀之, 然則人之性惡明矣, 其善者僞也.

것이다. 따라서 선한 모습으로 바꾸기 위해서는 인위적인 노력이 가해져야 한다고 생각했다. 즉, 순자는 인간이 선천적으로 악한 본성을 가지고 태어나기 때문에 후천적인 교화를 통해 선하게 바뀌어야 한다고 주장한다. 후천적인 교화는 바로 사법(師法)의 교화와 예의(禮義)에 의한 교도를 말한다.

순자의 주장은 당시 사회의 혼란상을 경험하면서 획득한 경험적 지식을 토대로 형성된 것으로 보인다. 인간이 모든 것을 경험할 수 없다는 것이 자명한 사실이라면 일부의 경험적인 사실을 토대로 모든 인간에 대한 보편적인 규정을 내린 순자의 주장은 수용하기 어려운 면이 있다. 인간의 삶 속에서는 악한 행위만이 아니라 선한 행위도 경험을 통해서 증명될 수 있기 때문이다. 물론 순자의 방식을 따른다면 선하게 보이는 행위마저도 이미 인위적인 교화를 통해서 만들어진 상태에서 나오는 것으로 보일 지도 모른다. 순자의 말에 의하면 인간의 선한 행위는 본성이 아닌 다른 차원에서 근거를 찾아야 한다. 이것은 인간의 인위적인 힘에 의해서 가능하게 되는데 순자는 그것을 화성기위(化性起僞)라고 했다.

"맹자는 '사람이 학문을 하는 것은 본성이 선하기 때문이다'라고 한다. 그러나 이것은 잘못된 것이다. 이것은 사람의 본성에 대해서 잘 알지 못하고, 사람의 본성과 인위적인 것에 대한 구분을 명확하게 살피지 못하기 때문에 그런 것이다. 무릇 본성이란 선천적으로 타고난 것이므로 학문이나 노력으로 되는 것이 아니다. 예의는 성인이 만든 것으로 사람이 배워서 이룰 수 있고, 노력해서 성취할 수 있는 것이다. 배우거나 노력해도 되지 않고 본래부터 사람에게 있는 것을 본성이라고 한다. 배워서 이룰 수 있고 노력해서 성취할 수 있는 것을 인위(人爲)라고 한다. 이것이 본성과 인위의 구분이다."[159]

순자는 인간의 악한 본성을 인위적으로 변화시켜야만 도덕적 행위가 가능하다고 생각하였으며, 이것을 '화성기위'라고 표현했다. 여기서 '위(僞)'는 '인위(人爲)' 혹은 '작위(作爲)'라는 의미이다. 자연스러운 본성을 인위적으로 변화시키고 절제해야 도덕적 인간이 될 수 있고 도덕적 행위를 할 수 있게 된다. 따라서 순자는 천과 인간의 관계를 '천인지분(天人之分)'으로 구분한 것과 같이 본성과 인위의 관계를 '성위지분'이라는 표현을 사용해 확연히 구분하고 있다.

그렇다면 인간의 본성은 어떻게 변화될 수 있는지, 모든 인간이 동일한 본성을 타고난 이상 선한 행위의 기준은 무엇을 통해 만들어질 수 있는지가 문제이다. 순자는 이러한 기준이 성인(聖人)에 의해서 만들어졌으며, 성인이 만든 것이 바로 예(禮)라고 했다. 그런데 성인도 인간이기 때문에 성인이 제정한 예의법도의 근거가

159 『순자』「성악」: 孟子曰, 人之學者, 其性善, 曰, 是不然! 是不及知人之性, 而不察乎人之性僞之分者也. 凡性者, 天之就也, 不可學, 不可事. 禮義者, 聖人之所生也, 人之所學而能, 所事而成者也. 不可學, 不可事而在人者, 謂之性, 可學而能, 可事而成之在人者, 謂之僞, 是性僞之分也.

박약한 것처럼 보인다. 즉, 작위를 일으킬 수 있는 근거는 어디에서 오는가가 문제가 되는 것이다. 이러한 점이 순자의 모순이라고 주장하는 학자도 있다.

모든 인간의 본성은 동일하고 악한데 어떻게 성인이 나올 수 있으며, 성인은 어떻게 본성을 변화시켜 인위적인 선을 제정할 수 있는 것인지가 밝혀져야 한다. 또한 선하거나 악한 것은 어떻게 구별할 수 있는지, 그리고 결정적인 문제는, 본성은 자연적으로 이루어진 것이기 때문에 후천적인 학습에 의해서 이루어질 수 없다고 했는데, 본성의 개변은 어떻게 가능하게 될지, 이러한 의문을 해결하기 위한 선결조건은 순자가 본성을 어떻게 파악하고 있었는지를 검토하는 것이다.

순자가 말하는 인간의 본성은 사실 두 가지로 살펴봐야 한다. 즉, 이중적 구조라고 할 수 있다. 하나는 심(心)을 포함한 '광의(廣義)의 성(性)'과 욕구만을 의미하는 '협의(狹義)의 성(性)'으로 구분하여 본 것이다. 이러한 이중적 구조는 순자가 말하는 심(心)의 개념과 능력에 대해서 검토함으로써 드러날 것이다.

순자의 심(心)은 분명한 가치의식이고 도덕의지라고 할 수 있다. 이처럼 순자의 심(心)이 본성에 내재한 것이라면 순자의 성악설은 다시 재고되어야 할 것이다. 만약 순자가 말한 본성이 동물적 욕구만을 의미하는 것으로 규정되고 심(心)이 욕구와 구별되는 시비 판단과 인식 작용을 할 수 있는 개념이라면, 순자는 '광의의 성'

보다 '협의의 성'에 초점을 두고 성악설을 전개한 것으로 보아야 할 것이다. 순자가 광의의 성에 초점을 두고 본성을 언급했다면 그는 성악설을 주장할 수 없었을 것이다. 광의의 성에는 이미 마음의 선한 단서가 내재되어 있기 때문이다. 다시 말하면 순자에게 있어서 선의 가능성이 선천적으로 갖추어진 것으로 볼 수 있다는 의미이다.

광의의 성에 의하면 인간은 마음이 있기 때문에 옳고 그름을 판단할 수 있고, 인간다운 행위가 무엇인지 알 수 있게 된다. 따라서 협의의 악한 본성을 변화시키는 근거는 광의의 성에 내재된 마음에 의해서 가능성을 발견할 수 있다. 순자는 다음과 같이 설명한다.

"인간은 어떻게 도를 아는가? 그것은 바로 마음으로 아는 것이다. 그러면 마음은 어떻게 도를 알 수 있는가? 마음이 텅 비고 전일하며 고요하기 때문에 알 수 있다. 마음은 일찍이 어떤 것을 감추어 두고 있으면서도 텅 비어 있고, 여러 가지 생각으로 가득 차 있으면서도 한결 같은 것을 가지고 있고, 움직이면서도 고요한 것이 있다. 인간은 누구나 태어나면서부터 지각능력이 있고, 지각능력이 있으면 기억을 하게 되는데, 기억이란 무엇인가를 저장하는 곳이다. 그러면서도 텅 비었다고 하는 것은 이미 저장된 것이 새로 받아들일 것을 방해하지 않는 것이니, 이것을 텅 비었다고 하는 것이다. 마음이 생기면 지각능력이 있고, 지각능력이 있으면 다른 것을 구별할 수 있다. 구별이란 동시에 여러 가지를 겸해서 아는 것이요, 동시에 여러 가지를 겸해서 아는 것은 마음이 여러 가지로 갈라지는 것이다. 그러면서도 한결같다고 하는 것은 이 하나로 저 하나를 방해하지 않기 때문이니, 이것을 전일하다고 하는 것이다. 마음이 잠자리에 들면 꿈을 꾸고, 마음이 한가하면 자기 맘대로 행하게 되며, 마음을 사용하면 꾀를 내게 된다. 그러므로 마음은 일찍이 항상 움직이는 것이다. 그러면서도 고요하다고 하는 것은 꿈속에서의 여러 가지 생각과 번거로운 생각이 지각능력을 혼란하게 하지 못하기 때문이니, 이것을 고요하다고 하는 것이다."[160]

마음을 중요하게 언급한 사람은 사실 맹자이다. 맹자의 성선설은 사실상 심선설(心善說)이라고 해도 지나치지 않을 것이다. 맹자는 인간에게 측은지심, 수오지심, 사양지심, 시비지심이라는 사단(四端)이 있고, 이 사단을 확충하면 인의예지가 된다고 하였다. 인간은 누구나 사단을 가지고 태어나기 때문에 본심이 선한 존재라는 것이다. 따라서 맹자가 주장한 것은 성선이라기보다 심선이라고 해야 옳다. 그런데 순자도 이곳에서 심(心)의 중요성을 언급하

160 『순자』「해폐」: 人何以知道. 曰, 心. 心何以知. 曰, 虛壹而靜. 心未嘗不臧也, 然而有所謂虛, 心未嘗不滿也, 然而有所謂一, 心未嘗不動也,然而有所謂靜. 人生而有知, 知而有志, 志也者, 臧也, 然而有所謂虛, 不以所已臧害所將受謂之虛. 心生而有知, 知而有異, 異也者, 同時兼知之, 同時兼知之, 兩也, 然而有所謂一, 不以夫一害此一謂之壹. 心, 臥則夢, 偷則自行,使之則謀. 故心未嘗不動也, 然而有所謂靜, 不以夢劇亂知謂之靜.

고 있다. 인간이 도를 아는 것은 마음에 의해서 가능한 것이고, 마음은 텅 비고 전일하며 고요하기 때문에 알 수 있다고 했다. 순자는 이러한 마음을 대청명(大淸明)이라고 하였다. 즉, 인간의 마음은 매우 맑고 깨끗하다는 의미이다. 순자 역시 맹자와 유사한 주장을 하고 있는 부분이 여기서 발견된다. 맑고 깨끗한 마음을 잘 유지하고 집중하면 다른 것에 가리지 않을 수 있게 되는 것이다.

순자가 말하는 도는 인간의 도리이며, 사회적 인간으로 살아가는 도리를 알 수 있는 근거는 심의 인식 능력에 의해서 가능한 것이며, 또한 인간이 다른 사물과 구별되는 것은 분별력이 있기 때문이라고 한다. 따라서 인간은 인식 능력과 분별력을 갖춘 존재인데, 그것은 심이 있기 때문에 가능한 것이다. 이러한 순자의 심에 대한 학설은 논란의 여지가 많다. 즉, 심이 가치판단을 할 수 있는가의 여부가 서로 대립적으로 존재한다. 순자는 다음과 같이 말하고 있다.

"성(性)의 좋아하고 미워하고 기뻐하고 성내고 슬퍼하고 즐거워하는 것을 정(情)이라고 한다. 정(情)의 그러한 상태를 마음으로 선택하는 것을 사려(思慮)라고 한다. 마음으로 사려하여 행동으로 나타낼 수 있는 것을 위(僞)라고 한다. 사려가 쌓이고 습관화되어 완성된 것도 위(僞)라고 한다."

순자에 의하면 마음은 감정의 상태를 선택하는 작용을 한다.

감정에는 선도 있고 악도 있는데, 마음은 이 가운데 무엇이든 선택할 수 있는 능력을 가지고 있다. 그렇다면 마음은 선한 것도 선택할 수 있고, 악한 것도 선택할 수 있다는 결론이 된다. 순자가 "인간에게는 본성의 바탕에 아름다움이 있고, 마음에 분별하는 인식 능력이 있지만 반드시 훌륭한 스승을 찾아서 그를 섬기고, 어진 벗을 택하여 이를 벗해야 한다"라고 한 말은 본성이 선한 것을 내포할 가능성이 있다는 것뿐만 아니라, 심의 가치판단까지 인정하고 있는 것이다. 다만 옳고 그름을 판단할 수 있는 능력을 갖게 되고, 그것을 행위로 옮길 때 옳은 것을 선택할 수도 있고, 그른 것을 선택할 수도 있다. 그러나 순자는 '허일이정(虛壹而靜: 텅 비고 고요한 상태)'한 상태가 극에 다다르면 '대청명(大淸明: 매우 맑은 상태)'한 상태가 된다고 말하고 있다. '대청명'의 상태는 티 없이 맑고 밝은 상태로서, 단순한 관조적 의미의 마음을 말한 것은 아니다.

순자가 말한 마음은 단순한 사려 작용에 그치지 않는다. 마음에는 이미 가치판단의 영역까지 들어 있는 것이다. 옳고 그름을 판단하고, 그 중에서 옳은 것을 선택하든 그른 것을 선택하든 그것은 별개의 문제이다. 다만 마음에는 사려의 작용을 통해서 인도를 실현할 수 있는 능력이 내재한다고 할 수 있다.

'협의의 성'으로 국한된 인간의 본성은 욕구적인 측면이 강하기 때문에 악을 행하게 되고, 이것을 선하게 변화시키기 위해서는 마음의 기능을 인정하지 않으면 안 되었던 것이다. 따라서 순자는 마음을 내포한 광의의 성을 자신도 모르게 인정하고 만 셈이 되었다. 물론 악한 경향성을 갖는 것과 시비를 판단하는 능력은 다를 수 있다. 인식 능력이나 판단 능력은 본성의 선악과 분리되어 설명될 수도 있다. 인간이 옳고 그름을 판단할 능력이 있다고 해서 그의 행위가 모두 선하거나 악하다고 주장할 수는 없기 때문이다.

순자는 협의의 성은 욕구이기 때문에 악한 경향을 가지고 있고, 광의의 성은 심을 포함하고 있기 때문에 심의 인식 능력으로 가치판단의 가능성을 가지고 있다고 파악한 것이다. 따라서 인간의 도덕적 행위는 협의의 성에 의한 것이 아니라, 광의의 성 영역에 속하는 것으로 볼 수 있다.

"무릇 사람이란 공통점이 있다. 배가 고프면 먹고 싶고, 추우면 따뜻하게 하고 싶고, 피곤하면 쉬고 싶고, 이익을 좋아하고 손해를 싫어하는 것은 사람이 태어나면서부터 가지고 있는 것으로 후천적으로 갖추어서 그렇게 된 것이 아니다. 이것은 훌륭한 우왕(禹王)이나 폭군 걸왕(桀王)도 마찬가지다. 사람은 눈으로 흑백과 아름답고 추함을 구별하고, 귀로 소리의 맑고 흐림을 구별하며, 입으로 짜고 시고 달고 쓴 맛을 구별하고, 코로 향기로운 것과 비린내를 분별하며, 몸과 피부로는 차거나 뜨겁고 아프고 가려움을 구별한다. 이 또한 사람이 태어날 때부터 가지고 있는 것으로 후천적으로 갖추어서 그렇게 된 것이 아니다. 이것은 우왕이나 걸왕도 마찬가지다. 그러나 사람은 누구나 요임금이나 우임금과 같이 될 수 있고, 걸왕이나 도척과 같이 될 수 있고, 목수나 장인이 될 수도 있으며, 농부나 상인도 될 수 있는 것이다."[161]

순자는 인간이 본래 타고난 욕망이나 본성은 모두 같아 성인처럼 훌륭한 인간도 애초에는 악한 본성을 가지고 태어났고 동물적인 욕구를 가지고 있다고 했다. 따라서 애초에 타고난 동물적 욕망과 악한 본성을 어떻게 길들이느냐에 따라서 성인이나 도둑이 되는 것이다. 맹자와 순자는 서로 다른 주장을 했지만 두 사람 모두 교육에 의해 선한 방향으로 나가야 하다고 주장하고 있는 점에서는 비슷하다. 선한 본성을 타고난 사람은 선한 본성이 후천적인 습관 때문에 악하게 될 수 있으므로 지속적인 학문과 수양이 필요하고, 악한 본성을 타고난 사람은 그것을 인위적인 교육에 의해 선하게 바꾸어야 하는 것이다. 맹자와 순자 모두 공자의 학문을 숭상하는 사람이지만, 이후 유가에서는 맹자의 학설을 높이고 중시하게 되었다.

161 『순자』「영욕」: 凡人有所一同, 飢而欲食, 寒而欲煖, 勞而欲息, 好利而惡害, 是人之所生而有也, 是無待而然者也, 是禹桀之所同也. 目辨白黑美惡, 耳辨音聲淸濁, 口辨酸鹹甘苦, 鼻辨芬芳腥臊, 骨體膚理辨寒暑疾養, 是又人之所常生而有也, 是無待而然者也, 是禹桀之所同也. 可以爲堯禹, 可以爲桀跖, 可以爲工匠, 可以爲農賈.

예로 바꾸어라

성악설에도 불구하고 인간은 사려 작용과 인식 작용을 할 수 있는 심을 갖춘 존재다. 따라서 도덕적 행위의 근거가 심에 내재해 있다고 할 수 있다. 이러한 심을 토대로 예의와 법도가 제정되고, 인간은 그에 따라 행위 하도록 인도되는 것이다. 순자는 예의 기원에 대해서 다음과 같이 말하고 있다.

어떤 사람이 "인간의 본성이 악하다고 한다면 예의는 어떻게 하여 나온 것인가?"라고 물었다. 대답하기를 "예의라고 하는 것은 바로 성인의 위, 곧 작위에서 생긴 것으로 인간의 본성에서 나온 것은 결코 아니다"라고 하였다[162]

"예는 어떻게 생기는 것일까? 사람은 태어날 때부터 욕망이 있다. 욕망이 있는데 얻지 못하면 구하려고 하지 않는 경우가 없다. 구하는데 한계가 정해져 있지 않으면 다른 사람과 다투지 않을 수 없다. 다투면 혼란하게 되고, 혼란해지면 궁색해진다. 선왕은 이러한 혼란을 싫어했던 것이다. 그러므로 예의를 만들어 욕망에 한계를 짓고, 그것을

162 『순자』「성악」: 問者曰, 人之性惡, 則禮義惡生. 應之曰, 凡禮義者, 是生於聖人之僞, 非故生於人之性也.

통해 사람의 욕망을 길러주고 사람이 추구하는 것을 공급하며, 욕망이 반드시 물질로 인해 막히지 않도록 하고, 물질은 반드시 욕망에 의해 모두 없어지지 않게 하였다. 이 두 가지가 서로 유지하면서 성장하도록 하였던 것이다. 이것이 바로 예가 생겨난 이유이다."[163]

순자는 인간의 욕망을 제어하기 위한 수단으로 예가 만들어지기 시작했다고 주장했다. 그러나 동시에 예는 인간의 욕망을 양육하는 기능도 있다고 하며, 분별을 통해서 욕망의 적절한 제어를 요구하고 있다. 귀천의 분별, 연령의 분별, 빈부의 분별 등에 모두 그에 맞는 정해진 예법이 있다는 것이다. 군주는 인간이 가진 욕망을 채울 수 있도록 물질을 충분하게 공급해야 하며, 그 욕망을 각자 처한 다양한 위치에 따라 적절하게 누릴 수 있도록 예로 제어하자는 주장이다. 결국 순자는 강제로 인간의 욕망을 없앨 수 없기 때문에 도덕적인 힘에 의해 규제할 수 있도록 요구한 것이다. 인간의 욕망을 방임하면 혼란이 야기되므로 일정한 한계를 두고 욕망을 키울 수 있도록 하며, 그 한계를 넘으면 통제해야 한다고 말했다. 하지만 궁극적으로 순자는 예에 의한 분별을 통해 계급질서의 안정을 도모한 것으로 생각된다.

163 『순자』「예론」: 禮起於何也. 日, 人生而有欲, 欲而不得, 則不能無求, 求而無度量分界, 則不能不爭. 爭則亂, 亂則窮, 先王惡其亂也, 故制禮義以分之, 以養人之欲, 給人之求, 使欲必不窮乎物, 物必不屈於欲, 兩者相持而長, 是禮之所起也.

앞에서 순자가 "예의는 성인의 작위로부터 생긴 것", "선왕은 예의를 만들어"라고 하며 성인 또는 선왕이라는 표현을 사용하고 있다. 그렇다면 성인은 어떻게 예를 만들 수 있을까?

"세상을 살아가는 처세법은 다음과 같다. 군주를 섬기면 반드시 통달하고, 어진 마음을 실천하면 반드시 성인이 되는 것, 이것은 먼저 표준이 되는 예를 세워 여기서 이탈하지 않아야 한다. 그런 다음에 공경하는 마음으로 솔선하고, 충성과 신의로 통솔하며, 신중함으로 행하고, 성실함으로 지키며, 갑자기 어려워질 때는 거듭 힘을 써야 한다. 군주가 비록 알아주지 않아도 원망하고 미워하는 마음이 없어야 하고, 공로가 비록 크더라도 자신의 덕을 자랑하는 모습이 없어야 하며, 자신의 요구를 줄이고 공을 많이 세워야 하고, 사랑하고 공경하는 마음을 게을리 하지 않아야 한다. 이와 같이 하면 항상 순조롭게 될 것이다. 이러한 마음으로 군주를 섬기면 반드시 통달하고, 어진 마음을 실천하면 반드시 성인이 된다. 이것이 바로 세상을 살아가는 처세법이다."[164]

누구에게나 해당되는 처세법에 대해 말하고 있다. 공자는 가

164 『순자』「중니」: 天下之行術, 以事君則必通, 以爲仁則必聖. 立隆而勿貳也. 然後恭敬以先之, 忠信以統之, 愼謹以行之, 端慤以守之, 頓窮則從之疾力以申重之. 君雖不知, 無怨疾之心. 功雖甚大, 無伐德之色. 省求多功, 愛敬不倦, 如是則常無不順矣. 以事君則必通, 以爲仁則必聖, 夫是之謂天下之行術.

장 뛰어난 제자인 안영을 평가하여 노여움을 다른 사람에게 옮기지 않고 허물을 되풀이 하지 않는다고 하였다. 쉬운 말이라고 생각되지만 쉽게 실천하기 어려운 일이다. 평범한 사람은 화가 났을 때 주변 사람을 불편하게 만들고, 똑같은 실수를 반복하는 경우가 많기 때문이다. 세상을 살면서 이유 없이 남에게 미움을 받는 경우가 있다. 특히 다른 사람보다 빨리 높은 지위에 오르거나 많은 권력을 잡게 될 경우에는 그런 현상이 더욱 심하다. 하지만 이런 경우라도 스스로 겸손하고 공을 자랑하지 않으면 오래되지 않아서 미움은 사라지게 될 것이다. 자신을 낮추고 겸손한 마음을 갖는 것은 세상을 살아가는 최대의 무기가 될 수 있다.

> "듣지 않은 것은 듣는 것만 못하고, 듣는 것은 보는 것만 못하며, 보는 것은 아는 것만 못하고, 아는 것은 행하는 것보다 못한 것이니 배워서 행하는 데 이르러 멈추는 것이다. 행하면 밝아지고, 밝아지면 성인이 된다. 성인이란 인의에 근본하고 옳고 그름에 합당하게 하며, 언행을 가지런하게 하고 작은 실수도 하지 않고, 다른 도를 추구하지 않고 행하는 데서 그치는 것이다."[165]

165 『순자』「유효」: 不聞不若聞之, 聞之不若見之, 見之不若知之, 知之不若行之, 學至於行之而止矣. 行之, 明也, 明之爲聖人, 聖人也者, 本仁義, 當是非, 齊言行, 不失豪釐, 無他道焉, 已乎行之矣.

"보통 사람으로 선을 쌓고 또 쌓아 그 궁극에 이르게 되면 이것을 일러 성인이라고 한다. 그들은 구한 뒤에 얻고 행한 뒤에 이루며 쌓은 뒤에 높아지고 극진하게 한 뒤에 성스럽게 된다. 그러므로 성인은 사람이 덕을 쌓아서 이루어진 것이다."[166]

성인이란 인의를 근본으로 하여 시비의 판단을 정확하게 내리고 언행을 한결같이 하여 티끌만큼도 어긋남이 없는 사람이다. 이렇게 될 수 있는 것은 다른 방법에서가 아니라, 바로 실천을 목표로 하였기 때문이다. 성인도 다른 인간과 마찬가지로 악한 본성을 타고나지만 학문과 수양에 의해서 완성되는 인간이다. 즉, 성인은 선천적으로 능력을 갖춘 존재가 아니라 성인도 후천적인 경험을 통해서 만들어진 인간이다. 후천적인 경험 속에서 인도를 유지하기 위한 기준을 만드는데 필요한 것들을 습득하고 그것을 몸에 지녀 극진하게 하면 하나의 표준을 만들 수 있게 된다.

순자는 분명하게 '선을 쌓고 또 쌓아 궁극에 이르면' 성인이 될 수 있고, 보통 사람이 학문을 닦아 나가면 선비가 되고, 여기서 더욱 열심히 노력하면 군자가 되고, 더욱 그것을 알게 되면 성인이 된다는 말을 하고 있다. 성인만이 이러한 능력을 갖고 태어난 것이

166 『순자』「유효」: 涂之人百姓, 積善而全盡謂之聖人. 彼求之而後得, 爲之而後成, 積之而後高, 盡之而後聖. 故聖人也者, 人之所積也.

아니라 모든 인간은 이러한 능력을 가지고 태어나는 것이다. 다만, 성인은 지속적인 노력의 결과 성인이 되는 것일 뿐이다.

순자는 인간에게 최선의 선택을 할 수 있는 능력과 옳고 그름을 판단할 수 있는 능력이 있다고 보았다. 따라서 이러한 능력을 최대한 발휘하여 인위적인 기준을 제정하는 것이 성인이고, 성인에 의해 제정된 예의와 법도는 도덕적 행위의 기준이 되는 것이다.

보통의 인간들은 예에 맞는 행위를 했을 때 비로소 도덕적 행위를 한다고 할 수 있다. 그러한 근거가 마음(心)에 의해서 주어졌고, 성인은 마음을 통해서 선을 굳게 지키고 학문과 노력을 통해서 예를 제정하게 되는 것이다. 따라서 인간의 본성이 악하다고 할지라도 인간이 마땅히 해야 할 당위성에 대해서 순자는 인정하고 있으며, 이것은 분별 능력과 판단 능력에 의해서 주어지게 되는 것으로 보았다.

순자의 예는 정치제도의 의미나 생활 의식뿐만 아니라, 우주와 인간 질서를 모두 포함한 질서적 원리의 위상으로 승화되어 있다. 즉, 순자가 말하는 예는 그 범위가 넓어 크게는 나라를 다스리는 도에서부터 작게는 개인 수양, 생활 교양, 음식, 기거 등 포함되지 않는 것이 없다. 순자의 예는 인류 사회를 통제해 가는 원리이며, 제도이고, 구체적인 형식이 되는 것이다. 이렇게 볼 때 예는 모든 규범을 포함하는 원리가 된다.

"예라고 하는 것은 절도의 준칙이다."[167]

"예는 인륜 도덕의 극치이다."[168]

"예는 본말이 서로 따르고 종시가 서로 응하는 것이다."[169]

이상의 인용문을 통해서 본다면 순자의 예는 기준의 의미뿐만이 아니라 도덕 원리로 인식되고 있음을 알 수 있다. 다만 문제가 되는 것은 예와 같은 외적인 기준에 의해서 도덕원리가 규정된다면 심의 능력이 필요 없게 될 수도 있다는 점이다.

그러나 성인이 만들어지기 전까지의 단계에서 심은 반드시 필요한 조건이다. 심의 인식 능력을 통해서 예의와 법도가 제정되기 때문이다. 모든 인간은 동일하게 심의 인식 능력을 타고나는데, 성인은 이러한 심의 인식 능력을 통해서 '가치 있는' 것을 실천하고, 그것을 극대화시키고 유지시키는 사람이다. 성인의 실천적 행위가 예의와 법도로 제정되며, 이러한 예의와 법도가 제정된 이후에는 모든 사람이 그것을 표준으로 삼아 지키고 행위 하면 되는 것이다.

천인지분과 성위지분을 대전제로 규정하고 있던 순자는 인간

167 『순자』「치사」: 禮者, 節之準也.

168 『순자』「예론」: 禮者, 人道之極也.

169 『순자』「대략」: 禮者, 本末相順, 終始相應.

의 내면적인 본성에서 도덕적 행위의 근거를 찾았던 맹자와는 달리 예를 통해서 도덕적 행위의 근거를 규정하고자 했다. 성악설에 근거한 순자의 입장에서는 당연한 결과로 받아들일 수 있을 것이다. 그러나 이것은 순자의 성악설이 협의의 성을 중심에 놓고 있기 때문에 가능한 것이지 만약 순자가 광의의 성을 중심으로 본성을 규정했다면 인간의 본성에는 선악의 요소가 모두 내재되어 있다고 보았을 것이다.

결국, 인간의 본성이 악하다는 순자의 전제는 인간의 내면적 도덕의 근거를 차단시키는 것으로 보이지만, 순자 역시 심이라는 가치판단을 내릴 수 있는 인식 능력에 의해서 내면적 근거를 인정하고 있는 결과를 낳게 되었다.

하늘은 하늘일 뿐

경험론에 바탕을 둔 순자의 성악설은 철저하게 천(天)을 인간으로부터 분리시키고자 하는 의도로부터 출발했다. 즉, 순자의 자연관이 인성문제로 발전되어 성악설을 주장하게 되었으며, 성악설은 곧 사회관, 정치관, 윤리관, 그리고 인식론의 전제가 되었던 것이다.

순자 이전의 유가 철학에서는 하늘과 인간을 연결시키고, 하늘이 인간의 도덕적 근원으로 인식되었지만, 순자에게 있어서 하늘은 더 이상 인간에게 어떤 명령을 내리거나 도덕적 근거가 될 수 없었다. 순자에게 있어서 하늘은 자연적인 개념 이상이 아니었기 때문이다. 순자는 다음과 같이 말했다.

"천도의 운행에는 불변하는 법칙이 있다. 요임금을 위해서 존재하는 것도 아니고 걸을 위해서 없어지는 것도 아니다. 좋은 정치로 대응하면 길하고, 혼란으로 대응하면 흉하게 된다. 근본에 힘쓰고 절약하면 하늘도 가난하게 할 수 없고, 건강을 준비하고 때에 맞게 운동을 한다면 하늘도 병들게 할 수 없고, 도를 닦아서 두 가지 마음을 품지 않으면 하늘도 재앙을 내릴 수 없다. 그러므로 홍수와 가뭄도 그를 배고픔과 목마름에 빠뜨릴 수 없고, 추위와 더위도 그를 아프게 할 수 없으며, 괴상한 일도 그를 나쁘게 만들 수 없다. 근본이 황폐하고 사치하면 하늘도 그를 부유하게 할 수 없고, 건강을 돌보지 않고 운동을 하지 않으면 하늘도 그를 온전하게 할 수 없고, 도를 배반하고 행동을 함부로 한다면 하늘도 그를 좋게 만들 수 없다. 그러므로 홍수와 가뭄이 오지 않아도 굶주리고 목마르게 될 것이고, 추위와 더위가 이르지 않아도 병에 걸리며, 괴상한 일이 일어나지 않아도 나쁘게 될 것이다. 때를 만난 것은 잘 다스려진 세상과 같지만 재앙이 일어나는 것은 잘 다스려진 세상과 다르기 때문에 하늘을 원망해서는 안 된다. 이것은 도리가 그렇게 만든 것이다. 그러므로 하늘과 인간의 구분에 밝은 사람이면 지인(至人)이라고 할 것이다."[170]

고대에는 인간의 운명이 하늘의 법칙에 따라서 달라진다고 생각하거나 인간이 하늘의 지배를 받는다고 생각했다. 그런데 순자에 의해서 비로소 하늘과 인간이 분리되는 천인지분(天人之分)의 주장을 하기에 이른 것이다. 즉, 자연계의 법칙과 인간의 법칙이 서로 분리되어 독립된다고 하는 의미이다. 인간이 화를 당하거나 복을 받는 것은 모두 인간 자신의 행위에 의해 결정되는 것이지 하늘에 의해서 화복이 내려지는 것은 아니다. 후대의 학자들은 이러한 순자의 주장 때문에 순자를 유물주의자로 분류하기도 한다.

순자에게 있어서 과거와 같은 주재적인 천의 형태는 발견할 수 없게 되었으며, 이것은 도덕적 행위의 근거가 천에서 인간으로 넘어 온 것이고, 인간의 주체성에 대한 강조를 의미한다고 할 수 있다.

따라서 인간은 자신의 본성이나 혹은 본성의 변화를 통해서 도덕적으로 선한 행위를 하게 되는데, 본성은 이미 악한 것으로 인식되었기에 본성에 따라서 행위 해서는 안 된다는 결론이 나오게 된다. 그렇다면 인간의 선한 행위는 본성이 아닌 다른 차원에서 그 근거를 찾아야 할 것으로 보인다. 이것은 인간의 인위적인 힘에 의

---

170 『순자』「천론」: 天行有常, 不爲堯存, 不爲桀亡. 應之以治則吉, 應之以亂則凶. 彊本而節用, 則天不能貧, 養備而動時, 則不能病, 脩道而不貳, 則天不能禍. 故水旱不能使之飢渴, 寒暑不能使之疾, 祆怪不能使之凶. 本荒而用侈, 則天不能使之富, 養略而動罕, 則天不能使之全, 倍道而妄行, 則天不能使之吉. 故水旱未至而飢, 寒暑未薄而疾, 祆怪未至而凶. 受時與治世同, 而殃禍與治世異, 不可以怨天, 其道然也. 故明於天人之分, 則可謂至人矣.

해서 가능하게 되는데 순자는 그것을 '화성기위(化性起僞)'라고 한 것이다.

"기우제를 지내면 비가 오는 것은 무엇 때문일까? 거기에는 아무런 이유도 없다. 마치 기우제를 지내지 않아도 비가 내리는 것과 같은 것이다. 일식이나 월식 때 해와 달을 구제하려고 하는 것이나 가뭄에 기우제를 지내는 일, 점을 쳐서 큰일을 결정하는 것 등은 좋은 결과를 얻기 위해서 하는 것이 아니라 의례적으로 행하는 것이다. 그러므로 군자는 그것을 꾸밈으로 생각하고, 백성은 신령스럽게 여긴다. 꾸밈으로 생각하면 길하게 되고, 신령스럽게 생각하면 흉이 된다."[171]

순자는 가뭄이 들었을 때 기우제를 지내는 행위나 점을 쳐서 일을 결정하는 것을 부정하고 있다. 그것은 형식적으로 하는 행위에 불과하기 때문이다. 공자가 병이 깊이 들었을 때 자로가 기도하기를 간청하였는데, 공자는 "내가 기도한 지가 오래되었다"라고 하였다. 공자가 기도한 지 오래되었다고 한 것은 하늘에 기도할 만큼 잘못을 저지른 일이 없다고 생각했기 때문이다. 공자와 순자의 태도는 서로 비슷한 것이다. 어려운 환경에 처하면 하늘에 기도를

171 『순자』「천론」: 雩而雨, 何也. 曰, 無何也, 猶不雩而雨也. 日月食而救之,天旱而雩,卜筮然後決大事, 非以爲得求也, 以文之也. 故君子以爲文, 而百姓以爲神. 以爲文則吉, 以爲神則凶也.

드리고 싶은 것이 인지상정이지만 하늘에 의지한다고 해결되는 것은 없다. 게다가 하늘의 운명에 맡기면서 노력을 하지 않고 게을러질 수 있기 때문에 더욱 바람직한 일이 아닌 것이다.

"세상이 잘 다스려지고 혼란한 것은 하늘에 의해서 결정되는 일일까? 해, 달, 별의 운행은 우왕 때나 걸왕 때나 모두 같았다. 우왕은 이것으로 통치를 잘 했고, 걸왕은 이것으로 혼란을 만들었다. 그렇다면 다스려지고 혼란한 것은 하늘에 의해서 결정되는 것이 아니다. 때에 따라 결정되는 것일까? 봄에 곡물에 싹이 트기 시작하고, 여름에 성장하며, 가을에 수확하고, 겨울에 저장하는 것은 우왕 때나 걸왕 때나 모두 같았다. 우왕은 이것으로 통치를 잘 했고, 걸왕은 이것으로 혼란을 만들었다. 그렇다면 다스려지고 혼란한 것은 때에 따라 결정되는 것이 아니다. 땅에 의해서 결정되는 것일까? 땅을 얻으면 생존하고, 땅을 잃으면 죽는 것은 우와 때나 걸왕 때나 모두 같았다. 우왕은 이것으로 통치를 잘 했고, 걸왕은 이것으로 혼란을 만들었다. 그렇다면 다스려지고 혼란한 것은 땅에 의해서 결정되는 것도 아니다."[172]

세상의 안정과 혼란은 모두 인간의 바른 정치에 의해서 결정되

172 『순자』「천론」: 治亂天邪. 曰, 日月星辰瑞厤, 是禹桀之所同也, 禹以治, 桀以亂, 治亂非天也. 時邪. 曰, 繁啓蕃長於春夏, 畜積, 收臧於秋冬, 是又禹桀之所同也, 禹以治, 桀以亂, 治亂非時也. 地邪. 曰, 得地則生, 失地則死, 是又禹桀之所同也, 禹以治, 桀以亂, 治亂非地也.

는 것이지 하늘이나 땅에 의해서 결정되는 것이 아니다. 똑같은 자연 현상을 누리며 살았지만 우왕은 현명하게 통치를 잘했고, 걸왕은 세상을 혼란하게 만들었다. 하늘이 인간에게 빛을 내릴 때 잘나고 예쁜 사람에게 많이 내리고 못나고 미운 사람에게 적게 내리는 경우가 있는 것은 아니다.

순자가 인식한 하늘과 인간의 관계는 전혀 관련성이 없으며, 하늘은 그저 물리적인 의미의 하늘에 불과하다. 당시 사회에서 순자의 이러한 견해는 매우 탁월한 것인데, 그로 인해 유가의 이단아처럼 여겨지기도 한다. 하늘과 인간을 분리하는 천인지분의 공로는 인간의 능동적인 자기 결정권을 인정한다는 점에 있다. 인간의 감각으로 느낄 수도 없고 인식할 수 없는 하늘이라는 존재에 자기 자신을 맡겨야 하는 어리석음이 순자에 의해 껍질을 벗게 된 것이다. 순자에 의하면 인간은 자기 자신의 노력 여하에 따라 얼마든지 좋은 삶을 살게 되는 것이다.

제7장

한비자

인간은 누구나 이기적이다

韓非子

초나라 사람 가운데 화씨가 있었는데 초산에서 거친 옥을 발견했다. 화씨는 그것을 받들고 여왕에게 바쳤다. 여왕이 옥공을 시켜 감정하게 했는데 옥공이 "돌에 불과합니다"라고 말했다. 왕은 자기를 속였다고 생각하여 화씨의 왼쪽 발을 자르는 월형에 처했다. 여왕이 죽고 무왕이 즉위했다. 화씨는 또 옥을 받들고 무왕에게 바쳤다. 무왕이 옥공에게 감정하게 시키자 또 "돌에 불과합니다"라고 말했다. 무왕은 또한 자신을 속였다고 여겨 오른쪽 발을 잘라버렸다. 무왕이 죽고 문왕이 즉위했다. 화씨는 옥을 안고 초산 아래서 울었는데 3일 밤낮이 지나자 눈물도 마르고 피가 나오기 시작했다. 왕이 그 소리를 듣고 사람에게 까닭을 묻게 했다. "세상에 월형을 당한 사람이 많은데 그대는 어찌 슬피 우는가?" 화씨가 말했다. "저는 월형을 당해서 슬픈 것이 아니라 보배로운 옥을 돌이라고 하고, 정직한 선비에게 군주를 속였다고 하니 이 때문에 슬피 우는 것입니다." 왕이 옥공에게 거친 옥을 다듬게 한 결과 마침내 보물을 얻었다. 그리고 그것을 '화씨지벽'이라고 명명하였다.

제왕학의 보고,
한비자

춘추시대의 최대강국이었던 진(晋)나라가 멸망하고 한(韓), 위(魏), 조(趙) 세 나라로 나누어진 기원전 453년부터 진시황이 중국을 통일한 기원전 221년까지 230여 년간을 전국시대(戰國時代)라고 한다. 전국시대는 춘추시대보다 더 첨예한 정복 전쟁의 시대였다. 제후국들 간의 침략과 약탈 전쟁이 빈번하다 보니, 제후들은 온통 부국강병책을 찾는 데 혈안이 되어 있었다. 이와 같은 상황에서 제후들의 부국강병을 추구한 이들은 법가 사상가들이었다. 법가는 법치를 통해 각국의 정치체제를 개혁하는 한편 백성이 오로지 농사와 전쟁에만 전념할 수 있도록 했다. 특히 법가는 부국강병과 체제 개혁을 위해 군주권의 강화에 큰 힘을 쏟았는데, 이로 인해 유가와는 또 다른 '제왕학(帝王學)'을 만들어 낼 수 있었다.

한비는 전국시대의 법가 사상의 완성자이며, 「한비자」는 한비(韓非)가 저술한 책이다. 한비는 전국시대 한(韓)나라 왕의 서자로 태어났지만 어머니의 신분이 낮았기 때문에 왕족임에도 불구하고 좋은 대접을 받지 못하며 어린 시절을 보냈다. 그리고 자신의 모국인 한나라도 주변 국가들보다 힘이 약해서 항상 큰 나라의 눈치를 보며 명맥을 유지하는 형편이었다. 당시 가장 막강한 힘을 가진 나라는 진(秦)나라였다.

한비는 당시 최고의 학자였던 순자(荀子)에게 학문을 배웠다. 하지만 유학을 존숭하던 순자와 달리 그는 법가의 이념에 관심이 많았고 마침내 순자를 떠나 법가학문을 배우게 되었다. 그리고 자신의 이론을 왕에게 건의했지만 들어주지 않자 많은 글을 저술하게 되었는데, 그것이 바로 「한비자」이다. 한비는 순자의 제자 가운데 가장 탁월한 재능을 지닌 사람이었지만 말을 더듬었기 때문에 자신의 의사를 대부분 글로 표현했다.

이 책은 진시황에게 막대한 영향을 미친 것으로 유명하다. 우연한 기회에 한비의 글 가운데 「고분」과 「오두」편을 읽고 감탄했던 진시황은 한비를 만나기 위해 전쟁을 일으켜 한나라를 침략했다. 그리고 사신으로 온 한비를 만나 밤새 대화를 나누며 그의 이론에 매료되고 말았다. 당시 진시황의 재상이었던 이사는 이러한 모습을 보고 자신의 자리가 위태롭게 될 것을 우려하여 한비를 모함하고 감옥에 가두었다. 한비는 감옥에서 진시황을 만나게 해달라고 요청했지만 이사는 이를 거절하고 마침내 한비를 죽게 만들었다. 사마천의 「사기」에는 "세난(說難) 같은 훌륭한 글을 썼으면서도 자신은 그로 인한 재앙을 벗어나지 못했다"라고 한 부분이 있다. 글재주가 뛰어나고 유세의 어려움에 대해 글을 지었지만 자신은 결국 유세를 제대로 하지 못하고 세상을 떠나게 되었다는 아이러니한 사실을 지적한 것이다.

「한비자」는 전체가 55편으로 구성되어 있는 책이다. 본래의 서명은 「한자(韓子)」였지만 당대(唐代)의 한유(韓愈)를 '한자'라고 부르게 되면서 혼동을 막기 위하여 송대(宋代) 이후로 한비의 책을 「한비자」라고 부르게 되었다. 이 중에서 「난세」와 「정법」은 유가의 덕치론(德治論)은 물론 법가에 속하는 상앙(商鞅), 신도(愼到), 신불해(申不害)의 설까지도 비판하고 있다. 「세림」, 「내외저설」, 「십과」 등은 설화집으로서 상고로부터의 설화 300여 가지를 독특한 체계에 의하여 배열하고, 그들 이야기의 흥미를 통하여 법가사상을 나타내고 있다. 「해노」와 「유노」는 「노자」의 주석 또는 해설편에 해당된다.

법가의 완성자

한비는 법가 이론에 정통했는데, 특히 상앙과 신도, 신불해의 이론을 직접적으로 수용하여 계승, 발전시켰다. 즉, 선배 학자들의 장단점을 잘 파악하여 한쪽으로 치우친 잘못을 바로잡고 보완하여 자신의 법가 이론을 완성시켰던 것이다. 상앙의 법에 관한 이론과 신불해의 관료주의적 방법과 술수, 그리고 신도의 권위에 관한 이론을 모두 종합하여 자신의 이론을 완성했다.

따라서 한비의 사상을 가장 잘 표현한 말은 바로 법(法), 술(術), 세(勢)라고 할 수 있다. 그는 잘 다스려지고 강하게 되는 것은 법이 바르게 행해지는 데서 생기고, 약하게 되고 혼란하게 되는 것은 법이 바르게 행해지지 못한 데서 생겨나는 것으로 주장했다. 법, 술, 세를 종합한 한비자의 사상은 매우 복잡하며 이 세 가지는 불가분의 관계라고 생각했다.

「한비자」에 다음과 같은 이야기가 나온다.

> 오기가 위나라 무후 때 서하의 태수가 되었다. 진나라의 작은 정자가 국경에 있었는데, 오기가 그것을 공격하고자 했다. 그 정자를 제거하지 않으면 경작에 해롭기 때문이었다. 그것을 제거하는 데는 많은 병사를 동원할 수도 없었다. 이에 북문 밖에 수레 한 대를 놓아두고 명령하며 말했다.
>
> "이것을 남문 밖으로 옮기는 사람에게 좋은 토지와 집을 주겠다."
>
> 아무도 그것을 옮기지 않았다. 급기야 그것을 옮기는 자가 있었는데 포고한대로 주었다. 다시 동문 밖에 한 섬의 콩을 두고 명령했다.
>
> "이것을 서문 밖으로 옮기는 사람에게 처음과 같이 전답을 주겠다."

그러자 사람들이 다투어 옮기려고 했다. 이에 명령하여 말했다.

"내일 진나라의 정자를 공격할 것인데 먼저 올라가는 사람은 대부로 임명하고 좋은 전답과 집을 주겠다."

사람들이 다투어 올라가 성을 공격하여 하루아침에 빼앗았다.[173]

이상은 국가에 대한 믿음이 부족한 백성에게 국가에서 시행하는 법을 믿도록 하기 위한 이야기다. 법을 집행하기 위해서는 백성이 국가에서 시행하는 법을 믿고 따를 수 있어야 한다. 만약 백성이 법을 믿지 않으면 아무리 법이 강력해도 무용지물이 되고 말 것이다. 이 이야기는 이미 상앙이 시행했던 것과 같은 것이다. 모든 사람에게 법을 공표하고 엄격하게 시행하도록 했지만 시행 초기에는 백성이 잘 믿지 않다. 하지만 시간이 지나면서 국가에서 약속한 법이 사실대로 집행되자 백성이 믿고 따르게 되었다. 상앙의 엄격한 법 논리는 그대로 한비에게 계승되어 유가와 묵가에 대응하는 논리가 되었다. 그래서 한비는 법이 무너지는 원인을 다음과 같이 말하고 있다.

---

173 『한비자』「내저설상」: 吳起爲魏武侯西河之守。秦有小亭臨境, 吳起欲攻之。不去, 則甚害田者; 去之, 則不足以徵甲兵。於是乃倚一車轅於北門之外而令之曰: "有能徙此南門之外者, 賜之上田 · 上宅。" 人莫之徙也。及有徙之者, 遂賜之如令。俄又置一石赤菽於東門之外而令之曰: "有能徙此於西門之外者, 賜之如初。" 人爭徙之。乃下令曰: "明日且攻亭, 有能先登者, 仕之國大夫, 賜之上田上宅。" 人爭趨之。於是攻亭, 一朝而拔之。

"은혜로움으로 하는 정치는 공로가 없는 자에게 상을 주고 죄지은 자를 면제해주는 것이다. 이것은 법이 무너지는 원인이다. 법이 무너지면 정치가 혼란해지고, 혼란한 정치로 무너진 백성을 다스린다는 것은 본 적이 없다."[174]

"위엄 있는 권세와 상벌의 법이 없이는 비록 요순이라 하더라도 통치할 수 없다. 오늘날 군주들은 모두 무거운 형벌과 엄격한 처벌을 가볍게 내버리고 사랑과 은혜만을 베풀어 패왕의 공을 이루려고 하는데 이것은 가능성이 없는 일이다. 그러므로 좋은 군주가 되기 위해서는 상을 명백하게 하고 이익을 베풀어 권장하며, 백성들에게는 공에 따라 상을 주고 인의를 가지고 은혜를 베풀어서는 안 된다."[175]

공자는 백성에게 은혜를 베풀어야 한다고 주장했지만 한비는 그와 반대로 은혜로운 정치가 오히려 법을 무력하게 만든다고 생각했다. 한비는 백성에게 은혜를 베풀고 덕으로 감화시키려는 발상은 환상에 지나지 않는다고 생각했다. 은혜를 베풀면 벌을 받아야 할 사람이 상을 받거나 상을 받아야 할 사람이 벌을 받는 일이

---

174 『한비자』「난삼」: 惠之爲政, 無功者受賞, 則有罪者免, 此法之所以敗也。法敗而政亂, 以亂政治敗民, 未見其可也。

175 『한비자』「간겁지신」: 無威嚴之勢, 賞罰之法, 雖堯舜不能以爲治。今世主皆輕釋重罰嚴誅, 行愛惠, 而欲霸王之功, 亦不可幾也。故善爲主者, 明賞設利以勸之, 使民以功賞而不以仁義賜.

발생하게 될 것이고, 그로 인해 백성은 군주를 속이고 법을 지키지 않게 될 것이라는 주장이다.

한비는 시대가 변하는 상황에서 옛 방식만으로 통치를 할 수 없다고 여겼다. 재물이 풍부하고 인구가 적은 시절에는 백성이 순박했기 때문에 도덕정치가 가능했지만 시대가 변해서 급박해진 상태에서는 상을 주어 앞으로 나가게 하고 벌을 주어 물러서지 못하게 해야 한다고 보았다. 이러한 생각에 기초하여 한비는 법과 술에 대해 다음과 같이 이야기 하고 있다.

> "법이란 그림이나 책으로 엮어 관부에 비치하고 백성에게 널리 알리는 것이다. 술이란 가슴에 숨겨두고 많은 단서를 대조하여 몰래 여러 신하를 다스리는 것이다."[176]

> "술(術)이란 맡은 바에 따라 관직을 주고, 명성에 따라 실상을 책임지우며, 살생의 권한을 가지고 신하들의 능력에 맞게 일을 시키는 것이다. 이것은 군주가 가지고 있어야 한다. 법이란 법의 조항을 관부에 분명히 드러내고, 형벌은 백성의 마음에 각인시켜야 한다. 법을 신중하게 지키는 자에게는 상을 주고 명령을 어기는 자에게는 벌을 가해야 하는데 이것은 신하가 스승으로 삼아야 하는 것이다. 군주에게 술

176 『한비자』「난삼」: 法者, 編著之圖籍, 設之於官府, 而布之於百姓者也。術者, 藏之於胸中, 以偶衆端而潛御群臣者也。

이 없으면 위에서 망가지게 되고, 신하에게 법이 없으면 아래에서 혼란하게 된다. 그러니 이것은 하나라도 없어서는 안 되는 것이며, 모두 제왕의 통치 도구이다."[177]

한비가 말하는 '법'은 공개되고 공표된 성문법을 말한다. 백성에게 공표한 법은 모두 지켜야 하며 군주는 신상필벌(信賞必罰)의 원칙에 따라 나라를 통치하는 것이다. 그렇기 때문에 한비는 유가와 묵가의 정치형태를 비판하고 강력한 법으로 통치하기를 희망했다. 사회가 혼란하고 예악이 붕괴된 상태에서 인정과 겸애를 주장하는 것은 헛된 망상에 불과하고 실현 불가능한 것이다. 사랑으로 백성을 통치한다고 하지만 오히려 사랑이 넘치면 법이 확립되지 않고, 위엄이 적으면 아랫사람이 윗사람을 침범하게 되는 결과만 초래하게 된다. 그래서 한비는 법에 의한 통치만이 국가를 부강하게 만들 수 있다고 생각한 것이다. 유가, 묵가, 도가, 명가, 종횡가 등 수많은 학자들의 이론은 모두 현실적으로 실현하기 어려운 공허한 것에 지나지 않고 오직 강력한 법으로 다스릴 때 오제와 삼왕을 능가하는 위대한 국가를 만들 수 있는 것이다. 오직 법만이 사적인 이익을 제거하고 신하를 통제할 수 있다고 본 것이다.

177 『한비자』「정법」: 術者, 因任而授官, 循名而責實, 操殺生之柄, 課群臣之能者也, 此人主之所執也。法者, 憲令著於官府, 刑罰必於民心, 賞存乎愼法, 而罰加乎姦令者也, 此臣之所師也。君無術, 則弊於上, 臣無法, 則亂於下, 此不可一無, 皆帝王之具也。

> "현명한 군주가 다스리는 나라에서는 책에 쓰여진 글이 아니라 법을 가르침으로 삼고, 선왕의 말이 아니라 관리를 스승으로 삼는다. 사적인 칼날의 사나움이 아니라 목을 베는 것을 용기로 삼는다. 이 때문에 국경 안의 백성이 담론을 하는 자는 반드시 법을 따르고, 움직이는 자는 공적으로 나타나며, 용기 있는 자는 군대에서 용맹을 다하게 한다. 그러므로 일이 없으면 나라가 부유하고 일이 있으면 군대가 강하게 되는데 이것을 왕의 자질이라고 한다. 왕의 자질을 기르고 적국의 움직임을 관찰하여 오제를 능가하고 삼왕과 어깨를 나란히 하려면 반드시 이 법으로 해야 한다."[178]

한비는 또한 '술'을 주장하고 있는데, 이것은 군주의 비밀정치를 말한다. 능력과 자질에 따라 신하의 직책을 임명하고 이름에 걸맞게 실무를 책임지우며 살생의 권한을 군주가 가지는 것이 바로 술이다. 또한 술이란 가슴에 감춰두고서 많은 단서를 대조하여 몰래 여러 신하들을 다스리는 것이다. 군주가 자신의 마음을 모두 드러내면 권력을 잃게 되고 신하들에게 당하게 될 것이라고 경고한다.

또한 한비는 법과 술에 '세'를 더해야 한다고 생각했다. 세는 권세 또는 위세라고 말할 수 있다. 상앙은 법에 치중했기 때문에 혼

178 『한비자』「오두」: 明主之國, 無書簡之文, 以法爲敎; 無先王之語, 以吏爲師; 無私劍之捍, 以斬首爲勇。是境內之民, 其言談者必斬於法, 動作者歸之於功, 爲勇者盡之於軍。是故無事則國富, 有事則兵强, 此之謂王資。旣畜王資而承敵國之釁, 超五帝侔三王者, 必此法也。

란을 야기했고, 신불해는 '술'에 치중했기 때문에 견고하지 못했다고 주장하며 신도의 '세'를 수용하여 법과 세가 분명해야 한다고 생각했다. 그래서 "위세는 군주의 근력이다"라고 말하기도 했다. 유가의 인정(仁政)으로는 백성을 다스릴 수 없고 오직 세에 의해 백성을 제어하는 것만이 통치의 방법이라고 생각했다. 그렇기 때문에 "현명함과 지혜는 대중을 복종시키기에 부족하고 권세와 지위는 현명한 자를 굽히도록 하기에 충분하다"라고 말했던 것이다. 군주의 권위는 법이 시행되는 기본 조건이다. 만약 권세를 신하에게 모두 빌려주게 되면 상하의 관계가 바뀌게 된다. 따라서 군주에게 있어서 권세는 마치 물고기에게 물과 같은 것이다. 물고기가 물을 떠나면 살 수 없듯이 군주는 권세를 버리면 망하게 된다. 군주는 오직 자신의 한 몸에 모든 권세를 집중시켜야 통치가 가능해지는 것이다.

한비는 법가의 전통을 계승하여 법치를 근본으로 법, 술, 세가 결합된 하나의 새로운 권위를 확립했다고 할 수 있다. 그는 형벌을 무겁게 하고 상을 후하게 내려 천하에 권위가 설 수 있을 때 군주의 통치가 행해질 수 있다고 믿었다. 즉, 형벌을 앞세우면 백성이 안정되지만 상을 빈번하게 내리면 간사함이 일어나기 때문에 백성을 다스리는 행위는 형벌을 중시해야 한다고 주장했다. 덕을 베풀어 백성을 감화시키는 발상은 환상에 불과하다. 빈틈없는 권력체계를 정비하는 길이 정치의 요체다. 그렇기 때문에 현명한 군주는 오로지 법을 중심으로 삼고 지혜를 구하지 않는 것이다. 그렇게 확고하게 정립된 법치 안에서는 '술'을 사용할 수 있게 된다. '술'은 신하에게 보이지 않게 군주의 마음속에 몰래 간직한 비밀이다. 군주의 생각이 밖으로 나타나지 않게 하는 권모술수이며 기술이라고 할 수 있다. 그리고 '세'는 법과 술을 행사할 수 있도록 해주는 권력이다. 이것은 개인의 능력에 의해서 주어지는 것이 아니라 정치적 지위가 결정하는 것이다.

> "현명한 군주가 신하를 제어할 수 있는 것은 이병 즉, 두 가지 자루 때문이다. 두 가지 자루란 형벌과 덕이다. 형벌과 덕이란 무엇인가? 살육하는 것을 형벌이라 하고, 상을 주는 것을 덕이라 한다."[179]

> "군주는 권세의 자루를 잡고 권력 있는 자리에 있기 때문에 명령하면 행해지고 금지하면 그치게 된다. 권세의 자루는 죽이고 살리는 지배력이고, 권세는 대중을 이겨내는 바탕이다."[180]

강력한 통치를 위해서는 신하를 제어할 수 있는 힘이 군주에게 있어야 하는데 그것을 한비는 이병이라고 한다. 이병은 곧 백성을

---

179 『한비자』「이병」: 明主之所導制其臣者, 柄而已矣。二柄者, 刑德也。何謂刑德? 曰: 殺戮之謂刑, 慶賞之謂德。

180 『한비자』「팔경」: 君執柄以處勢, 故令行禁止。柄者, 殺生之制也; 勢者, 勝衆之資也。

살리고 죽이는 군주의 힘이며 대중을 이겨낼 수 있는 근본이 된다. 따라서 장애가 되는 신하나 군주의 권한을 넘보는 신하는 과감하게 정리해야 하는 것이다.

"군주에게는 다섯 가지 장애가 있다. 첫째, 신하가 군주의 이목을 가리는 것이다. 둘째, 신하가 국가의 재물을 제어하는 것이다. 셋째, 신하가 마음대로 명령을 행하는 것이다. 넷째, 신하가 의를 행하는 것이다. 다섯째, 신하가 인재를 기르는 것이다. 군주의 이목을 가리면 군주는 지위를 잃게 되고, 신하가 국가의 재물을 제어하면 군주는 덕을 잃게 되며, 신하가 마음대로 명령을 행하면 군주는 통제를 잃게 되고, 신하가 의를 행하면 군주는 명성을 잃게 되고, 신하가 인재를 키우면 군주는 무리를 잃게 된다. 이 다섯 가지는 군주가 혼자서 행해야 할 것이요, 신하가 조종하게 해서는 안 되는 것이다."[181]

한비는 군주의 재앙은 다른 사람의 말을 믿고 따르는 데서 시작한다고 생각했다. 그래서 신하들이 서로 감시하고 은밀한 비밀을 남모르게 군주에게 보고하도록 하는 비밀정치를 구사해야 한다고 강조했다. 지위가 높은 신하에 대해서는 항상 경계하고 필요

181 『한비자』「주도」: 人主有五壅; 臣閉其主曰壅, 臣制財利曰壅, 臣擅行令曰壅, 臣得行義曰壅, 臣得樹人曰壅。臣閉其主, 則主失位; 臣制財利, 則主失德: 臣擅行令, 則主失制; 臣得行義, 則主失名; 臣得樹人, 則主失黨。此人主之所以獨擅也, 非人臣之所以得操也。

한 경우에는 음모를 꾸며 제거해야 한다고 주장했다.

한비는 국가를 군주의 수레로 삼고, 권세를 군주의 말(馬)로 여겼다.[182] 그리고 형벌을 채찍으로 삼아 강력한 군주의 권한을 강조했던 것이다. 그렇기 때문에 군주와 신하의 관계가 신뢰에 의존해야 한다는 유가의 이론이 부정되었고 극단적인 측면으로 흐른 것 같다.

인간은 누구나 이기적이다

한비가 강력한 법을 주장한 것은 인간에 대한 근본적인 회의 때문이었다. 사실 한비는 성악설을 주장한 순자에게서 학문을 배웠으며, 그의 사상에는 이러한 성악적 요소가 바탕을 이루고 있다. 그렇기 때문에 한비는 인간을 이기적인 존재로 보았고, 모든 인간의 행위는 이기적 행위라고 생각했던 것이다. 순자는 다음과 같이 말했다.

"사람의 본성은 악한데 선한 모습은 인위적인 것이다. 이제 사람의 본성을 살펴보면, 태어날 때부터 이익을 좋아하는 성질이 있다. 이

182 『한비자』「외저설상」: 國者, 君之車也; 勢者, 君之馬也。

성질을 따르기 때문에 쟁탈이 발생하고 사양하는 마음이 없는 것이다. 또한 사람의 본성에는 태어날 때부터 다른 사람을 미워하는 마음이 있다. 이 성질을 따르기 때문에 다른 사람을 해치는 일이 발생하고 충성과 믿음이 없는 것이다. 또 태어날 때부터 육체적인 욕망을 가지고 있어서 아름다운 소리와 아름다운 색을 좋아한다. 이 성질을 따르기 때문에 음란한 마음이 생기고 예의와 규칙이 없어지는 것이다. 그러므로 사람이 타고난 본성을 따르고 사람의 감정에 순응하면 반드시 쟁탈이 일어나고 신분질서를 해치고 이치를 어지럽혀서 포악한 사회로 돌아갈 것이다."[183]

순자는 인간의 선천적 본성은 악이며, 태어날 때부터 욕심을 가지고 태어난다고 보았다. 인간이 타고난 본성대로 행동한다면 반드시 분쟁이 발생하고 서로를 해치는 일이 발생하게 된다고 생각했다. 그래서 인간의 본성이 악하다는 성악설을 주장하게 된 것이다. 이러한 순자의 사상을 습득한 한비는 자연스럽게 인간의 악한 본성과 이기적 욕망을 간파하고 모든 인간은 자신의 이익을 추구하는 존재라고 생각했다. 순자의 성악설을 극단적인 형태로 발

183 『순자』「성악」: 人之性惡, 其善者僞也. 今人之性, 生而有好利焉. 順是, 故爭奪生而辭讓亡焉. 生而有疾惡焉, 順是, 故殘賊生而忠信亡焉. 生而有耳目之欲, 有好聲色焉. 順是, 故淫亂生而禮義文理亡焉. 然則從人之性, 順人之情, 必出於爭奪, 合於犯分亂理而歸於暴.

전시킨 한비는 이기적인 인간의 모습에 대해 다음과 같이 표현하고 있다.

> "의원이 사람의 상처를 잘 빨고 사람의 피를 입에 머금는 것은 골육의 친함이 있어서가 아니라 이익이 있기 때문이다. 그러므로 수레를 만드는 사람은 사람들이 부귀해지기를 바라기 때문이고, 관을 만드는 장인이 관을 만드는 것은 사람들이 일찍 죽기를 바라기 때문이다. 수레를 만드는 사람이 인자하고 관을 만드는 사람이 잔혹하기 때문이 아니다. 사람이 부귀하지 않으면 수레가 팔리지 않고, 사람이 죽지 않으면 관이 팔리지 않는다. 마음으로 사람을 미워하는 것이 아니라 사람이 죽어야 이익이 생기기 때문이다."[184]

세상의 모든 인간은 이기적인 마음을 가지고 있는데, 이것은 부모와 자식의 관계는 물론 부부관계에서도 마찬가지다. 이익이 된다면 원수와도 손을 잡고, 손해가 된다면 부자기간에도 떨어지고 원망하게 된다고 보았다. 임금은 세상을 얻기 위해 신하를 부리고, 신하는 부유하고자 일을 하며, 일반 백성은 일하지 않고도 편안하게 사는 것을 희망한다. 따라서 모든 인간은 자신에게 이익이

184 『한비자』「비내」: 醫善吮人之傷, 含人之血, 非骨肉之親也, 利所加也。故輿人成輿, 則欲人之富貴; 匠人成棺, 則欲人之夭死也。非輿人仁而匠人賊也, 人不貴, 則輿不售; 人不死, 則棺不買。情非憎人也, 利在人之死也.

되는 방향으로 행동을 하는 것이지 인의와 도덕을 실현하기 위한 것이 아니라고 했다. 특히 군주와 신하의 이익이 서로 상충되는 것에 대해서 강조한다.

"군주의 이익은 능력 있는 사람에게 관직을 맡기는 데 있으며 신하의 이익이란 무능한데도 일자리를 얻는 데 있다. 군주의 이익은 공로가 있는 사람에게 작록을 주는 데 있으며 신하의 이익이란 공로가 없이도 부귀하게 되는 데 있다. 군주의 이익은 호걸들이 능력을 발휘하도록 하는데 있으며 신하의 이익이란 붕당을 만들어 사적인 이익을 도모하는 데 있다. 그러한 까닭에 나라의 영토가 깎여도 사가는 부유해지고 군주의 지위가 낮아져도 대신들의 권한은 커진다."[185]

군주와 신하는 서로의 이익을 위해서 통치를 하고 일을 하는 것이지 결코 공익을 위해서 일하지 않는 것이다. 군주는 원만한 통치를 위해서 신하를 직분에 맞게 등용하고 벼슬을 주며 봉록을 지불한다. 하지만 신하는 자신의 능력은 생각하지 않고 더 좋은 직위와 더 많은 부귀를 원한다. 그렇기 때문에 신하의 입장에서는 군주의 권위나 나라의 흥망이 중요한 것이 아니라 자신의 부귀에만 관

185 『한비자』「고분」: 主利在有能而任官, 臣利在無能而得事; 主利在有勞而爵祿, 臣利在無功而富貴; 主利在豪傑使能, 臣利在朋黨用私。是以國地削而私家富, 主上卑而大臣重。

심을 집중하는 것이다.

오기가 위나라 장군이 되어 중산을 공격했다. 군인 가운데 종기를 앓는 병사가 있었는데 오기가 꿇어앉아 고름을 빨았다. 그 병사의 어머니가 선 채로 울자 사람들이 말했다.

"장군이 아들을 사랑하는 것이 이와 같은데 어찌 눈물을 흘리시오?"

"오기가 그 아이 아버지의 종기도 빨아주었는데 그것 때문에 그 아비가 죽었다오. 이제 내 아들도 또한 장군을 위해 죽을 것이오. 그래서 나는 지금 그것 때문에 우는 것이오."[186]

장군이 신하의 종기를 빨아주는 것은 신하를 위해서 하는 것이 아니라 전쟁에 승리하기 위한 것이라는 이야기다. 한비가 인간의 이기적 욕망을 극단적으로 표현하고 있는 것을 알 수 있다. 그런데 정말로 모든 인간은 한비가 생각한 것처럼 이기적인 마음만 존재할까? 반드시 그렇지는 않을 것이다. 그런데 한비가 이러한 주장을 하는 것은 인간은 자신에게 이로운 것만을 추구하고 해로운 것을 피하려는 공통된 경향이 있기 때문이다.

186 『한비자』「외저설좌상」: 吳起爲魏將而攻中山。軍人有病疽者, 吳起跪而自吮其膿。傷者母立而泣, 人問曰: "將軍於若子如是, 尙何爲而泣? " 對曰: "吳起吮其父之創而父死, 今是子又將死也, 今吾是以泣。"

"뱀장어는 뱀과 비슷하고 누에는 배추벌레와 비슷한데 사람은 뱀을 보면 놀라고 배추벌레를 보면 소름이 끼친다. 그러나 부인은 누에를 만지고 어부는 뱀장어를 잡는데, 이익이 있는 곳에는 싫어하는 것을 잊고 모두가 맹분(孟賁)과 전저(專諸)처럼 용감하게 된다."[187]

이와 같이 이익이 될 때는 어렵고 싫은 것도 행하고, 이익이 되지 않는 일은 하지 않으려고 하는 것이 인간의 마음이다. 따라서 귀한 것은 좋아하되 천한 것은 싫어하고, 편한 것은 추구하되 위험한 것을 싫어하며, 즐거운 것은 서로 하고자 하고 귀찮은 일은 피하려고 하는 것이 인간의 본성이다. 한비는 바로 인간의 모든 행위의 배후에는 이기적인 본성이 자리 잡고 있다고 생각한 것이다.

한비는 인간을 믿어서는 안 된다고 주장했다. 부모와 자식 사이에도 이익에 따라 움직이므로 믿을 수 있는 사람이 없다는 것이다. 따라서 군주와 신하 사이는 말할 것도 없이 서로의 이익을 위해서 존재한다고 보았다.

---

187 『한비자』「내저설상」: 鱣似蛇, 蠶似蠋。人見蛇則驚駭, 見蠋則毛起。然而婦人拾蠶, 漁者握鱣, 利之所在, 則忘其所惡, 皆爲賁諸。

188 『한비자』「현학」: 今世儒者之說人主, 不言今之所以爲治, 而語已治之功; 不審官法之事, 不察姦邪之情, 而皆道上古之傳譽 · 先王之成功。儒者飾辭曰: "聽吾言, 則可以霸王。" 此說者之巫祝, 有度之主不受也。

제자백가를 비판하다

한비는 유가와 묵가는 물론 도가의 학설까지 당시의 제자백가를 모두 비판했다고 해도 과언이 아니다. 예악이 붕괴되고 도덕이 무너진 사회에서 유가와 묵가의 이론을 유지한다면 현실에 부합되지 않는 공허함을 면할 수 없다고 생각했다. 또한 도가의 학설은 폭넓고 자유로워서 추구하는 바를 달성하기 어려운 것으로 보았다. 명가는 사기꾼의 무리로 보았고, 음양가는 군주가 그것을 쓰면 망할 것이라고 말하기도 했다. 한비가 이렇게 제자백가를 비판하고 금지한 것은 엄격한 사상통제를 통해서 정권을 유지하고 외재적인 통제에서 내재적인 통제까지 들어간 것이다.

"오늘날의 유자들은 군주에게 유세하면서 세상을 다스리는 방법에 대해서는 말하지 않고 이미 지난 과거의 공적만 이야기 하고, 관청이나 법에 관한 일과 간악한 실정을 살피지 않고 모두가 상고시대의 전설과 선왕의 성공만을 말하고 있다. 유자들이 꾸며서 말하기를 '내 말을 들으면 패왕이 될 수 있다'고 하니 이러한 말은 무당의 말과 같아서 법도가 있는 군주는 받아들이지 않는다."[188]

한비는 유가나 묵가의 공허함, 도가의 심오함, 명가와 종횡가의 허황함이 실용적이지 못하다고 여겨 제자백가의 학설을 통일하는 것을 자신의 임무로 삼았다. 그래서 선배 법가 학자들의 이론을 연구하여 현실 정치에 대한 구상을 하였다.

한비가 제자백가를 배척한 이유는 사실상 자신의 주관이 강해서 다른 사람의 말을 듣지 않는다는 점에 있다. 학자들은 자신의 지혜를 이용해서 군주를 속일 수도 있고, 학문을 하는 사람들은 법을 혼란하게 한다고 생각했다. 그래서 오히려 쓸모가 없다고 말하기도 했다. 그래서 그는 "신하들이 학문을 닦고 귀족의 자제들이 변론을 좋아하며 상인들은 재물을 국외에 쌓아두고, 서민들은 의뢰심이 강할 경우 그 나라는 망할 것이다"라고 하였다. 지혜가 많은 선비나 문학에 능통한 학자는 선왕의 말을 많이 하고 명예를 탐내며 교언영색으로 환심을 사고 나라를 혼란하게 하기 때문에 존재할 필요가 없다고 주장했다. 한비는 급박하게 변하는 현실에서 느긋하게 정치를 한다면 이것이야말로 매우 어리석은 것이라고 생각했다. 그래서 과거에 대한 집착을 벗어던지고 미래로 향하는 정치를 주장했으며, 과거에 집착해 미래를 생각하지 못하는 어리석음을 지적했다.

> "송(宋)나라 사람으로 경작하는 사람이 있었는데, 그의 밭 가운데 나무 그루터기가 있었다. 그런데 토끼가 달리다 그루터기에 부딪쳐 목이 부러져 죽고 말았다. 그로 인해 농부는 쟁기를 버리고 그루터기만

을 지키며 다시 토끼를 얻으려고 희망했다. 그런데 토끼는 다시 얻지 못하고 자신은 송나라의 웃음거리가 되었다. 지금 선왕의 정치만을 가지고 당세의 백성을 다스리려고 하는 것은 모두 그루터기를 지키는 종류에 해당한다."[189]

수주대토(守株待兎)라는 유명한 고사가 여기서 나왔다. 한 가지 일에만 얽매여 발전을 모르는 어리석음을 비유적으로 이르는 말이다. 한비의 눈에는 당시 많은 학파와 학자들이 과거에 집착하는 것으로 간주되었고 그것은 수주대토와 같은 행위였던 것이다. 과거 없는 미래는 없다. 하지만 과거에 지나치게 집착하면 앞으로 전진하기 어려운 것이 사실이다. 그리고 어떤 사상이든 모순이 없는 사상은 없을 것이다. 따라서 한비의 제자백가에 대한 비판은 자신의 학설을 확립하기 위한 중요한 수단이었으며, 자신의 이론을 정당화하기 위한 방편이었던 것이다.

한비의 스승인 순자도 당시의 학파들에 대한 비판을 통해 자신의 학설을 강조했는데 아이러니하게도 순자는 한비가 모범으로 삼았던 법가 이론을 맹렬하게 비판했다. 물론 법가 이론만이 아니라 모든 학파의 사상에 대한 문제점을 지적한 것이기 때문에 특정

189 『한비자』「오두」: 宋人有耕田者, 田中有株, 兎走觸株, 折頸而死, 因釋其耒而守株, 冀復得兎, 兎不可復得, 而身爲宋國笑。今欲以先王之政, 治當世之民, 皆守株之類也。

학파에 대해 문제를 삼은 것은 아니지만 한비는 예(禮)를 통해 사회 교화를 주장했는데, 한비는 이것을 법으로 발전시켰던 것이다.

유세의 어려움

한비는 「세난」편에서 유세의 어려움에 대해서 장광설을 늘어놓았는데, 마치 심리학 서적을 읽는 것처럼 인간의 심리상태를 잘 파악하도록 요구하고 있다. 당시 제자백가의 수많은 학자가 군주를 만나 유세하면서 자신의 주장을 관철시키기 위해 노력했지만 성공한 사람은 그리 많지 않았다. 공자 같은 성인도 군주를 설득시키지 못하고 천하를 돌아다니며 13년이란 세월을 보냈다. 공자의 주장이 군주들에게 수용되지 못한 것은 도덕정치를 하기 위해서는 너무 많은 시간이 소요되기 때문이다. 당장 이웃나라와 전쟁을 해야 하고, 백성을 일사분란하게 다스려야 하는 시점에서 도덕을 앞세우는 유세가 군주들에게 설득력을 주기는 어려웠을 것이다. 군주와 백성이 모두 도덕적인 인간이 되기 위해서는 짧은 시간에 되는 일이 아니기 때문이다. 그래서 유세를 통해 군주를 설득하고 자신의 이상을 실현한다는 것은 매우 어려운 일이었다.

"유세의 어려움은 내가 아는 것을 설명하기 어려운 것도 아니고, 내 말솜씨로 내 뜻을 설명하기 어려운 것도 아니며, 또 횡설수설하면서 모두 설명하기 어려운 것도 아니다. 무릇 유세의 어려움은 상대방의 마음을 알고 거기에 합당하게 말하는 것에 달려 있다."[190]

상대의 마음을 헤아리고 그에 맞는 대화를 한다는 것이 유세의 핵심이다. 상대가 무엇을 원하는지 알기도 어려운데 그의 속마음을 파악하여 그에 맞는 해법을 제시한다는 것은 사람의 마음을 읽을 능력이 있어야 한다. 한비는 다음과 같은 이야기를 한다.

"송(宋)에 부자가 있었는데 비가 내려 담장이 무너지고 말았다. 그 아들이 말하기를 '고치지 않으면 앞으로 반드시 도둑이 들 것입니다'라고 하였다. 그 이웃집 노인도 역시 같은 말을 하였다. 밤이 되어 과연 그 말대로 재물을 크게 잃어버렸다. 그 집에서 아들은 대단히 지혜롭다고 여겼지만 이웃집 노인은 의심을 받았다."[191]

아들이 말한 것과 이웃집 노인이 말 한 것에는 차이가 없다. 하지만 한 사람은 현명하다는 칭찬을 받고 한 사람은 도둑으로 의심을 받기에 이르렀다. 이것은 바라보는 사람의 입장에 따라서 같은

190 『한비자』「세난」: 凡說之難: 非吾知之有以說之之難也, 又非吾辯之能明吾意之難也, 又非吾敢橫失而能盡之難也。凡說之難: 在知所說之心, 可以吾說當之。

191 『한비자』「세난」: 宋有富人, 天雨牆壞。其子曰: "不築, 必將有盜。" 其鄰人之父亦云。暮而果大亡其財。其家甚智其子, 而疑鄰人之父。

말도 다르게 들릴 수 있다는 것을 의미한다. 자신이 믿고 사랑하는 사람의 말은 어떠한 것도 용납하지만 그렇지 않은 사람의 말은 믿지 못하고 의심부터 하게 되는 것이다.

"옛날에 미자하는 위나라 군주에게 총애를 받았다. 당시 위나라의 법률에 군주의 수레를 몰래 탄 사람은 발꿈치를 베는 월형에 처해졌다. 미자하의 어머니가 병이 들자 사람들이 미자하에게 알려주었다. 미자하는 군주의 수레를 타고 어머니에게 갔다. 군주가 이 말을 듣고 칭찬하며 말했다.

"효자로구나. 어머니의 병 때문에 월형에 처해지는 죄도 잊어버리다니."

다른 날, 미자하는 군주와 함께 과수원을 거닐다 복숭아를 먹었는데 맛이 달콤해서 먹던 것을 군주에게 주었다. 군주가 말했다.

"나를 아끼는구나. 자기가 먹던 것을 잊고 과인에게 주다니."

미자하의 모습이 쇠퇴하여 군주의 사랑이 식어버리자 군주는 그에게 죄를 주었다.

"이놈은 일찍이 내 수레를 몰래 탔고, 또 자신이 먹던 복숭아를 나에게 먹였다."

미자하의 행동은 처음과 달라지지 않았지만 이전에는 칭찬을 받다가 나중에는 죄를 받게 된 것은 애증이 변한 것이다. 그러므로 군주에게 사랑을 받을 때는 지혜가 군주의 뜻에 맞아 친해질 수 있었고, 군주에게 미움을 받으면 지혜가 군주의 뜻에 합당하지 않아 죄를 받고 더욱 소원해지는 것이다. 그러므로 군주에게 간언하고 설득하는 선비는 군주의 애증을 살핀 이후에 말을 해야 하는 것이다. 용이라는 동물은 유순하여 친하게 되면 타고 다닐 수 있다. 그런데 턱 아래에 한 자나 되는 거꾸로 된 비늘 즉 역린이 있다. 만약 사람이 그것을 건드리면 반드시 용은 사람을 죽인다. 군주에게도 또한 역린이라는 것이 있다. 유세하는 사람이 군주의 역린을 건드리지 않는다면 성공한 것이다.[192]

미자하의 행동에는 변함이 없었지만 그것을 수용하는 군주의 마음이 변했기 때문에 미자하는 벌을 받게 되었다. 사람도 살아가면서 이러한 경우를 많이 경험한다. 그래서 유세를 통해 군주를 설득하고 자신의 생각을 전달하는 것은 쉬운 일이 아니다. 인간의 본성을 악하다고 주장한 한비의 주장을 고려한다면 유세의 어려움도 바로 거기에 기인하는 것을 알 수 있다.

---

192 『한비자』「세난」: 昔者彌子瑕有寵於衛君。衛國之法: 竊駕君車者罪刖。彌子瑕母病, 人聞有夜告彌子, 彌子矯駕君車以出。君聞而賢之, 曰: "孝哉! 爲母之故, 忘其犯刖罪。" 異日, 與君遊於果園, 食桃而甘, 不盡, 以其半啗君。君曰: "愛我哉! 忘其口味, 以啖寡人。" 及彌子色衰愛弛, 得罪於君, 君曰: "是固嘗矯駕吾車, 又嘗啗我以餘桃。" 故彌子之行未變於初也, 而以前之所以見賢而後獲罪者, 愛憎之變也。故有愛於主, 則智當而加親; 有憎於主, 則智不當見罪而加疏。故諫說談論之士, 不可不察愛憎之主而後說焉。夫龍之爲虫也, 柔可狎而騎也; 然其喉下有逆鱗徑尺, 若人有嬰之者, 則必殺人。人主亦有逆鱗, 說者能無嬰人主之逆鱗, 則幾矣。

제 8 장

손자

전쟁의 술수인가? 삶의 지혜인가?

孫子

전쟁은 속이는 것이다. 능력이 있으면서 없는 것처럼 보이고, 쓸 수 있으면서 쓸 수 없는 것처럼 보인다. 가까우면서 멀리 있는 것처럼 보이고 멀리 있으면서 가까이 있는 것처럼 보인다. 이로움으로 적을 유인하고, 적이 혼란하면 취하며 적이 충실하면 대비하고, 적이 강하면 피한다. 화를 내면 교란시키고, 적이 낮추면 교만하게 만들며 적이 편안하면 수고롭게 하고, 적이 친하면 떼어 놓는다. 방비가 없는 곳을 공격하고 예상치 못한 곳으로 나아간다. 지금까지 언급한 사항들은 싸움에서 이기는 비결인 만큼 사전에 적에게 누설되어서는 안 된다.

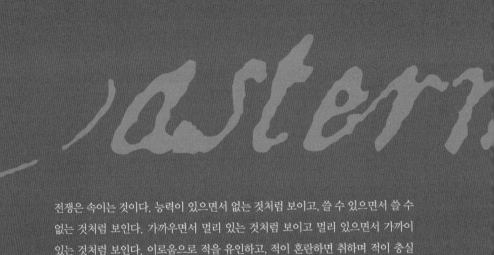

중국 최초의 병법서

근래에 처세를 위한 책으로 많이 읽혀지는 「손자」는 병법서라기보다 인간의 심리를 분석한 철학서라고 해도 무방하다. 이 속에는 춘추시대의 다양한 사상들이 내포되어 있어 자유자재로 임기응변하는 전략가의 면모를 엿볼 수 있다. 군주와 장수의 덕망을 요구하는 부분에 있어서는 공자의 사상을 닮았고, 허허실실을 논하는 곳에서는 노자의 무위자연을 생각하게 하며, 군주의 권위와 처세에 대한 부분에서는 한비자의 이론을 떠올리지 않을 수 없다.

「손자」는 많은 장수에게 읽힌 것은 물론 수천 년이 지난 오늘날에도 기업의 경영전략에 활용되기도 하고 삶의 지혜를 전해주는 책으로 사람들의 관심을 받고 있다. 우리나라의 이순신 장군이나 중국의 조조, 프랑스의 나폴레옹도 읽었다고 하며, 프랑스 신부에 의해 1722년 번역되어 유럽에 소개된 이후 다양한 언어로 세계에 전파되었다.

「손자」의 저자는 손무(孫武)라는 설과, 손무의 후손인 전국시대의 손빈(孫臏)이라는 설이 있었다. 하지만 1972년 산동성 임기현에서 발굴된 전한시대 초기의 무덤에서 두 사람의 책이 모두 발굴되어 「손자」의 저자는 손무이고 손빈의 병서는 별도로 있었다는 사실이 밝혀졌다. 손무의 생애는 구체적으로 알려지지 않았지만 춘추시대에 활동했던 제자백가의 한 사람이라고 할 수 있다. 사마천의 「사기」에는 제나라 사람이라는 기록과 오왕 합려의 장수가 되었다는 기록이 나온다. 당시 오나라는 남방의 신흥국으로서 점차 세력을 확대하여 서쪽으로는 초나라를 격파하여 수도까지 진격하였고, 북쪽으로는 제나라와 진(晉)나라를 위협하고, 남쪽으로는 월나라와 자웅을 다투었는데 이 모든 것이 손무의 공이라고 한다.

「손자」는 총 6,109자로 된 매우 짧은 책이다. 하지만 읽고 또 읽어도 흥미롭고 무궁무진하게 범위를 넓힐 수 있다는 점에서 동양의 명저라고 할 수 있으며 그 영향력 또한 대단하다. 이 책은 중국 최초의 병법서로 「오손자병법」, 「손무병법」 등으로도 불리지만 일반인에게는 「손자병법」으로 가장 잘 알려져 있다.

「손자」는 시계(始計), 작전(作戰), 모공(謀攻), 군형(軍形), 병세(兵勢), 허실(虛實), 군쟁(軍爭), 구변(九變), 행군(行軍), 지형(地形), 구지(九地),

화공(火攻), 용간(用間) 등 모두 13편으로 되어 있으며 전체 내용을 간략하게 요약하면 다음과 같다.

1. 시계편(始計篇): 전쟁의 다섯 가지 기본 조건인 도(道), 천(天), 지(地), 장(將), 법(法)과 일곱 가지 계책에 대해서 언급함.
2. 작전편(作戰篇): 국가의 입장에서 전쟁은 막대한 비용이 소모되므로 속전속결을 해야 한다고 주장함.
3. 모공편(謀攻篇): 싸우지 않고 이기는 방법이 최상이라는 주장을 하고 있으며, 적을 알고 나를 알면 백 번 싸워도 위태롭지 않다고 언급함.
4. 군형편(軍形篇): 유비무환의 태세를 갖추는 것이 중요하고 적의 약점을 공략하는 방법에 대해서 언급함.
5. 병세편(兵勢篇): 공격의 방법에 대해서 정공법과 임기응변의 기공법에 대해서 언급하고 있으며, 군대의 지휘계통의 중요성에 대해서도 언급함.
6. 허실편(虛實篇): 적의 허를 찔러 공격하고 전략이 드러나지 않게 물처럼 자유자재로 움직이는 용병술에 대해서 언급함.
7. 군쟁편(軍爭篇): 전쟁에 사용하는 구체적인 전술에 대해서 언급하면서 풍림화산이라는 고사를 통해 바람, 숲, 불, 산의 모습처럼 적을 속이는 전술이 중요함을 말함.
8. 구변편(九變篇): 땅의 형세에 따라 전쟁에 임하고, 변화에 능통한 장

수를 기용하며, 전쟁에는 이익과 손해가 함께 섞여 있음을 주장함.

9. 행군편(行軍篇): 행군과 주둔할 때의 유의점, 병사를 다스리는 방법, 적군의 움직임에 대해 잘 관찰할 것을 언급함.
10. 지형편(地形篇): 여섯 가지 지형을 분석하여 그에 따라 대처할 것을 언급하고, 여섯 가지 패배의 조건과 중수의 책임에 대해 논함.
11. 구지편(九地篇): 지형에 따른 용병술, 적군의 영토에 들어갔을 때의 작전, 장군의 역할, 병사의 사기를 진작하는 상벌에 대해 언급함.
12. 화공편(火攻篇): 불로 공격하는 화공의 원칙과 방법에 대해 설명하고, 아울러 물로 공격하는 수공에 대해서도 설명함.
13. 용간편(用間篇): 전쟁에서 정보의 중요성에 대해서 언급하고, 정보를 취하기 위한 간첩의 활용과 방법에 대해서 언급함.

「손자」는 가볍게 읽을 수 있는 책이라기보다 천천히 생각하며 읽어야 한다. 2000년 전에 쓰인 병법서라고 하기에는 너무도 많은 지혜를 전해주기에 깊이 통찰해야만 의미를 제대로 파악할 수 있다.

손자에는 어떤 사상이 있을까?

주지하는 바와 같이 손무가 활동했던 춘추시대는 일대 변혁기에 속한다. 주(周) 왕조의 권위가 실추되고 제후들의 대립과 갈등이 격화되어 혼란을 거듭하는 시기였다. 이러한 배경 속에서 다양한 사상가가 등장해 혼란을 종식시키고자 했는데 이들을 일러 제자백가라고 한다.

「사기」에는 유가, 묵가, 도가, 법가, 명가, 음양가의 여섯 학파로 분류하였고, 「한서예문지」에서는 여기에 종횡가, 잡가, 농가, 시부가, 병가, 수술가, 방기가(方技家)의 여덟 개를 추가하여 14가를 언급하고 있다. 병가는 손무와 오기, 손빈 등과 같이 병법에 대한 전문가를 일컫는 용어라고 할 수 있다.

손무에 대한 「사기」의 기록을 살펴보면 다음과 같다.

> 손무(孫武)는 제(齊)나라 사람이다. 그는 병법이 탁월하여 오왕(吳王) 합려(闔廬)를 만났는데 합려가 말했다.
>
> "그대가 지은 13편의 병서를 다 읽어보았는데 한번 시험 삼아 군대를 지휘해 보여줄 수 있겠소?"
>
> "좋습니다."
>
> "그러면 부녀자로도 시험해 볼 수 있겠소?"
>
> "좋습니다."
>
> 이를 허락한 합려는 궁중의 미녀 180명을 불러 모았다. 손자는 그들을 두 편으로 나누어 오왕의 총애하는 애첩 두 명을 각각의 대장으로 삼았다. 그리고 모든 이에게 창을 들게 하고는 명령을 내렸다.

"너희들은 가슴, 좌우의 손, 등을 알고 있는가?"

"압니다."

"'앞으로' 하면 가슴 쪽을 보고, '좌로' 하면 왼손 쪽을 보고, '우로' 하면 오른손 쪽을 바라보고, '뒤로' 하면 등 뒤쪽을 보아라."

"네. 그렇게 하겠습니다."

그리고 군령을 선포하고 나서는, 도끼를 갖추어놓고 결정된 군령에 대해서 여러 차례 되풀이 설명했다. 그런데 북을 치면서 '우로'라는 명령을 내렸지만 부녀자들은 크게 웃기만 하였다. 그러자 손무가 말했다.

"군령이 불분명하고 호령이 숙달되지 않은 것은 장수의 잘못이다."

다시 여러 차례 되풀이하여 설명한 후에 북을 치면서 '좌로'라는 명령을 내렸지만 부녀자들은 또 크게 웃기만 하였다. 손무는 말했다.

"군령이 불분명하고 호령이 숙달되지 않은 것은 장수의 잘못이나, 군령이 이미 분명함에도 불구하고 구령대로 따르지 않는 것은 병사들의 직속 지휘관인 대장의 잘못이다."

그리고 좌우 양쪽의 대장을 참수하려 하였다. 대(臺) 위에서 이 광경을 보고 있던 오왕은 아끼는 애첩 두 명이 참수당하려는 것을 보고는 크게 놀라 전령을 보냈다.

"과인은 이미 장군이 용병(用兵)에 능하다는 것을 알았소. 그 두 명의 애첩이 없으면 과인은 음식을 먹어도 맛있는 줄 모를 것이니 제발 죽이지 말기를 바라오."

"저는 이미 임금의 명을 받아 장수가 되었습니다. 장수가 군중에 있을 때에는 임금의 명이라도 받들지 않을 경우가 있는 것입니다."

그리고 결국 대장 두 사람을 참수하여 본보기를 보였다. 그리고는 그 들 다음으로 총애받는 애첩을 대장으로 삼아 다시 북을 치니, 부녀자들은 모두 좌로, 우로, 앞으로, 뒤로, 꿇어앉기나 일어서기 등 호령대로 따라 하며 감히 다른 소리를 내지 못했다. 그러자 손무는 전령을 보내 오왕에게 말했다.

"부대는 이미 정비되었으니 임금께서는 내려오시어 시험해보십시오. 임금께서 그들을 부리고 싶으시다면 물 속이나 불 속으로 뛰어들라고 해도 가능할 것입니다."

"장군은 숙사로 돌아가 휴식을 취하시오. 과인은 내려가 보고 싶지 않구려."

"임금께서는 단지 저의 병법 이론만을 좋아하실 뿐이고, 저의 진정한 능력을 실제로 사용하실 줄은 모르십니다."

그러자 오왕 합려는 손무가 용병에 뛰어난 것을 인정하고 마침내 그를 장군으로 삼았다. 그 후 오나라가 서쪽으로 강국인 초(楚)나라를 무찌르고 영(郢)에 진입하였으며, 북쪽으로는 제나라와 진(晉)나라를 위협하여 제후들 사이에 명성을 날린 것은 모두 이에 관여한 손무의 힘이 컸다.

손무의 능력을 유감없이 발휘한 기록이다. 이러한 손무의 용병술은 법과 명령을 중시한 법가의 사상을 내포하고 있으며 한비자가 신상필벌의 엄격한 법을 적용해 통치할 것을 주장한 것과 크게 다르지 않다.

또한「손자」에는 유가의 올바른 정치와 덕망에 의한 정치가 곳곳에 나타나고 있다.

"문덕으로써 명령하고 무위로써 정제해야 하는데, 이것을 두고 반드시 승리한다고 말하는 것이다."[193]

"병사 보기를 어린 아이와 같이 사랑하기 때문에 함께 깊고 험한 골짜기에도 들어갈 수 있다. 병사 보기를 자식처럼 사랑하기 때문에 목숨을 바쳐 싸울 수 있다."[194]

"장군이 해야 할 일은 고요하되 그윽하게 정도로 다스려야 한다."[195]

"전쟁을 잘 하는 사람은 도를 닦고 법을 보전한다. 그러므로 아군이 승리하고 적군이 패배하는 정치를 할 수 있는 것이다."[196]

---

193 『손자』「군쟁」: 令之以文, 齊之以武, 是謂必取.

194 『손자』「지형」: 視卒如嬰兒, 故可以與之赴深溪; 視卒如愛子, 故可與之俱死.

195 『손자』「구지」: 將軍之事: 靜以幽, 正以治.

196 『손자』「군형」: 善用兵者, 修道而保法, 故能爲勝敗之政.

병사를 어린 자식처럼 생각하거나 정도로 병사를 대하는 것과 문덕으로 명령을 내리는 것은 모두 유가적 사고방식과 일맥상통한다. 전쟁이란 속고 속이는 전술을 기본 요소로 삼고 있지만 아군의 병사에게는 정도를 가지고 덕망으로 대해야 한다는 말이다. 손무가 전쟁의 기본 원칙을 다섯 가지로 말할 때도 그러한 의미가 나타난다.

"전쟁은 나라의 큰일이요, 생사의 갈림길이요, 존속과 멸망의 길이니 살피지 않을 수 없다. 그러므로 다섯 가지 사항과 일곱 가지 비교요소들을 통해 정세가 어느 편에 유리하고 불리한지를 판단할 수 있어야 한다. 다섯 가지 고려사항이란 첫째는 도덕, 둘째는 하늘, 셋째는 땅, 넷째는 장수, 다섯째는 법이다."[197]

여기서 네 번째 장수에 대해서 설명하면서 지혜(智), 신뢰(信), 덕망(仁), 용기(勇), 위엄(嚴)를 가져야 한다고 말한다. 공자는 정치에서 가장 중요한 것이 백성으로부터 신뢰를 얻는 것이라고 했는데 손무 역시 공자나 맹자가 언급한 덕목을 장수의 덕목으로 열거하고 있음을 알 수 있다.

또한「손자」에는 도가의 중심인물인 노자의 사상도 나타난다.

197 『손자』「시계」: 孫子曰 : 兵者, 國之大事, 死生之地, 存亡之道, 不可不察也. 故經之以五事, 校之以七計, 而索其情 : 一曰道, 二曰天, 三曰地, 四曰將, 五曰法.

"전쟁의 형세는 물의 형태를 본받아야 한다. 물이 높은 곳을 피하여 낮은 곳으로 흐르는 것처럼 전쟁의 형세는 강한 곳을 피해 허한 곳을 공격해야 한다. 물이 땅의 형세에 따라 흐름을 만들어지듯 전쟁은 적의 형세에 따라 승리가 이루어진다. 그러므로 전쟁에는 일정한 태세가 없고 물에는 일정한 형태가 없다. 적군의 형세에 따라변화하여 승리하는 사람을 신묘하다고 한다."[198]

"용병술의 극치는 형체가 없는 무형에 이르는 것이다. 아군의 실체가 없다면 아무리 깊숙이 침투한 간첩이라도 엿볼 수 없고, 아무리 지략이 뛰어난 자가 있다고 하더라도 전략을 세울 수 없다. 아군이 드러난 적의 형태에 대응하여 이긴다 한들 적들은 아군이 어떻게 이겼는지 알 수가 없다."[199]

물의 형세와 유연함을 본받아 전쟁의 지혜로 활용한 것은 노자의 사상과 흡사하다. 노자는 물을 매우 중시하여 물의 유연함, 약하면서 강함, 낮은 곳으로 처하는 지혜를 강조했다. 이와 마찬가지로 손무는 유연하게 변화하면서 모든 형상에 맞출 수 있는 물의 지

198 『손자』「허실」: 夫兵形象水, 水之形, 避高而趨下, 兵之形, 避實而擊虛, 水因地而制流, 兵因敵而制勝. 故兵無常勢, 水無常形, 能因敵變化而取勝者, 謂之神.

199 『손자』「허실」: 故形兵之極, 至於無形; 無形則深間不能窺, 智者不能謀. 因形而錯勝於衆, 衆不能知.

혜를 본받아야 한다고 주장한 것이다. 또한 형태가 없는 무형은 볼 수도 없고 잡을 수도 없는 노자의 도와 같다. 「손자」의 여섯 번째 편이 「허실」편이고, 곳곳에 허(虛)와 무(無)에 대한 용어가 나오는 것으로 보아 손무는 노자의 사상을 수용한 것으로 여겨진다.

「손자」를 단순한 전쟁에 관한 병법서라고 하기에는 심오한 사상이 담겨 있음을 알 수 있다. 당시 가장 활발하게 활동하며 영향력이 컸던 유가와 도가, 법가의 사상을 모두 내포하고 있기에 「손자」를 읽을 때는 반드시 숙독할 필요가 있다.

지피지기면
백전백승?

전쟁이란 국가 사이에 일어난 싸움으로 반드시 이기는 것이 목적이다. 그런데 전쟁을 하게 되면 아군이나 적군이 모두 국력을 소모하게 되고 피폐하게 되는 것은 물론 많은 인명을 잃게 된다. 따라서 손무는 최상의 전쟁은 싸우지 않고 이기는 것이라고 주장했다.

> "백 번 싸워 백 번 이기는 것이 최선이 아니라 싸우지 않고 적을 굴복시키는 것이 최선의 방법이다."[200]

---

200 『손자』「모공」: 是故百戰百勝, 非善之善者也; 不戰而屈人之兵, 善之善者也.

"현명한 군주는 전쟁을 삼가고, 훌륭한 장수는 전쟁을 경계하는데, 이것은 나라를 안전하게 하고 군대를 온전하게 하는 길이다."[201]

실제 전쟁을 일으키지 않고 적의 전략을 쳐부수는 방법이나 외교적으로 고립시키는 방법 등이 최상의 전쟁이다. 그래서 손무는 벌모(伐謨), 벌교(伐交), 별병(伐兵), 공성(功城)을 말했다. '벌모'는 적군의 전략을 와해시켜 승리를 취하는 것으로 소극적인 방법 같지만 실상은 적의 비밀스런 전략을 파괴하여 승리를 도모하는 것이므로 가장 적은 비용으로 승리하는 가장 적극적인 방법이다. '벌교'는 적국의 외교를 단절시켜 고립시키는 방법이다. 요즘에도 강대국들이 연합해 어떤 나라를 고립시키는 일이 일어나는데 바로 손무가 말하는 벌교의 방법이다. 벌모와 벌교가 여의치 않을 때 비로소 '벌병'의 방법을 사용하게 되는데 이것은 적을 직접 공격하는 방법이다. 그리고 가장 최하의 방법이 성을 공격하는 '공성'이다. 그리고 손무는 공성은 부득이한 경우에만 사용해야 한다고 주장했다.

전쟁을 잘 하는 사람은 싸우지 않고 적을 굴복시키며, 공격하지 않고 성을 함락시키고, 장기전을 펼치지 않고도 적을 무너뜨리는 것이다. 이것이 최상의 전쟁법이다. 적의 계략이 무엇인지 알아서 그것을 사전에 무용지물이 되게 하며, 아군의 힘을 들이지 않고

---

201 『손자』「화공」: 故明君愼之, 良將警之. 此安國全軍之道也.

도 승리하는 것이 최상이다. 그래서 손무는 다음과 같은 유명한 말을 남겼다.

"적을 알고 나를 알면 백 번 싸워도 위태하지 않고, 적을 알지 못하고 나를 알면 한 번 이기고 한 번 지며, 적을 알지 못하고 나도 알지 못하면 싸울 때마다 반드시 패할 것이다."[202]

"승리하는 군대는 먼저 승리한 다음에 전쟁을 추구하고, 패배하는 군대는 먼저 싸움을 걸어놓고 승리를 구한다."[203]

"전쟁을 잘 아는 사람은 군대를 출동시켜도 갈팡질팡 헤매지 않고 군사를 일으켜도 궁지에 빠지지 않는다. 그러므로 적을 알고 나를 알면 승리가 위태롭지 않고, 하늘을 알고 땅을 알면 승리는 완전하게 될 것이라고 말한 것이다."[204]

우리가 흔히 "지피지기 백전백승"이라고 하는데 「손자」에는 이 말이 나오지 않고 "지피지기 백전불태(知彼知己, 百戰不殆)" 즉, 적을

202 『손자』「모공」: 知彼知己, 百戰不殆; 不知彼而知己, 一勝一負; 不知彼不知己, 每戰必殆.

203 『손자』「군형」: 勝兵, 先勝而後求戰, 敗兵, 先戰而後求勝.

204 『손자』「지형」: 故知兵者, 動而不迷, 擧而不窮. 故曰: 知彼知己, 勝乃不殆; 知天知地, 勝乃可全.

알고 나를 알면 백번 싸워도 위태롭지 않다는 말이 있을 뿐이다. 적의 병력이 얼마나 많은지, 적의 계략이 무엇인지, 적의 단점은 어느 곳인지, 적의 단결력이 얼마나 강한지 등등 적에 대해서 미리 알면 아군의 전략을 세우기 쉽고 아군의 상태에 따라 적과 싸울 것인지 말 것인지를 결정하게 된다. 따라서 적을 알고 나를 알면 어떠한 전쟁에서도 위험한 상태에 빠지지 않게 된다는 것이다. 그래서 손무는 "옛날의 전쟁을 잘 하는 사람은 먼저 이길 수 없도록 만들고서 적을 이길 수 있기를 기다렸다"[205]라고 했다.

백성을 생각하는 전쟁

손무의 인식은 민본주의 정신에 기초를 두고 있다. 민본주의는 맹자가 중요하게 여기는 사상인데 손무는 백성의 이익을 해치지 않는 범위에서 전쟁을 해야 한다고 말했다. 즉, 가장 적은 대가로 승리를 취해야 최상의 전쟁이 된다고 주장한 것이다. 또한 많은 국토를 빼앗고 인명을 살상하는 것이 아니라 비록 적국이라도 온전하게 국토를 보존해주고 군사를 잘 대우하는 것이 훌륭한 전쟁이라고 했다.

205 『손자』「군형」: 孫子曰: 昔之善戰者, 先爲不可勝, 以侍敵之可勝.

"무릇 용병의 방법은 적의 나라를 온전하게 두는 것이 최상이고 나라를 파괴하는 것이 차선이며, 적의 군대를 온전하게 하는 것이 최상이고 군대를 파괴하는 것이 차선이다."[206]

또한 군사를 사랑하고 포로를 우대하며 상과 벌을 평등하게 내려야 한다고 말하기도 했다. 이것은 민본주의 정신이 군사정책에서 집중적으로 구현된 것이라고 할 것이다. 그리고 예상하지 않은 상을 주는 것도 사기를 북돋우는 하나의 방법이라고 말한다.

"상황에 따라서는 법에 없는 상을 베풀고 규정에 없는 엄격한 명령을 내리면 3군의 병사를 마치 한 사람을 부리듯이 할 수 있다. 이러한 일은 행동으로 보여줘야지 말로만 해서는 안 된다. 또한 병사들에게 이로운 점만 말하지 해로운 점을 말해서는 안 된다."[207]

그러나 이와 달리 자주 상을 주는 것은 오히려 부하들에게 호감을 얻기 위한 것이고, 자주 벌을 주는 것은 장수가 피곤한 것이므로 결국 병사를 다룰 수 없게 된다.[208] 상을 주거나 벌을 주는 것

206 『손자』「모공」: 孫子曰: 凡用兵之法, 全國爲上, 破國次之; 全軍爲上, 破軍次之.

207 『손자』「구지」: 施無法之賞, 懸無政之令, 犯三軍之衆, 若使一人. 犯之以事, 勿告以言. 犯之以利, 勿告以害.

208 『손자』「행군」: 屢賞者, 窘也; 數罰者, 困也.

은 신상필벌의 원칙에 따르되 가끔 뜻하지 않은 상벌로 대오를 정비하는 것이 바람직하다고 한 것이다.

전쟁의 기술

전쟁은 매우 복잡하고 어려운 일이다. 한 국가의 운명을 결정하는 중요한 일이며 군사와 백성의 생존 여부를 결정짓는 일이다. 그래서 손무는 제일 첫 편에서 "전쟁은 나라의 큰일이요, 생사의 갈림길이요, 존속과 멸망의 길이니 살피지 않을 수 없다"[209]라고 말한 것이다. 군사를 훈련시키고 식량을 조달하며 지형을 살피고 적의 상황을 파악하는 것은 가장 기본적인 일이다. 손무가 말한 전쟁의 기술 몇 가지를 살펴보자.

첫째, 정공법과 기공법을 함께 사용하라. 공법은 정상적인 정도를 말하고 기공법은 기습작전 또는 임기응변이라고 할 수 있다. 정도를 지켜 군주와 장수의 모범을 보이되 언제 어디서나 상황에 따라 대처할 수 있는 준비가 되어 있어야 한다.

"무릇 전쟁이란 정공법으로 부딪치고 기공법으로 승리한다. 그러므로 기공법을 잘 내는 장수는 천지와 같이 무궁무진하고 강물이나 바

---

209 『손자』「시계」: 孫子曰 : 兵者, 國之大事, 死生之地, 存亡之道, 不可不察也.

다와 같이 끝이 없다."[210]

"군대는 그 빠르기가 바람처럼 신속해야 하고, 고요함이 숲과 같고, 공격할 때는 불과 같고, 움직이지 않을 때는 산과 같고, 알기 어려움은 어둠과 같고, 움직일 때는 천둥과 번개와 같아야 한다."[211]

풍림화산(風林火山)이라는 유명한 고사가 여기에서 유래했는데, 이것은 전쟁만이 아니라 인생을 사는 방법이나 기업을 운영하는 방법에도 많이 적용될 수 있는 지혜라고 할 수 있다.

둘째 속임수를 사용하라. 철저하게 속임수를 쓰는 작전이야말로 승리로 이끄는 중요한 방법이다. 인간의 일상적인 삶에서는 속임수가 매우 나쁜 행위로 간주되지만 전쟁에서는 오히려 속임수로 승리를 이끄는 것이 다반사로 일어난다.

"전쟁은 속이는 것이다. 능력이 있으면서 없는 것처럼 보이고, 쓸 수 있으면서 쓸 수 없는 것처럼 보인다. 가까우면서 멀리 있는 것처럼 보이고 멀리 있으면서 가까이 있는 것처럼 보인다. 이로움으로 적을 유인하고, 적이 혼란하면 취하며 적이 충실하면 대비하고, 적이 강하

---

210 『손자』「병세」: 凡戰者, 以正合, 以奇勝. 故善出奇者, 無窮如天地, 不竭如江河.

211 『손자』「군쟁」: 故其疾如風, 其徐如林, 侵掠如火, 不動如山, 難知如陰, 動如雷霆.

면 피한다. 화를 내면 교란시키고, 적이 낮추면 교만하게 만들며 적이 편안하면 수고롭게 하고, 적이 친하면 떼어 놓는다. 방비가 없는 곳을 공격하고 예상치 못한 곳으로 나아간다. 지금까지 언급한 사항들은 싸움에서 이기는 비결인 만큼 사전에 적에게 누설되어서는 안 된다."[212]

"전쟁은 속이는 계획을 수립하고, 아군에게 유리한 방향으로만 움직이며, 군대의 분산과 집합으로 변화를 일으켜야 한다."[213]

셋째는 속전속결이다. 전쟁은 신속하게 해야 국가의 재정적 피해도 줄어들고 병사들의 전투력도 증가한다. 오랜 시간 전쟁이 지속되면 농사를 짓지 못해 굶주린 백성이 늘어나고 병사들은 피로에 지쳐 승리한다고 해도 결과는 그리 좋지 못하게 된다. 그래서 손무는 전쟁을 졸속으로 해야 한다고 말했다.

"아군 부대가 진격해 들어가도 적이 방어할 수 없는 것은 적군의 허점을 공격하기 때문이다. 반대로 아군이 후퇴하더라도 적이 추격해

212 『손자』「시계」: 兵者, 詭道也. 故能而示之不能, 用而示之不用, 近而視之遠, 遠而示之近. 利而誘之, 亂而取之, 實而備之, 强而避之, 怒而撓之, 卑而驕之, 佚而勞之, 親而離之, 攻其無備, 出其不意. 此兵家之勝, 不可先傳也.

213 『손자』「군쟁」: 故兵以詐立, 以利動, 以分合爲變者也.

오지 못하는 것은 적이 따라붙지 못할 만큼 빠른 속도로 기동하기 때문이다."[214]

"전쟁을 할 때는 승리한다고 해도 오래 끌면 전투력이 약화되고 병사들의 사기는 저하된다. 적의 성을 공격하면 아군의 힘을 소모하게 되고, 오랫동안 군사를 내버려두면 국가의 재정도 어렵게 된다."[215]

"그러므로 전쟁은 졸속으로 하더라도 빨리 끝낸다는 말은 있어도 전쟁을 보기 좋게 하면서 오래 끌었던 경우는 보지 못했다. 전쟁을 오래 하면 국가이익에 도움이 되는 것은 이제까지 없었다. 그러므로 전쟁의 해로움을 제대로 알지 못하는 사람이라면 전쟁의 이로움 또한 모두 알지 못하는 것이다."[216]

"처음에는 처녀처럼 수줍게 있다가 적군이 문을 열면 달아나는 토끼처럼 빠르게 행동해야 하니 그러면 적군이 손을 쓸 겨를이 없게 된다."[217]

---

214 『손자』「허실」: 進而不可禦者, 衝其虛也; 退而不可追者, 速而不可及也.

215 『손자』「작전」: 其用戰也, 勝久則鈍兵 · 挫銳, 攻城則力屈, 久暴師則國用不足.

216 『손자』「작전」: 故兵聞拙速, 未睹巧之久也. 夫兵久而國利者, 未之有也. 故不盡知用兵之害者, 則不能盡知用兵之利也.

217 『손자』「구지」: 是故始如處女, 敵人開戶, 後如脫兎, 敵不及拒.

넷째는 협동단결이다. 군주와 장수, 그리고 병사들 사이의 조화로움이야말로 전쟁의 승패에 가장 큰 영향을 미친다. 아무리 좋은 장비와 기회를 만났다고 해도 장수와 병사들이 화합하지 못한다면 그 전쟁은 이기기 어렵다. 따라서 전쟁의 시기를 결정하는 천시(天時)와 지리적으로 유리한 고지를 점령하는 지리(地利)가 아무리 중요해도 사람들 사이의 인화(人和)보다 중요한 것은 없다.

> "용병을 잘하는 자는 솔연(率然)에 비유할 수 있다. 솔연은 산상이라는 산에 사는 뱀인데, 머리를 치면 꼬리가 덤비고, 그 꼬리를 치면 머리가 달려들며, 몸통을 치면 머리와 꼬리가 함께 달려든다."[218]

> "병사가 아직 친해지기 전에 벌을 주면 복종하지 않게 되고, 복종하지 않으면 부리기가 어렵다. 병사가 이미 친해졌는데 벌을 주지 않으면 부릴 수 없게 된다."[219]

다섯째는 정보의 취합이다. 정보를 취합하는 것은 첩자가 있어야 가능한 일이다. 그렇기 때문에 손무는 「용간」편에서 첩자의 종류에 대해서 다섯 가지로 설명하고 있다. 향간, 내간, 반간, 사간,

218 『손자』「구지」: 故善用兵, 譬如率然. 率然者, 常山之蛇也. 擊其首則尾至, 擊其尾則首至, 擊其尾則首至. 擊其中則首尾俱至.

219 『손자』「행군」: 卒未親附而罰之, 則不服, 不服則難用也. 卒已親附而罰不行, 則不可用也.

생간이 바로 그것이다. 향간은 적의 고을 사람을 이용하는 것, 내간은 적의 관리를 포섭하는 것, 반간은 적의 첩자를 포섭하는 것, 사간은 적군에 잠입해서 죽음을 무릅쓰고 정보를 유포시키는 첩자, 생간은 적국에서 살아 돌아와 정보를 제공하는 첩자를 말한다.

"성스럽고 지혜로운 사람이 아니면 첩자를 사용할 수 없고, 인과 의를 가진 사람이 아니면 첩자를 부릴 수 없고, 미묘하게 운영할 능력이 없으면 첩자를 사용하는 실적을 올리지 못한다. 미묘하고 은밀하구나. 첩자는 사용되지 않는 곳이 없다."[220]

"옛날에 은나라가 일어남에 이윤은 하나라에서 있었고, 주나라가 일어남에 강태공은 은나라에 있었다. 그러므로 오직 총명한 군주와 현명한 장수만이 뛰어난 지혜로써 첩자를 삼아서 반드시 큰 공을 이루는 것이다. 이것이 바로 용병의 요체요, 3군이 믿고 움직이는 것이다."[221]

성스럽고 지혜로운 사람, 어질고 의로운 사람이 아니면 첩자를

---

220 『손자』「용간」: 非聖智不能用間, 非仁義不能使間, 非微妙不能得間之實. 微哉! 微哉! 無所不用間也.

221 『손자』「용간」: 昔殷之興也, 伊摯在夏; 周之興也, 呂牙在殷. 故惟明君賢將, 能以上智爲間者, 必成大功. 此兵之要, 三軍之所恃而動也.

부릴 수 없다고 손무는 생각했다. 그렇기 때문에 유가에서 훌륭한 인물로 평가되는 이윤과 강태공에 대해서 첩자와 같은 역할을 한 인물로 간주했다.

첩자를 통해서 정보를 취합하는 것은 예나 지금이나 마찬가지다. 세계 각국이 이웃나라의 비밀 정보를 취합하고자 혈안이 되어 있으며, 이러한 현상은 전쟁 중이 아니더라도 계속되고 있다. 손무는 전략적 차원이든 전술적 차원에서든 정보의 중요성을 인식하고 있었으며, 첩자를 최대한 활용해서 전쟁에 이용해야 한다고 주장했다.

제 9 장

주역

점서인가? 철학적 사유의 근본인가?

周易

한 번 음이 되고 한 번 양이 되는 것을 도라 한다. 이것을 계속 이어가는 것이 선이요, 이것을 이룩하는 것이 본성이다. 인자(仁者)는 이것을 보고 인이라 하고, 지자(智者)는 이것을 보고 지혜라 하지만 백성은 날마다 사용하면서도 알지 못한다. 그러므로 군자의 도는 아는 사람이 드물다.

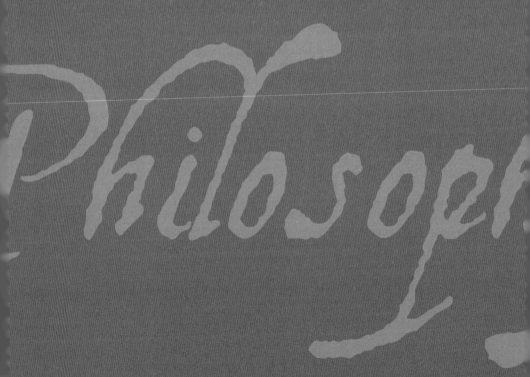

알쏭달쏭한 신비의 책,
주역

「주역」은 중국 고전 중에서 가장 난해하면서도 가장 중요한 자료로, 공자도 가죽 끈이 세 번이나 끊어질 정도로 많이 읽어 위편삼절(韋編三絕)이라는 고사를 만들어 낸 책이다. 얼마나 많이 읽었으면 가죽 끈이 세 번이나 끊어졌을까? 당시의 책을 죽간(竹簡)이라고 하는데, 대나무를 납작하게 만들어 상하에 구멍을 뚫고 가죽 끈으로 엮어서 만들었다. 따라서 대나무를 넘길 때마다 가죽 끈이 닳게 되고, 오랜 시간이 지나면 끊어지게 된다. 오늘날과 같이 종이로 만들어진 책과는 다르다. 만약 종이 책을 가죽 끈으로 엮어서 만든다면 아마도 책이 먼저 망가질 것이다. 설령 대나무로 만든 책이라고 할지라도 가죽 끈이 세 번이나 끊어질 정도로 읽는다는 것은 결코 쉬운 일이 아니었다. 그럼에도 불구하고 「논어」, 「술이」 편에서는 "나에게 몇 해 수명을 더 주어 역을 배울 수 있다면 큰 과실은 없을 것이다"[222]라고 밝히고 있다. 세상을 떠나기 전까지도 「주역」에 대해 깨닫지 못함을 아쉽게 표현한 말이다. 조선시대의 위대한 학자인 퇴계 이황도 젊은 시절에 이 책에 심취하여 병을 얻게 되었다는 일화가 있다. 「주역」은 그만큼 난해하고 신비로운 내용을 담은 책이므로 이 책에 통달한다는 것은 결코 쉬운 일이 아니다. 「주역」이 음과 양을 표현한 단순한 기호로 만들어져 간단하게 보이지만 그 해석은 실로 다양하고 심오하다.

'역'의 의미에 대해서는 옛날부터 세 가지 학설이 있다. 첫째는 석척설(蜥蜴說)로, 역을 도마뱀을 나타내는 상형문자로 보는 것이다. 중국 고대인들은 도마뱀이 매일 12번씩 색깔을 바꾼다고 믿었으며 '역'은 바로 그 변화의 의미를 지시하는 것이라고 보았다. 둘째는 일월설(日月說)로, 역을 일(日)과 월(月)의 복합자로 보는 것이다. 일(日)은 양(陽)을, 월(月)은 음(陰)을 표시한다. 그러나 그 후의 연구 성과에 의하면 일, 월의 복합자는 '명(明)'으로 밝혀짐으로써 이 학설은 설득력이 잃게 되었다. 셋째는 자의설(字義說)로, 역을 그 자체에 내포된 의미로 파악하는 것이다. 즉, 역이라는 글자는 다시 세 가지의 의미가 있다고 보는 것이다. 첫째, '이간(易簡)' 또는 '간이

222 『논어』「술이」: 子曰 加我數年, 五十以學易, 可以無大過矣.

(簡易)'로서 간단하고 평이하다는 의미다. 하늘과 땅은 모든 현상과 온갖 사물을 생성하지만 복잡하거나 요란스럽지 않다는 것. 둘째, '변역(變易)'으로서 역은 항상 변하고 바뀐다는 의미다. 세상에 존재하는 만물은 항상 변하고 음양의 두 기운이 서로 작용하면서 나타나게 된다는 의미다. 셋째, '불역(不易)'으로서 변화하지 않는다는 불변의 의미다. 변하는 만물 가운데 변하지 않는 원리가 존재한다는 의미다. 즉 하늘은 높고 땅은 낮아 그 위치가 바뀌지 않고 해와 달이 번갈아 뜨고 지는 것과 같은 불변의 원리를 말한다.

「주역」이 누구에 의해서 어떻게 만들어졌는지는 매우 복잡하고 학설도 분분하다. 우선 「주역」은 본문에 해당하는 상하의 경문(經文)과 해설부문인 십익(十翼)으로 구성되어 있다. 상하의 경은 다시 64괘(卦)의 괘사(卦辭)와 효사(爻辭)로 이루어졌는데 「계사전」에 근거하여 8괘는 상대(上代)의 복희씨(伏羲氏)가 만들었다고 한다. 그런데 8괘만으로는 천하의 모든 사물을 포괄할 수 없으므로 8괘를 중첩하여 64괘를 만들었던 것이다.

64괘의 작자에 대해서는 이설(異說)이 많은데, 복희는 8괘를 그렸을 뿐이고 문왕이 64괘를 지었다는 설, 복희 때에 이미 64괘가 있었다는 설, 복희가 8괘를 지었고 신농이 64괘를 지었다는 설 등이 있으나 어느 것도 명확한 근거는 없다. 다만 문왕 이전에 64괘가 있었다는 사실은 분명한 것 같다.

「주역」의 경문에 해당하는 괘사(卦辭)인 단사(彖辭)는 문왕이, 효사(爻辭)는 주공(周公)이 지었다고 한다. 그러나 문왕이 단사와 효사를 지었고 주공이 관여하지 않았다는 설도 있다. 문왕이 「주역」의 경문을 지었다는 설은 「계사전」에 근거한 것이다. 청대(淸代)의 경학자 최술(崔述) 등은 단사, 효사는 한 사람의 작품이며 시대적으로는 은나라와 주나라 사이이며, 억지로 그 작자를 찾는 것은 쓸데없는 일이라고 주장하기도 했다. 누가 저술했는지도 중요한 문제이지만 그것에 지나치게 얽매이면 본질에서 벗어날 수 있기 때문이다.

경문 이외에 그 뜻을 해석하고 「주역」의 이치를 설명한 십익(十翼)이 있다. 십익의 '익(翼)'은 돕는다는 뜻으로, 새에게 있어서 날개처럼 돕고 있는 열 가지의 문헌이라는 의미다. 십익은 「단전(彖傳)」, 「상전(象傳)」, 「계사전(繫辭傳)」이 각각 상(上), 하(下)로 되어 있고 「문언전(文言傳)」, 「설괘전(說卦傳)」, 「서괘전(序卦傳)」, 「잡괘전(雜卦傳)」을 합하면 모두 열 개가 된다.

「단전」은 괘사를 부연 설명한 것으로 괘명과 괘사를 괘의 상(象)과 육효(六爻)의 구성 등에 입각하여 해석한 것이다. 「상전」에는 대상(大象)과 소상(小象)이 있는데, 대상은 괘 전체의 뜻과 상, 하 괘의 배치에 대한 논리에 입각하여 인사(人事)를 주로 설명한 것이며, 소상은 각 효(爻)의 효사(爻辭)를 부연 설명한 것이다. 「계사전」은 계사를 다시 설명하고 「주역」을 일관성 있는 논리로써 해설한 것이다. 그러나 실상 「계사전」은 「주역」의 해설서이기보다는 차라리 「주역」을 소재로 독자적인 철학을 천명한 것으로 보아야 할 것이다. 왜냐하면 「계사전」으로 인하여 「주역」이 단순한 점서의 지위에서 벗어나 철학, 윤리, 수양의 책으로서 그 가치성을 보유하기에 이르렀기 때문이다. 「문언전」은 건괘, 곤괘 두 괘에 한하여 미려한 문장으로써 괘사와 효사를 해설한 것이다. 「설괘전」은 괘 전체에 대한 총체적 해설로서, 8괘가 천지자연의 상징이라는 것, 소성괘(小成卦)에서 대성괘(大成卦)로 변화함에서의 이치와 공적 등을 설명한 것이다. 「서괘전」은 64괘의 배열순서의 의의를 논리적으로 설명한다. 「잡괘전」은 64괘에서 두 괘를 뽑아내어 서로 비교하여 그 의의와 특색을 상대적으로 설명한 것이다.

이상의 십익은 고래로 공자가 지은 것이라고 믿어져 왔으나 송대에 이르러 구양수(歐陽脩)가 「역동자문(易童子問)」에서 처음으로 이것을 의심하였고, 청대에 이르러 최술이 「수사고신록(洙泗考信錄)」에서 십익은 공자의 저작이 아니라고 단정하였다. 따라서 십익은 한 사람, 한 시대의 작품도 아니므로 전국 말에서 진한 대에 이르는 사이의 학자에 의해서 완성된 작품으로 보인다.

결국 「주역」은 한 사람에 의해 만들어진 것이 아니라 8괘 이하 십익에 이르기까지 전체를 오랜 세월에 걸려 여러 사람에 의해 증보된 것으로 보아야 할 것이다. 「주역」은 애초에 점서로 출발하였기에 진시황의 분서갱유 때에도 인륜, 도덕을 논한 책이 아니라 의약(醫藥), 복서류로 분류하여 태워버리지 않았다. 그러나 십익이 추가됨으로써 종래의 점서용에 덧붙여 도덕적 의의가 추가되었다.

특히 「계사전」은 이것을 대표하는 것이다.

주역의 용어와
읽는 방법

「주역」에는 일반적으로 사용하지 않는 용어들이 많이 등장하기 때문에 중심이 되는 용어를 미리 알고 있어야 쉽게 이해할 수 있다. 따라서 아래에서는 중요한 개념을 설명하며 앞으로 나오는 설명에 도움이 되고자 한다.

〈건괘〉

重天乾

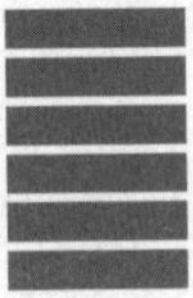

괘 : 6개의 작대기로 이루어진 것.

효 : 6개의 작대기 각각을 일컫는 말.

소성괘 : 작대기 세 개로 이루어진 괘. 기본 8괘가 바로 소성괘.

대성괘 : 작대기 여섯 개로 이루어진 괘. 64괘가 바로 대성괘.

내괘와 하괘 : 아래에 있는 세 개의 작대기를 내괘 또는 하괘라 함.

외괘와 상괘 : 위에 있는 세 개의 작대기를 외괘 또는 상괘라 함.

중정과 부중정 : 두 번째 효를 내괘의 중이라고 하고, 다섯 번째 효를 외괘의 중이라 함. 또한 양효가 양의 자리에 있고 음효가 음의 자리에 있는 것을 정이라 하는데, 특히 내외괘의 가운데 효가 정위에 있을 때 중정이라 함. 그렇지 않은 경우를 부중정이라 함.

여섯 개의 작대기는 천, 지, 인을 상징하는데 아래에 두 개는 지를, 가운데 두 개는 인을, 위에 두 개는 천을 상징한다. 또한 효는 괘를 이루는 기본 요소인데 양효를 구(九), 음효를 육(六)이라 한다. 그리고 괘를 그릴 때는 아래에서부터 그리기 때문에 효 역시 아래에서 위로 올라가며 헤아려야 한다. 따라서 제일 아래 효가 양효이면 초구(初九)라 하고 음효이면 초육(初六)이라 한다. 두 번째 효가 양효이면 구이(九二)가 되고 그 위로 올라갈수록 구삼, 구사, 구오가 되고 마지막 제일 위에 있는 것이 상구(上九)가 된다. 이와 같은 방식으로 두 번째 효가 음효이면 육이(六二)가 되고 그 위로 올라가면서 육삼, 육사, 육오가 되며 맨 위가 상육(上六)이 된다.

주역의
구성 원리

위에서 살펴본 바와 같이 「주역」은 기본적으로 음(--)과 양(—)이라는 상징부호와 그것에 대한 설명을 나타낸 문자로 이루어졌다. 이러한 부호를 효(爻)라고 하는데, '—'은 양효라고 하고 '--'은 음효라고 한다. 이 두 가지의 부호를 세 번 사용해서 만들 수 있는 경우의 수는 8가지이다. 이렇게 만들어진 것을 8괘라고 한다. 그리고 8괘를 중첩해서 만들어진 것이 64괘가 된다. 예를 들어 양효 세 개가 모여 만들어진 것은 건괘(≡)가 되어 하늘을 상징하고, 음효가 세 개 모여 만들어진 것은 곤괘(☷)가 되어 땅을 상징한다. 건과 곤이 부모가 되어 나머지 여섯 괘를 만들어 8괘가 완성되는 것이다. 8괘는 각각 자연물(自然物)을 상징하는데, 하늘[乾☰], 연못[兌☱], 불[離☲], 우레[震☳], 바람[巽☴], 물[坎☵], 산[艮☶], 땅[坤☷]이 바로 그것이다.

세상에 존재하는 것을 모두 음양으로 구분할 수 있고, 음양의 결합으로 만물이 생성된다고 생각했기 때문에 음양을 상징하는 부호와 그것에 대한 설명이 하나의 짝을 이루는 것이다. 그런데 이러한 구성을 보고 주역의 전체 의미를 이해하기는 어렵다. 음양을 상징하는 부호가 어떤 의미를 상징하는지 왜 그렇게 해석해야 하는지에 대해서는 너무 추상적이고 황당한 것이기 때문이다. 그래서 십익이라는 설명이 부연되었다.

「주역」에서는 태초에 우주가 생성되는 원리에 대해서 태극과 음양을 통해 설명하고 있다. 즉 태극에서 음과 양으로 갈라지고, 음양은 다시 노음(老陰), 노양(老陽)과 소음(少陰), 소양(少陽)의 네 가지로 분화된다. 이렇게 점차 분화하여 만물이 생성되었다고 보았다. 그리고 이 태극은 송대에 이르러 성리학의 중요한 개념이 된다. 즉, 태극을 '이(理)'로 설명하면서 만물의 가장 근원적인 존재로 설명하게 되었다.

"역에 태극이 있으니, 태극이 양의를 낳고, 양의가 사상을 낳고, 사상이 팔괘를 낳으니 팔괘가 길흉을 정하고 길흉이 큰 사업을 낳는다."[223]

「주역」에서는 세상에 존재하는 만물을 밝음과 어두움, 강함과 부드러움, 긴 것과 짧은 것 등으로 분류하여 그것을 음과 양으로 분속시켜 설명하고 있다. 그런데 「주역」은 천도를 미루어 인사를 밝히는 것을 기본 사상으로 삼고 있는 책이다. 따라서 우주 만물을 음양으로 나누듯이 인간사도 음양으로 분류하고, 자연계의 변화나 인간계의 변화가 모두 음양의 법칙 속에서 이루어진다고 생각했다. 자연의 법칙이 인간의 법칙이요, 인간의 법칙이 자연의 법칙인 셈이다. 따라서 자연의 법칙에 순응하는 것이 길한 것이고, 그것을 거역하는 것을 흉이라고 한다.

그런데 음양은 고정불변이 아니다. 음이 양을 낳기도 하고 양이 음을 낳기도 한다. 예를 들어 하늘은 본래 양이지만 하늘에도 맑은 하늘과 흐린 하늘이 있다. 맑은 하늘은 양이고 흐린 하늘은 음이 된다. 세상만사가 모두 그러하듯 음지라고 해서 항상 음지가 아니고, 양지도 역시 항상 양지로 존재하지 않는다. 때와 장소에 따라서, 혹은 상황에 따라서 음지는 양지로 변하고 양지는 음지로 변하기 마련이다. 이것이 역의 기본 원리다.

223 『주역』「계사상」: 易有太極, 是生兩儀, 兩儀生四象, 四象生八卦, 八卦一定吉凶, 吉凶生大業.

"하늘의 도를 세움은 음과 양이요, 땅의 도를 세움은 유와 강이요, 사람의 도를 세움은 인과 의이니, 삼재를 겸하여 두 번 하였기 때문에 역이 육획이 되어 괘를 이루고, 음으로 나뉘고 양으로 나뉘며 유와 강을 차례로 쓰기 때문에 역이 여섯 자리가 되어 문장을 이룬 것이다."[224]

천지인(天地人) 삼재가 우주의 기본 요소이고, 이것을 기본으로 삼 획으로 괘를 만들었다가 다시 중복하여 여섯 획으로 하나의 괘가 완성된다. 세 개로 된 괘를 소성괘라고 하고 여섯 개로 된 괘를 대성괘라고 한다.

한편으로 「주역」의 기본사상은 중정(中正)에 있다. 64괘의 각 효사에 보면 가장 중시되는 것이 중정이다. 곧 효사에서 길하다고 하는 것은 효가 중정을 얻은 경우이며, 흉하다고 한 것은 효가 중정을 얻지 못한 경우이다. '중(中)'이란 64괘 각각의 상하괘에 있어서의 중효(中爻)를 가리킨다. 따라서 괘 전체의 상은 흉괘라 하더라도 중효에 속하는 효사에는 흔히 '길(吉)', '회무(悔亡)'라든가 '무구(無咎)'라는 글귀가 있는 것이다. 이것은 사람이 아무리 흉하고 험한 상황일지라도 중도를 이행하면 화를 면하고 길하게 될 수 있음을 시사한다.

224 『주역』「설괘전」: 立天之道曰 陰與陽, 立地之道曰 柔與剛, 立人之道曰 仁與義, 兼三才而兩之. 故易六劃而成卦, 分陰分陽, 迭用柔剛. 故易 六位而成章.

한편 '정(正)'은 각 효가 마땅한 위치에 있음을 가리킨다. 64괘는 모두 6효로 성립하고 각 효는 음 · 양 가운데 하나임은 물론이지만 양효, 음효는 본래 일정한 위치가 있다. 6효를 아래에서부터 순서를 정하여 1, 3, 5는 양이 처할 자리이며 2, 4, 6은 음이 처할 자리이다. 따라서 음 · 양이 각각 자기 위치에 있는 경우에 정(正)을 얻었다고 하고, 반대의 경우에는 정을 잃었다고 한다. 이렇게 각각의 효가 모두 정위(正位)를 얻은 것이 기제괘(旣濟卦)이다. 기제괘는 아래에 불을 나타내는 이괘가 있고 위에는 물을 나타내는 감괘가 있다. 그래서 수화기제라고 한다. 요컨대 역은 자연의 법칙으로서의 천도를 상징화하고, 인간이 이에 순응함을 인도로서 규정하며, 중정한 것을 길(吉)이라고 하여 가장 선하다고 보는 것이다.

〈수화기제의 괘 모습〉

水火旣濟

〈예시〉

건괘: 내괘[≡]와 외괘[≡]가 모두 양으로만 되어 있는 것은 건괘(乾卦)로 하늘을 나타낸다. 이 괘는 하늘을 가리키지만 군자가 하늘의 도를 본받아 질서 있는 삶을 살아야 하는 것을 의미한다. 이 괘를 얻은 사람은 앞으로 내려갈 일 밖에 없다. 왜냐하면 이미 높은 상태에 도달했기 때문에 더 이상 올라갈 수 없고 오직 내리막길 밖에 없다. 따라서 항상 조심하고 경계해야 한다.

곤괘 : 내괘[☷]와 외괘[☷]가 모두 음으로만 되어 있는 경우는 곤괘(坤卦)로 땅을 나타낸다. 땅이 만물을 포용하고 생성시키는 것처럼 군자는 덕을 쌓아 백성을 포용하도록 노력해야 한다. 이 괘를 얻은 사람은 온순하게 자신을 지키고 겸양해야 모든 일이 순조롭게 된다.

대축괘(大畜卦): 외괘 즉, 위는 산[☶]이고, 내괘 즉 아래는 하늘[☰]이다. 즉, 산 아래에 하늘이 있는 형상이다. 대축은 많이 쌓여서 풍성한 것을 말하는데, 산 속에 하늘이 담겨 있으니 기르는 것이 더욱 큰 형상이다. 군자가 이 형상을 보고 지나간 성현들의 언행을 많이 들어 자신의 덕을 기르는 것이다. 이 괘를 얻은 사람은 실력을 쌓도록 노력해야 한다.

변화와 천인합일의 세계

「주역」은 변화의 책이다. 우주의 삼라만상 가운데 어느 것 하나 변하지 않는 것이 없고 사람의 생각조차 변하는 것이므로 고정불변의 입장에서 세상을 바라보고 인식하는 것은 한계가 있다. 따라서 '변화한다'는 생각은 주역의 가장 기초가 되는 사상이다.

사계절이 변화하면서 순환하고, 사람도 태어나는 순간부터 조금씩 변화하여 늙고 죽게 된다. 이와 같이 세상에 존재하는 만물도 생로병사를 반복하며 변화하고 순환하게 된다. 태어나고 죽는 과정 속에서 끊임없이 태어나는 것이 없다면 세상은 존재하지 않을 것이다. 그래서 낳고 낳는 과정을 반복하게 되고 그것이 역의 원리이다. 따라서 "낳고 낳는 것을 역이라고 한다"고 했던 것이다.[225]

"한 번 음이 되고 한 번 양이 되는 것을 도라 한다. 이것을 계속 이어가는 것이 선이요, 이것을 이룩하는 것이 본성이다. 인자(仁者)는 이것을 보고 인이라 하고, 지자(智者)는 이것을 보고 지혜라 하지만 백성들은 날마다 사용하면서도 알지 못한다. 그러므로 군자의 도는 아는 사람이 드물다."[226]

「주역」은 천지의 모습을 보고 인간의 삶을 열어가는 사상이 들어 있다. 우주자연과 인간이 분리된 것이 아니라 상호 연관성을 가지고 있으며 궁극에 이르러서는 하나가 된다는 사고를 말한다. 그것을 천인합일(天人合一)이라고 한다. '천'은 자연계를 가리키고 '인'은 인류를 의미한다. 중국 역대의 철학자들은 인간과 자연계를 하나의 화해적 통일체로 간주하였다. 따라서 천인합일은 하늘과 인간의 관계를 파악하는 유교의 기본관점으로서 중국을 비롯한 동양 전통사상의 중요한 구성요소였다.

하, 은, 주 시대에는 하늘이 자연과 인간세계를 주재하는 최고

225 『주역』「계사상」: 生生之謂易.

226 『주역』「계사상」: 一陰一陽之謂道, 繼之者-善也, 成之者-性也. 仁者見之, 謂之仁, 知者見之, 謂之知오, 百姓 日用而不知, 故君子之道鮮矣.

의 신이라고 생각했다. 이러한 사상은 춘추시대에 들어와 동요하기 시작해 춘추 말년에는 천도와 인도를 구별하게 되었다. 대표적으로 공자는 "하늘이 나에게 덕(德)을 주었다"라고 하여 하늘이 지닌 인격신의 요소를 부정하고 인간의 내면에 갖추어진 선천적 덕성을 인정했다. 맹자는 "마음을 다하는 것이 본성을 아는 것이며, 본성을 아는 것이 하늘을 아는 것이다"라고 하여 사람의 마음과 본성이 하늘과 본래 일체라고 생각했다. 맹자의 이러한 사고는 천인합일 사상의 명확한 표현이었다. 한나라의 동중서(董仲舒)는 이러한 천인합일 사상을 계승하여 '천인감응(天人感應)'의 사상체계를 세웠는데, 그는 하늘이 최고의 신이며 인간은 하늘이 창조했다고 보았다. 이에 따라 인간의 모든 행위가 하늘의 의지에 부합하는 것으로 인정했다. 이와 함께 하늘과 사람 사이에는 상호 감응이 작용해서, 양자가 합해져 하나가 된다고 설명했다. 송대에 들어 성리학자들은 이(理), 성(性), 명(命) 등의 개념을 가지고 천인합일을 논증하고자 했다.

이와 같이 유교의 역사에서 하늘과 인간의 관계는 매우 밀접하게 상호작용하고 있었으며, 하늘의 의지가 인간에게 그대로 스며들어 하늘과 인간이 하나라는 인식을 주장하고 있는 것이다. 「주역」은 천인합일 사상의 대표적인 저술이라고 할 수 있다.

"하늘이 신묘한 물건을 내자 성인이 본받으며, 천지가 변화하자 성인이 본받으며, 하늘이 상을 드리워 길흉을 나타내자 성인이 본받고, 하수에서 그림이 나오고 낙수에서 글이 나오자 성인이 본받았다."[227]

"대인은 천지와 그 덕이 합치하며, 일월과 그 밝음이 합치하며, 사시와 그 질서가 합치하며, 귀신과 길흉이 합치하여 하늘보다 앞서도 하늘이 어기지 않으며, 하늘보다 뒤에 있어도 천시를 받든다. 하늘도 어기지 않는데 하물며 사람에게 있어서며 하물며 귀신에게 있어서랴."[228]

"옛날 포희씨가 천하에 왕노릇할 때에 우러러 하늘의 상을 관찰하고 굽어 땅의 법을 관찰하며, 새와 짐승의 문과 천지의 마땅함을 관찰하며, 가까이는 자신에게서 취하고 멀리는 물건에게서 취하여, 이에 비로소 팔괘를 만들어 신명의 덕을 통하고 만물의 정을 분류하였다."[229]

이상과 같이 성인이나 대인은 천지의 변화하는 움직임을 본받아 삶의 이치로 삼고 우주와 더불어 덕이 합치된다고 생각했다. 인간은 모든 만물 가운데 하나다. 그렇기 때문에 자연의 이치를 벗

227 『주역』「계사상」: 是故, 天生神物, 聖人則之, 天地變化, 聖人效之, 天垂象, 見吉凶, 聖人象之, 河出圖, 洛出書, 聖人則之.

228 『주역』건괘 문언전 : 夫大人者, 與天地合其德, 與日月合其明, 與四時合其序, 與鬼神合其吉凶, 先天而天弗違, 後天而奉天時, 天且弗違, 而況於人乎, 況於鬼神乎.

229 『주역』「계사하」: 古者包犧氏之王天下也, 仰則觀象於天, 俯則觀法於地, 觀鳥獸之文, 與地之宜, 近取諸身, 遠取諸物, 於是, 始作八卦, 以通神明之德, 以類萬物之情.

어나 인간의 도리를 생각할 수 없고, 자연과 더불어 병존하는 것이 바로 인간이다. 따라서 하늘과 분리된 인간이란 생각할 수 없다. 그래서 공자는 "역은 어찌하여 만든 것인가? 역은 사물을 열어주고 일을 이루어 천하의 도를 포괄하니 이와 같을 뿐이다. 이러므로 성인이 천하의 뜻을 통하며 천하의 업을 정하며 천하의 의심을 결단한 것이다"라고 했던 것이다. 천인합일이 이루어지기 위해서는 인간과 자연은 대립되는 개념이 아니라 인간도 자연의 한 부분에 속하고, 인간은 자연을 마음대로 부릴 수 있는 존재가 아니라는 인식이 선행되어야 한다.

유가 철학에 있어서 자연과 인간의 관계를 가장 잘 드러내고 있는 것이 바로 「주역」이라고 할 수 있는데, 「주역」의 기본적 사유 방식에 의한다면 인간도 자연을 구성하는 다른 생명들과 상호 의존적, 상함적 관계에 있는 하나의 개체 생명에 불과한 것이다. 인간은 천지가 낳은 만물 가운데의 하나이며, 인간을 제외한 자연은 인간이 생명을 유지하는데 필수적인 존재일 뿐 아니라, 인간이 생명성을 부여받기 위한 기본조건이 되기도 한다.

〈건괘 괘사와 효사의 설명〉

〈괘사〉

乾은 元亨利貞하니라. : 건은 크게 형통하니 곧고 발라야 이롭다.

〈효사〉

初九는 潛龍이니 勿用이니라.

九二는 見龍在田이니 利見大人이니라.

九三은 君子ㅣ終日乾乾하야 夕惕若하면 厲하나 无咎리라.

九四는 或躍在淵하면 无咎리라.

九五는 飛龍在天이니 利見大人이니라.

上九는 亢龍이니 有悔리라.

用九는 見群龍호대 无首하면 吉하리라.

〈효사 해석〉

초구는 못에 잠겨 있는 용이니 쓰지 말아야 한다.

구이는 나타난 용이 밭에 있으니 대인을 만나봄이 이롭다.

구삼은 군자가 종일토록 힘쓰고 힘써 저녁까지 두려워하면 위태롭지만 허물이 없다.

구사는 혹 뛰어오르거나 연못에 있으면 허물이 없다.

구오는 나는 용이 하늘에 있으니 대인을 만나봄이 이롭다.

상구는 끝까지 올라간 용이니 뉘우침이 있으리라.

용구는 여러 용을 보되 앞장서지 않으면 길하리라.

건괘의 괘사와 효사를 통해서 간략하게 설명하면 괘사는 원형이정으로 표현된다. 원은 만물의 시초, 형은 만물의 성장, 이는 만물의 성숙, 정은 만물의 완성이라고 할 수 있다.

효사에서 초구는 잠용이니 물용이라 했다. 잠용은 물속에 잠겨 있는 용을 말한다. 용은 양을 상징하는 신령스럽고 변화를 예측할 수 없는 것이라고 한다. 따라서 양기가 바야흐로 싹트는 시기이고 성인이 아직 미천한 때에 해당한다. 마치 용이 물속에 잠겨 있는 것과 같아서 마땅히 숨어서 때가 오기를 기다려야 하는 형상이다. 구이는 현룡재전(見龍在田)이니 이견대인(利見大人)이라 한다. 이것은 물속에 잠겨 있던 용이 서서히 지상으로 나오는 형상으로 성인이 농사짓고 고기 잡는 때를 의미한다. 따라서 이 시기에는 군주를 만나거나 훌륭한 신하를 만나는 것이 이롭다. 구삼은 하괘에서 가장 위에 있지만 아직 아래를 벗어나지 못하였으니 밤낮으로 게을리 하지 말고 조심하고 두려워하면 비록 위태로운 곳에 처하더라도 허물이 없을 것이다. 구사는 혹은 뛰어오르거나 혹은 연못에 있으면 허물이 없을 것이라고 했는데, 이것은 때에 따라 나가기도 하고 물러가기도 하는 것을 의미한다. 다만 날지 못할 뿐이지 뛰어 일어나면 하늘로 향하게 되는 상이다. 구오는 비룡재천인데 이 형상을 얻으면 천자가 된다. 그렇지만 큰 덕을 가진 사람을 만나야 비로소 이롭게 된다. 마지막 상구는 항룡유회다. 항룡은 지나치게 높게 올라간 용을 말한다. 따라서 뉘우침이 있게 될 것이니 성인은 오직 진퇴와 존망의 때를 알아 지나침이 없어야 비로소 뉘우치는 일이 없게 될 것이다. 용구는 여러 용을 보되 우두머리 노릇을 하지 않으면 길하다고 했다. 초구부터 구오까지는 전진해도 좋지만 우두머리 노릇을 하면 흉하다는 의미이기도 하다.

이상은 건괘의 괘사와 효사를 통해서 그림과 문자로 뜻을 표현하고 있는 예시다. 나머지 괘도 모두 이와 같은 형태로 구성되어 있고, 여기에 십익이 더해져 조금 더 구체적이고 인문적인 해석이 이루어진다. 그런데 여기서 한 가지 해결해야 할 점은 고대로부터 주역을 점서로 이해한 사람들은 이것을 보고 자신의 미래를 결정하거나 국가의 장래를 예측하기도 했다는 것이다.

제10장

대학

수신제가를 꿈꾸다

大學

대학의 도리는 밝은 덕을 밝히는 데 있고, 백성을 새롭게 하는 데 있으며, 지극히 선한 곳에 머무르는 데 있다. 머무를 곳을 안 다음에 방향을 정할 수 있으니, 방향을 정한 다음에 고요할 수 있고, 고요해진 다음에 평온할 수 있고, 평온해진 다음에 생각할 수 있고, 생각한 다음에 얻을 수 있다. 사물에는 근본과 말단이 있고, 일에는 시작과 끝이 있으니 먼저 해야 할 것과 뒤에 해야 할 것을 안다면 도에 가까울 것이다. 옛날에 밝은 덕을 온 세상에 밝히고자 하는 사람은 먼저 자기의 나라를 다스리고, 자기 나라를 다스리고자 하는 사람은 먼저 자기 집안을 가지런하게 하고, 자기 집안을 가지런하게 하고자 하는 사람은 먼저 자기 몸을 닦고, 자기 몸을 닦고자 하는 사람은 먼저 자기 마음을 바르게 하고, 자기 마음을 바르게 하고자 하는 사람은 먼저 자신의 뜻을 정성되게 하고, 자신의 뜻을 정성되게 하고자 하는 사람은 먼저 자신의 앎을 극진하게 하였으니, 앎을 극진하게 하는 방법은 사물의 이치를 연구하는 데 있다.

어른이 되기 위한 첫걸음, 대학

우리나라 최고 학부를 대학이라고 하는데, 그것은 바로 「대학(大學)」이라는 책의 명칭에서 유래한 것이다. 대학은 대인지학(大人之學)의 줄임말이고, 대인이란 어른을 의미한다. 따라서 「대학」은 어른이 배워야 할 내용을 담고 있는 책이라고 할 수 있다. 그렇다면 「소학(小學)」은 무슨 의미인지 대충 짐작할 수 있을 것이다. 바로 어린 학생들이 배우는 학문이라는 뜻이며, 과거에는 우리나라의 초등학교를 소학교라고 칭하기도 했는데 이것 역시 책의 명칭에서 유래한 것이다.

「대학」에 어떤 내용이 담겨있는지는 잘 몰라도 '수신, 제가, 치국, 평천하'라는 말을 모르는 사람은 드물 것이다. 이 말의 출전이 바로「대학」이다. 자신을 완성하고 이것을 토대로 인류를 행복하게 해야 한다는 원대한 포부를 수록하고 있기 때문에 어른이 된 사람들이 읽어야 할 책으로 알려졌다. 그래서「대학」은 어린 학생들이 읽는 책이 아니라 어른이 되는 15세부터 읽었다고 한다. 옛날에는 15세부터 관례라는 것을 통해 어른이 되었고, 그때부터 이러한 책을 읽을 수 있었던 것이다.「대학」은 짧은 글로 이루어진 책이다. 전체가 1,751자에 불과하기 때문에 한문을 아는 사람들이라면 한 시간도 걸리지 않고 읽을 수 있다. 하지만 그 속에 담긴 의미를 생각하고 고민하면서 읽는다면 무궁무진한 보물을 찾아낼 수도 있다.

「대학」은 송나라 때에 와서야 중요한 책으로 분리되었다. 그 이전에는「예기」 49편 가운데 42번째 편에 속해 있었다가 송나라 때에 이르러 사마광(司馬光)이「예기」에서「대학」을 분리하여「대학광의」를 저술하였고, 이정자(二程子: 정이천과 정명도)가「대학」을 초학자들의 입문서라고 하면서「대학정본」을 저술하여「논어」,「맹자」,「중용」과 함께 사서(四書)라고 칭하게 되었다. 그 후 대학은 중요한 경전으로 인식되기 시작했다. 이에 의하여 주희(朱熹)는「사선집주」의 하나로서「대학장구(大學章句)」를 지어 주석을 더하고,「소학」에 대응한 대학 교육의 목적과 방법을 분명히 함으로써 사서 중 하나로서의 위치를 공고히 하게 되었다.

「대학」을 누가 저술했는지에 대한 정설은 없다. 한나라 때의 경학자였던 정현(鄭玄)은 자사(子思)가「중용」을 지었다고 밝혔을 뿐

「대학」의 작자에 대해서는 언급하지 않았다. 자사는 공자의 손자로 그의 학문이 맹자에게 전승되었다고 한다. 그런데 가규(賈逵)는 "자사가 송(宋) 땅에 살면서 가학(家學)이 사라질 것을 걱정하여 「대학」을 지어 경(經)으로 하고, 「중용」을 지어 위(緯)로 하였다"라고 했다. 송나라의 대학자인 주희는 「대학」을 공자의 제자인 증자(曾子)와 그 문인들의 저술로 보아, 「대학」을 경문과 전문으로 나누고, 경(經) 1장은 공자의 말씀을 증자가 기술한 것이고, 전 10장은 증자의 뜻을 그 문인들이 기록한 것이라고 주장했다. 이렇듯 「대학」에 대한 저자는 누구인지 확실하지는 않다. 하지만 학자들의 주장을 통해서 본다면 공자의 학문을 계승한 증자나 공자의 손자인 자사를 통해 만들어졌을 것이라는 것만은 확실한 것 같다.

오늘날 우리가 보는 「대학」은 사실상 주희에 의해서 만들어진 것이라고 해도 과언이 아니다. 주희는 「대학장구」를 지으면서 「대학」의 본문에 누락되고 순서가 뒤바뀐 것이 있다고 생각하여 순서를 고치고 전 5장을 보충해서 넣었다. 그래서 전 5장을 보망장(補亡章)이라고 하며 이곳에 주희의 사상과 학문이 명확하게 표출되어 있다.

「대학」의 내용은 삼강령과 팔조목으로 나눌 수 있다. 삼강령은 커다란 경 1장에 나오는 세 개의 줄기를 말하고, 팔조목은 여덟 개의 실천덕목이라고 할 수 있다.

"대학의 도리는 밝은 덕을 밝히는 데 있고, 백성을 새롭게 하는 데 있으며, 지극히 선한 곳에 머무르는 데 있다."[230]

여기서 삼강령이 나오는데 명명덕(明明德), 신민(新民), 지어지선(止於至善)이 바로 그것이다. 그리고 삼강령을 달성하기 위한 수양의 순서를 팔조목(八條目)라 하는데 격물(格物), 치지(致知), 성의(誠意), 정심(正心), 수신(修身), 제가(齊家), 치국(治國), 평천하(平天下)가 바로 그것이다.

「대학」은 거시적으로 세상을 보고 실천하는 방법론을 제시하고 있으며, 인사(人事)를 논하고 있기에 천도(天道)를 논한 「중용」과 표리를 이루고 있다. 어른이 되기 시작한 사람들은 작고 세세한 일에 치중하는 것보다 넓고 큰 세상을 생각해야 하고, 개인의 작은 이익보다 먼 인류의 행복을 강조하는 것, 그것이 바로 「대학」이 말하는 사상이라고 할 수 있다.

삼강령,
세 가지 큰 줄기

「대학」의 목적은 명명덕(明明德), 신민(新民), 지어지선(止於至善)이

---

230 『대학』경 1장 : 大學之道, 在明明德, 在親民, 在止於至善.

라는 세 가지 목적을 이루는 데 있다. 이를 세 가지 강령 곧 삼강령이라고 한다. 그 중 명명덕은 '자신이 타고난 본래의 밝은 덕(明德)을 밝힌다'라는 뜻으로, 인간이 타고난 착한 본성을 명덕으로 규정하고 그것을 밝혀내는 것이 대학의 일차적인 목적임을 밝힌 것이다. 또 신민은 자신의 명덕을 밝히는 것으로 만족하지 않고 다른 사람들도 명덕을 밝힐 수 있도록 도와주는 것을 의미하며, 지어지선은 그러한 노력의 결과 천하의 모든 사람이 최고의 선을 실천하게 한다는 유학의 이상을 나타낸 것이다.

유학의 궁극적인 목적이라 할 지어지선(止於至善)은 천하의 모든 사람이 최고의 선을 실천하는 도덕적 의미의 유토피아를 이룩하는 것이다. 그것은 천하의 구성원, 곧 개개인이 모두 확고한 도덕적 원칙을 지니고 그에 따라 행동할 때 가능한 일이다. 따라서 이와 같은 결과는 한 개인의 작은 선행이 모이고 쌓이지 않으면 이루어질 수 없다. 이는 일체의 사회적 공동체적 가치가 모두 개인의 구체적인 실천에서 비롯된다는 뜻이기도 하다. 그러나 현실적으로 한 개인의 실천을 통해서 전체 공동체의 선을 확보할 수 있다고 기대하는 것은 참으로 어려운 일이 아닐 수 없다. 그럼에도 불구하고 이런 결과를 이룰 수 있다고 기대하는 근거는 사람에게는 '밝은 덕(明德)'이 있어서 누구나 수양을 통해서 성인의 경지에 도달할 수 있다는 인간성에 대한 확신이 있기 때문이다.

지금부터는 삼강령에 대해 하나씩 설명하도록 하겠다.

첫 번째는 명명덕(明明德)이다. 유학에서는 절대 인간을 악한 존재로 보지 않는다. 맹자가 말한 것처럼 모든 인간에게는 양지(良知)와 양능(良能)이 있다고 파악하기 때문이다. 양지란 논리적으로 따져보지 않더라도 어떻게 행동하는 것이 옳은지 알 수 있는 지적인 통찰력이고, 양능은 배우지 않고서도 실천할 수 있는 도덕적인 능력을 말한다. 이를테면 어린 아이가 부모를 사랑하고 형제를 사랑할 줄 아는 것이 양지요 양능이다. 이런 능력은 사람이 태어날 때부터 지니고 나오는 것이기 때문에 어떤 외부의 환경도 그 자체를 소멸시킬 수는 없다. 그 때문에 이것을 대학에서는 명덕(明德)이라고 표현한 것이다. 따라서 현실적으로 일어나는 인간의 악행은 본래의 인간성이 그렇기 때문이 아니라 습관이나 사욕에 의해 명덕이 가려졌기 때문일 뿐이다. 그렇기 때문에 가려져 있는 명덕을 밝혀내면(明明德) 누구나 성인이 될 수 있다는 것이 유학의 기본적인 인간관이다.

명덕의 '명(明)'은 밝다는 뜻이기도 하지만 '분명히 안다'라는 뜻이며, 이 때 그 대상은 '선이 무엇인지 분명히 안다(明乎善)'라는 뜻이다. 곧 사회적인 학습을 거치지 않고서도 사람이라면 누구나 어떻게 행동하는 것이 옳은지 안다는 믿음이다. 결국 인간이 선을 밝혀내지 못하는 것은 몰라서가 아니라 실천하지 않기 때문이며 그 실천을 가로막는 방해자는 다름 아닌 개인의 사욕, 부당한 욕망이다. 사욕은 이목구비의 감각적인 욕망과 편하고 싶은 욕망, 많이 차지하고 싶은 욕망 등등이 있지만 그 본질은 한 사람이 차지하면 다른 사람이 차지할 수 없는 배타적 성질이다. 물론 유학의 특성상 이와 같은 욕망을 어느 정도는 정당한 것으로 받아들인다. 하지만 이런 욕망을 분별없이 추구하면 남의 욕망을 침해하기 마련이다. 이 때문에 이런 물욕에 가려져 있는 명덕을 깨끗하게 닦으면 본래의 모습을 회복하게 되는 것이다. 이것이 곧 처음상태를 회복(復初)하는 일이요, 본래의 모습을 회복(復性)하는 일이다.

두 번째 신민(新民)이다. 명덕을 밝히려고 노력하는 사람은 현재의 자기 자신에게 만족하지 않고 끊임없이 변화한다. 그것이 날로 새로워지는 길, 곧 일신(日新)이며, 진리에 조금씩 더 가까워지려는 노력이다. 그런데 대인(大人)은 자기 자신만을 새롭게 하는 것이 아니라 남들 또한 새롭게 되기를 희망한다. 이를테면 효제의 도리를 실천하는 것은 자신이 날로 새로워지는 것이지만 자신의 어버이만 사랑하는데서 멈추지 않고 다른 사람들도 그와 같은 길을 걷게 한다. 내가 효도를 실천하면서 남도 그렇게 할 수 있도록 도와주는 것이다. 그것이 바로 백성을 새롭게 해 나가는 신민(新民)의 과정이다.

순임금의 고사는 현실적으로 존재할 수밖에 없는 악에 대해 유학이 어떤 식으로 대처하는지를 잘 드러내주고 있다. 순임금은 대효를 실천한 인물로 칭송받는다. 대효란 자신의 어버이만 사랑하는 데서 그치는 것이 아니라 다른 사람들도 효를 실천할 수 있게 도와주는 것을 의미한다. 순임금의 아버지 고수(瞽瞍)는 도저히 고칠 수 없을 정도로 극악한 성품의 소유자였다. 그는 순임금의 이복동생이었던 상(象)과 함께 틈만 나면 순을 죽이기 위해 계획을 꾸몄다. 그러나 순은 끊임없이 효를 실천함으로써 결국 그들을 변화시키는 데 성공한다. 이것은 아무리 극악한 사람이라고 해도 명덕이라는 본래의 밝음을 그대로 간직하고 있다는 확신을 가지고 있기 때문에 이룰 수 있는 것이다. 그 때문에 유학에서는 악을 제거한다는 명분으로 인간을 말살하는 잔인한 행위는 용납하지 않는다. 현실적으로 존재하는 사람은 비록 악인이라 하더라도 가능한 모든 방법을 동원해서 그를 포용하려고 노력하는 것이 유학의 이념이다. 그런 사람도 자신을 새롭게 하기만 하면 얼마든지 선을 실천할 수 있는 존재라는 희망을 가지고 있기 때문이다.

그 때문에 유학자는 현실에서 아무리 부도덕이 만연하고 배신과 기만이 판을 친다하더라도 결코 현실을 떠나거나 냉소로 비아냥거리는 일없이 현실을 바꾸기 위해 노력한다. 이것이 신민이다. 당연히 그런 목표를 가진 사람은 천하 사람들에게 도덕적 실천을 촉구하기 이전에 자기 자신이 먼저 도덕적 행위를 실천하려고 노력한다. 자기 자신이 그렇게 하지 않으면서 남에게 요구할 수는 없기 때문이다. 아울러 자신이 가지고 있는 도덕적 열망이 다른 사람에게도 동일하게 있다고 생각하기 때문에 자신의 마음을 미루어 남에게 미쳐가는 것아다. 이것이 추기급인(推己及人: 자신의 마음을 미루어 남에게 미쳐감)이다. 자기 자신을 사랑하는 마음을 미루어 남을 사랑하고, 자기 어버이를 사랑하는 마음을 미루어 남의 어버이를 사랑하며, 자기 자식을 사랑하는 마음을 미루어 남의 자식을 사랑한다. 이렇게 조금씩 확충해 나가는 것이 바로 일신(日新)의 과정이요 신민의 실천이다. 물론 그렇게 함으로써 모든 사람이 지어지선에 이르게 하는 것이 궁극적인 목표이다.

세번째는 지어지선(止於至善)이다. 지어지선(止於至善)은 최고의 선에 머문다는 뜻이다. 그런데 여기서 지(止)는 단순히 '한 곳에 머물러 움직이지 않는다'거나 어떤 행위도 하지 않는다는 소극적인 태도를 의미하는 것이 아니라 불선(不善)한 곳을 떠나 지선(至善)이 있는 곳에 '가서 머문다'는 적극적인 의미를 지닌다. 이를테면 문왕이 임금 입장이 되어서는 인(仁)에 가서 머물고, 신하 입장이 되어서는 경(敬)에 가서 머물며, 자식 입장이 되어서는 효(孝)에 가서 머물고, 부모 입장이 되어서는 자(慈)에 가서 머물며, 사람들과 사귈 때는 신(信)에 가서 머문 것처럼 적극적으로 실천하는 것이다.[231]

공자는 가장 뛰어난 제자였던 안연이 인에 대해 묻자 '자신의 사욕을 극복하고 예로 돌아가는 것이 인(克己復禮爲仁)'이라고 대답

231 『대학』 전3장 : 爲人君, 止於仁, 爲人臣, 止於敬, 爲人子, 止於孝, 爲人父, 止於慈, 與國人交, 止於信.

하면서 한 사람이 하루라도 그렇게 할 수 있다면 천하가 인으로 돌아갈 것이라고 했다. 천하가 모두 인으로 돌아가는(天下歸仁) 상황이야 말로 지어지선과 다른 말이 아니다. 천하의 모든 사람들이 저마다 자신의 이익을 위해 물불을 가리지 않는 상황에서 모든 사람들이 서로 교류하고 대화하고 소통하는 사회를 바라고 그 이상을 실현하기 위해 노력하는 것은 마치 말라버린 나무에 물을 주는 것과 다를 바 없다. 완전히 죽은 나무라면 더 이상 살아날 수 없다는 것은 과학적이요 논리적인 판단이다. 하지만 포기하지 않고 다시 살아날 것이라는 희망을 가지고 정성을 다해 물을 주는 심정은 어떤 고난에도 좌절하지 않고 작은 희망을 이루기 위해 정진하는 실천하는 이의 용기이다.

내가 오늘 작은 선을 실천하는 것이 궁극적으로 공동체 전체의 선을 보장할 수 있다는 주장은 누가 봐도 실현 불가능한 이상론인 것처럼 보인다. 하지만 그것이 과연 실현 가능한가 아닌가를 미리 따지면서 실천을 회피하거나 세상을 떠나 은둔하는 태도는 적어도 유학의 가치에는 포함되어 있지 않는다. 그 때문에 공자는 '안 되는 줄 알면서 하려고 하는 사람'이라는 당시 지식인들의 비웃음을 뒤로 하고 천하를 돌아다녔던 것이다. 「대학」은 그런 소극적인 태도를 버리고 자신이 할 수 있는 일에 최선을 다하는 수인사대천명(修人事待天命)의 자세를 요구한다. 개인의 작은 실천을 통해 사회적 가치를 확보하는 것이 비록 현실적으로 어렵다 하더라도 그것이 개인이 도덕적 행위를 할 필요가 없다는 근거가 될 수는 없기 때문이다. 뿐만 아니라 내가 결정할 수 있는 것은 다른 사람의 행위나 눈앞에 보이지 않는 어떤 대상이 아니라 바로 지금 여기에 있는 나 자신의 구체적인 행위이다. 따라서 지어지선은 반드시 그렇게 해야 한다는 기필(期必)이 아니라 내가 하는 구체적 행위의 중요성을 확인하는 목표일 따름이다.

팔조목,
여덟 개의 실천 덕목

팔조목은 앞의 삼강령을 이루기 위해서 개인이 실천해야 할 구체적인 조목을 여덟 가지 단계로 구분한 것이다. 이를테면 맨 처음에 나오는 평천하는 천하 사람들이 모두 선에 머무는 지어지선이 현실로 구현되는 것을 의미한다. 또 다음의 치국과 제가의 두 조목은 남들이 명덕을 밝히도록 도와주는 신민과 다른 것이 아니다. 그리고 수신 이하의 다섯 조목은 모두 자신에게 있는 명덕을 밝히는 명명덕의 과정을 순서에 입각하여 체계화한 것일 뿐이다.

물론 삼강령의 이상인 지어지선이 명명덕에서 출발하는 것과 마찬가지로 팔조목의 경우도 평천하의 이상은 수기를 통해서 가능해 진다. 그 때문에 천하의 모든 사람은 한결같이 수신을 근본으로 삼아야 한다고 강조한다.[232]

곧 격물(格物)→치지(致知)→성의(誠意)→정심(正心)→수신(修身)→제가(齊家)→치국(治國)→평천하(平天下)의 순서로 이상적인 사회를 구현하고자 하는 것이 팔조목의 구체적인 내용이다. 하지만 이것은 반드시 앞의 것을 완성하고 다음 순서로 나가야 한다는 것을 의미하는 것은 아니다. 수신을 한 사람이 치국이나 평천하로 바로 나갈 수도 있다는 의미다. 이하에서는 이러한 팔조목에 대해서 살펴보도록 하겠다.

첫 번째는 치지재격물(致知在格物)이다. 평천하는 수신을 전제로 해야 가능하다. 그리고 수신은 앎을 분명히 하는 데서 시작해야 한다. 이때의 앎은 물론 명덕의 명이 뜻하는 것처럼 무엇이 선인지를 분명히 아는 일이다. 앎을 분명히 하기 위해서는 천하의 사물에 나아가서 구체적인 사물을 대상으로 이치를 탐구해야 한다. 여기서 사물(事物)은 사(事)와 물(物)로 나누어 보아야 한다. 물(物)은 구체적인 형상을 지닌 대상을 공간적으로 파악한 것이다. 당연히 공간 좌표에 그릴 수 있고 형상화 할 수 있다. 그에 비해 사(事)는 특정 사건이나 사태를 시간적으로 규정한 것이다. 곧 그 이전과 그 이후의 사건과 구별되는 시간 좌표에 나타나는 일이 '사'이다. 따라서 물은 내가 궁구해야 할 구체적인 대상을 의미하고 사는 내가 구체적인 대상과 마주하는 상황을 나타낸다. 궁구해야 할 사물의 이치는

232 『대학』경 1장 : 自天子以至於庶人, 壹是皆以修身爲本.

구체적인 대상과 마주하고 있는 상황, 곧 사태 속에서 내가 따라야 할 마땅한 도리를 의미한다. 따라서 이때의 이(理)는 자연현상 속에 내재하는 객관적인 물리가 아니라 각각의 사건과 사태 속에서 내가 마땅히 실천해야 할 도리이다. 이를테면 내가 부모라는 구체적인 대상을 마주하고 있는 상황 속에서 실천해야 할 마땅한 도리는 효(孝)이고, 친구라는 구체적인 대상을 마주하고 있는 상황 속에서 내가 마땅히 따라야 할 도리는 신(信)이다. 이것이 바로 앎의 대상이며 이런 앎은 당연히 일상생활 속에서 실천하지 않으면 파악되지 않는다. 구체적인 대상과 마주하면서 몸으로 실천하는 격물을 통해서 치지가 가능하고 치지를 통해서 자신의 뜻을 성실하게 할 수 있다. 이런 식으로 천하의 사사물물(事事物物)을 모두 궁구해 나가는 것이 격물이다. 하지만 어느 세월에 천하의 사사물물을 모두 탐구할 수 있겠는가? 마땅히 아는 것부터 먼저 실천해 나가야 할 것이다.

두 번째는 성의(誠意)이다. 마음속으로는 선(善)에 뜻을 두고 있지는 않지만 남의 손가락질이 두려워 겉으로 선한 체하는 것은 소인의 태도라고 할 수 있다. 그들은 항상 숨어 있는 존재로 남고 싶어한다. 남을 두려워하기 때문이다. 그 때문에 남이 보고 있을 때는 마지못해 선행을 하지만 익명성이 보장되면 선행을 포기한다. 뿐만 아니라 항상 남의 행동을 비난함으로써 자신을 정당화하려고 한다. 하지만 남의 부당성을 밝혀냈다고 해서 그것이 자신의 정당성을 입증해 주지는 않는다. 결국 스스로를 속이는 위선에 떨어질 뿐이다. 비록 도덕을 외치지만 그들의 도덕은 노예의 도덕에 지나지 않는다.

'성의'는 이와 같은 거짓된 태도에서 벗어나는 일이다. 자신의 뜻을 진실하게 하는 군자는 무엇보다 자신을 속이지 않는 것(毋自欺)이다. 그 때문에 군자의 선행은 마치 모든 사람이 악취를 싫어하고 호색을 좋아하듯 자연스러운 것이다. 스스로를 속이지 않는 태도는 신독(愼獨)으로 나타난다.[233] 남의 시선보다 자신을 더 두려워하기 때문이다. 자기 자신이 바라보는 자신의 행위는 마치 열 개의 손가락이 가리키고 열 개의 눈이 지켜보는 것과 같다.[234] 그만큼 남을 속이기는 쉽지만 자신을 속이기는 어렵다. 성의는 바로 자기 자신의 기준을 만족시키는 일이다. 물론 그 기준은 모든 사람이 가지고 있는 명덕의 발로이다. 물질적 풍요는 집을 멋있게 꾸며주지만 이와 같은 정신적 만족감은 몸을 윤택하게 해준다. 그 때문에 군자의 마음은 넓고 몸은 반듯하다. 자신을 돌아볼 때 한 점의 부끄러움도 없기 때문이다.

세 번째는 정심(正心)이다. 몸의 주인은 마음인데 그 때문에 마음이 없으면 보아도 보이지 않고 들어도 들리지 않으며 먹어도 그

---

233 『대학』전 6장 : 所謂誠其意者, 毋自欺也, 如惡惡臭, 如好好色, 此之謂自謙, 故君子, 必愼其獨也.

234 『대학』전 6장 : 曾子曰, 十目所視, 十手所指, 其嚴乎.

맛을 알지 못하는 것이다.[235] 이렇게 되면 자신의 몸을 단속할 수 없다. 따라서 사사물물을 탐구할 때는 항상 마음을 한 곳에 집중해야 한다. 그것이 바로 경(敬)이다. 경은 마음을 한 곳에 집중하여 다른 데로 빠지지 않는 상태(主一無適)로 자신의 내면에 있는 명덕을 마주하는 정신적 긴장과 다른 것이 아니다. 하지만 마음속에 분노나 두려움, 특별한 것을 좋아하거나 근심이 있으면 내면의 목소리에 귀를 기울일 수 없고 당연히 외부의 사물도 올바로 파악할 수 없다. 따라서 마음속에 있는 일체의 편견을 벗어 던지고 경을 실천하는 것이 마음을 바로 세우는 일이다.

네 번째는 수신(修身)이다. 공자는 제자 자로가 군자에 대해 묻자 "군자는 경으로 자신을 수양한다(修己以敬)"라고 대답했다. 자로가 다시 묻자 "자기를 수양하여 남을 편안하게 해 준다(修己以安人)"라고 대답했으며, 마지막으로 "자기를 수양하여 백성을 편안하게 한다(修己以安百姓)"라고 대답해 주었다. 이어서 공자는 자기를 수양하여 백성을 편안하게 해주는 일은 요임금이나 순임금 같은 성인도 스스로 불만스러워했다고 덧붙였다.[236]

그 만큼 모든 백성을 편안하게 하는 일은 어려운 일이다. 하지만 그 일도 결국 수기를 통해서 가능하다. 수기는 대학의 수신과

235 『대학』전 7장 : 心不在焉, 視而不見, 聽而不聞, 食而不知其味.

236 『논어』「헌문」: 子路問君子, 子曰, 脩己以敬. 曰, 如斯而已乎. 曰, 脩己以安人. 曰, 如斯而已乎. 曰, 脩己以安百姓, 脩己以安百姓, 堯舜, 其猶病諸.

같고 안인과 안백성은 대학의 제가, 치국, 평천하를 표현한 것이다. 치인을 안인이라고 표현한 데서 알 수 있듯이 남을 다스리는 일은 사람을 억압하거나 강제하는 것이 아니라 사람을 살리고 편안하게 해 주는 일이다. 평천하, 치국, 제가의 이상은 목적이지만 그 이상은 수신을 전제로 할 때 가능하다. 수신은 다른 사람과의 관계를 맺기 이전에 자신의 명덕을 밝혀내는 기본적인 과정이기 때문이다.

격물에서 정심에 이르는 과정은 모두 수신을 이루기 위한 구체적인 조목이다. 이와 같은 과정을 통해 자신의 몸을 깨끗하게 닦은 다음 그것을 다른 사람과의 관계 속에서 발휘하는 것이 안인(安人)이자 치인(治人)이다.

다섯 번째는 제가(齊家)이다. 평천하는 다름 아닌 천하의 모든 사람이 각자 자신에게 부여된 명덕을 밝히는 것이다. 치국과 제가도 규모만 다를 뿐 같은 내용으로 모두 남을 다스리는 일에 속한다. 제(齊), 치(治), 평(平)은 모두 사심을 배제하고 '고르게 다스린다'라는 뜻이고 그 대상은 타인이기 때문이다. 하지만 관계의 멀고 가까움을 기준으로 말하면 자기 주변에서 일상적으로 만나는 사람들, 곧 가장 직접적인 관계를 형성하는 사람들이 우선시 된다. 그와 같은 직접적인 관계 속에서 자신의 도리를 실천하는 것이 제가이다. 이를테면 부모에게 효도하고 어른을 공경하는 일이 곧 제가이며 형을 공경하고 아우를 사랑하는 일이 제가라고 할 수 있다.

가까운 사람들과의 관계는 작은 일이지만 중요한 일이다. 그 때문에 「시경」에서도 "그 몸가짐에 어긋남이 없기 때문에 비로소 사방의 나라를 바로 잡을 수 있다"라고 했다. 이는 부모와 자식, 그리고 형제 등의 가까운 사람들이 충분히 본받을 만한 뒤에 백성이 본받는다고 생각했기 때문이다.

여섯 번째는 치국(治國), 평천하(平天下)이다. 천하 국가를 다스리는 경우 덕을 밝히는 일은 근본이고 재물을 모으는 일은 말단적인 일이다. 만약 근본을 도외시하고 말단만을 추구하면 백성이 다투어 서로의 것을 빼앗게 된다. 그 때문에 뛰어난 통치자는 자신의 재물을 흩어서 백성을 모은다. 통치자 개인에게 재물이 모이면 백성이 흩어지고 재물이 흩어지면 백성이 모이기 때문이다. 이렇게 할 수 있는 까닭은 자신의 바람을 백성의 바램과 일치시키기 때문에 가능하다. 그것이 곧 혈구지도(絜矩之道)이다.

혈구지도란 자신의 내면에 있는 올바른 법도를 헤아려 그것을 남과의 관계에 적용하는 일이다. 곧 자기가 바라지 않는 일을 남에게 베풀지 않는 것이다. 군자는 백성이 좋아하는 것을 자신도 좋아하고 백성이 싫어하는 것을 자신도 싫어한다. 천하의 백성이 그를 부모와 같이 여기는 강한 유대는 여기서 비롯된다. 이 때문에 나라를 다스릴 때는 이익을 이익으로 삼지 않고 의(義)를 이익으로 삼는다고 하였다.[237] 여기서 앞의 이익은 남의 것을 빼앗지 않으면 만족하지 않는 이기적 욕망을 말하며 뒤의 이익은 모든 사람이 함께 이로움을 누리는 공익이다. 물론 그러한 공익은 사람과 사람의 관계를 중시하는 의라는 사회적 가치를 실현할 때 가능하며 그 시작은 개인이 자신의 명덕을 밝혀내는 일에서 시작된다.

친민(親民)인가 신민(新民)인가?

삼강령 가운데 논란거리가 된 부분이 있는데 그것은 바로 '친민'과 '신민'에 대한 논쟁이다. 「예기」의 원문은 '친민(親民)'으로 되어 있는데, 정자와 주자에 의해서 '신민(新民)'으로 읽고 해석해야 한다고 생각하면서 논쟁이 시작됐다. 친민은 백성과 친하게 된다는 뜻이고, 신민은 백성을 새롭게 만든다는 뜻으로 백성을 대하는 접근 방법이 서로 다르다. 주자는 적극적인 방법으로 백성을 교화시켜야 한다고 생각했기 때문에 신민이라 주장했던 것이고 왕양명은 백성과 친해야 한다고 생각하고 이것이 바로 인의 본래 의미라고 여겼던 것이다. 그리하여 친민을 그대로 읽어야 한다고 했다.

비록 한 글자의 차이에 불과하지만 여기에는 많은 의미가 담겨 있다. 「대학」에는 "일일신 우일신(日日新 又日新)"이라는 말도 나오고 "유신(維新)"이라는 말도 보인다. 그렇게 본다면 주자가 신민이라

---

237 『대학』전 10장 : 此謂國, 不以利爲利, 以義爲利也.

고 읽는 것도 충분히 공감이 간다.

왕양명의 이 비판으로부터 촉발된 친민과 신민에 대한 논쟁은 500년이 지난 지금까지도 계속되고 있다. 그러나 「예기」 속의 「대학」, 즉 원래의 『대학』에는 '신민(新民)' 또는 '유신(維新)'이라는 말이 나오기 때문에 「대학」에 대한 주자의 개정을 좋지 않게 바라보는 학자라도 이 점만은 주자를 지지하는 사람이 많다.

일반적으로 친민과 신민 논쟁을 이해하는 관건은 명명덕어천하(明明德於天下)를 어떻게 해석하느냐에 달려있다. 즉 경제나 문화, 정치 등 주변 환경을 알맞게 만들어주면 백성이 스스로 알아서 도덕을 행하게 된다고 한다면(이는 인간에 대한 소박한 믿음을 전제로 한 것이다) '친민'이, 환경의 조성뿐만 아니라 일정한 교육을 시행하여 백성을 이끌어주어야만 백성의 밝은 덕을 밝힐 수 있다고 본다면 '신민'이 맞는 것이다.

현대인이 대학을 읽어야 하는 이유

대학에 다니면서도 그 명칭의 유래를 모르는 것은 물론 「대학」의 내용도 모르는 사람이 많다. 성인이 되었으면 성인으로서의 생각과 행동이 뒤따라야 할 텐데 요즘은 자신이 성인이면서도 성인임을 알지 못하는 경우도 많다. 「대학」은 바로 성인이 읽어야 할 내용을 담고 있다.

「대학」에는 사물을 인식하는 방법과 수신의 근본을 언급하는 것은 물론 국가를 다스리고 인류를 평화롭게 만드는 거대한 목표가 수록되어 있다. 따라서 「대학」은 단순히 수신에 관한 책이 아니라 원대한 목표를 설정하고 그것을 실현하기 위한 절차와 방법, 마음과 몸가짐에 대한 도리를 두루 설파하고 있다. 당시에는 15세에 「대학」을 읽기 시작했다고 하니 오늘날의 중학생에 불과한 나이에 원대한 꿈을 가지게 한 것이다.

인생을 설계한다면 반드시 「대학」과 같은 커다랗고 원대한 그림을 그린 다음에 그 안에 들어갈 아기자기하고 작은 도리를 두루 배치해야 할 것이다. 만약 거시적 안목이 없이 가까운 곳에 눈을 둔다면 머지않아 장애물을 만나거나 막다른 골목에 멈추고 말 것이다. 대인으로서 인생을 설계한다면 「대학」을 읽고 깊이 성찰하는 것이 한 방법이다. 단순하게 고대인의 삶이 아니라 21세기를 살아가는 현대인의 삶에도 중요한 점을 알려주기 때문이다.

제11장

주자가례

예(禮)는 조화로움이 최상이다

朱子家禮

예에는 '근본'과 '문식'이 있다. 집에서 행하는 것으로 말하면, 명분을 지키는 것과 사랑하고 공경하는 진실함이 근본이고, 관혼상제나 형식적인 제도와 같은 것이 바로 문식이다. 근본은 집에서 일상적으로 사용하는 예법이므로 하루라도 닦지 않을 수 없다. 문식 또한 모두 인도의 시종(始終)을 바로세우는 것이다. 비록 시행하는 때가 있고 시행할 장소가 있더라도 분명하게 강구하고 확실하게 익히지 않으면 일에 처했을 때 이치에 부합되고 절도에 상응하지 못할 것이니 이 또한 하루라도 강습하지 않을 수 없다.

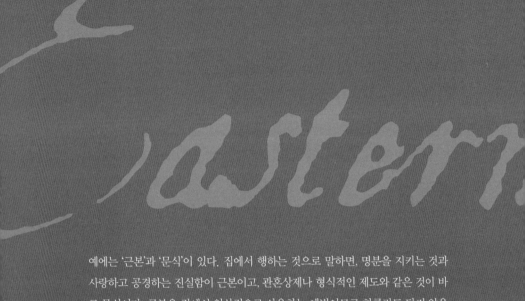

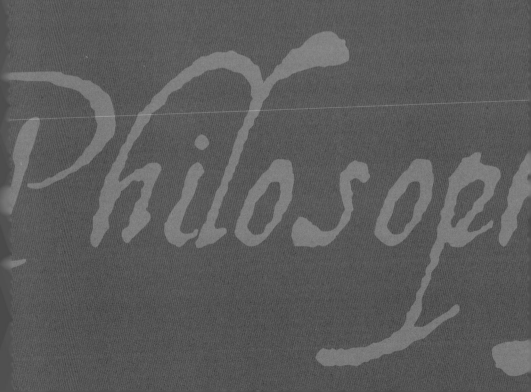

예의 기준서,
주자가례

공자를 중심으로 한 유가는 예에 관한 전문가 집단이다. 그렇기 때문에 어떤 경우라도 예를 중시하고 실천할 것을 강조했다. 공자가 살았던 2,500년 전만 그런 것이 아니라 21세기를 살고 있는 우리에게도 예는 매우 중요하다. 예는 사람과의 관계를 원활하게 만드는 도구이기도 하며, 인간성을 알 수 있는 척도이기도 하고, 타인을 배려하는 양심의 소리이기도 하다. 또한 국가와 가정, 조직과 사회를 움직이는 각종 제도와 규율도 예의 범주에 속한다. 따라서 예는 동서고금을 막론하고 단 하루도 사람의 곁을 떠나서 존재한 적이 없었다.

우리민족은 특히 동방예의지국이라는 이름을 자랑스럽게 여기며 예스러운 민족임을 커다란 자긍심으로 여기며 살아왔다. 우리나라가 본래부터 예를 중시하는 민족이었다고 해도 가장 큰 영향은 바로 「주자가례」가 전래된 이후라고 해야 할 것입니다. 물론 고대에도 예에 관한 경전이 있지만 그것을 모든 사람에게 준용하게 만든 것은 바로 이 책의 영향이다.

「주자가례」는 송대 성리학의 대가인 주희가 일상생활에 관한 예설을 집록한 책으로 본래 명칭은 「주문공가례」이며, 「사고제요(四庫提要)」에는 '가례'라는 제목으로 5권이 있으며, 부록(附錄) 1권이 함께 실려 있다. 이 책의 저술은 일반적으로 주자라고 알려져 있기 때문에 주자가례라고 통칭하는 것이 좋을 것 같다. 하지만 원나라와 청나라 이후 주자의 저술이 아니라는 주장이 제기되기도 했다.

주자는 모친이 돌아가시자 상을 치르는 데 예를 다하였으며, 그 이후 고금의 예를 참작하여 관혼상제의 예법을 완성하였고 그것을 「가례」라고 하였다. 그런데 어떤 아이가 이 책을 훔쳐서 달아났다가 주자가 세상을 떠나자 장례일에 어떤 선비가 가지고 와서 세상에 빛을 보게 되었다고 한다. 「주자가례」가 누구이 손에 의해서 완성되고 전래되었는지의 문제보다 더욱 중요한 것은 이 책이 만들어진 이후 모든 예법의 기준이 되었다는 사실이다. 특히 우리나라에는 성리학과 함께 도입된 이후 예학이라는 학문을 탄생시킨 것도 바로 「주자가례」의 영향이다.

「성리대전서(性理大全書)」 권18~21에 실린 「가례」를 기준으로 살펴보면, 권1은 가례도설(家禮圖說), 권2는 가례서(家禮序) · 통례(通禮) · 관례(冠禮) · 혼례(昏禮), 권3은 상례(喪禮), 권4는 상례와 제례(祭禮)로 되어 있다. 이 책은 사마광의「서의」가 전통적인 의례의 비중을 7할 정도로 잡고 나머지를 금례(今禮)로 참고한 것에 반하여,「의례」를 반 정도로 삼고 속례(俗禮)와 주희 나름의 독자적인 형식을 덧붙였다. 그러나 사마광의「서의」에서 편차를 이어 받았으며, 그의 설을 이어받고 있다.

「주자가례」는 우리나라에도 성리학 수입 초창기에 전래되어, 조선조 성리학자들에게 커다란 영향을 주었다. 특히 17세기 이후 예학의 흥기와 아울러 우리나라 사대부가의 의례로 정착되었으며, 주석서들이 여러 유학자의 손에 의해 저술되었다. 예컨대 인종 때 김인후(金麟厚)의「가례고오(家禮攷誤)」, 명종 때 이언적(李彦迪)의「봉선잡의(奉先雜儀)」, 이황(李滉)의「퇴계상제례문답(退溪喪祭禮問答)」 등이 있으며, 그 후에도 선조와 인조를 거쳐 고종에 이르기까지 수많은 예학서가 출현하였다. 이는 결국 이「주자가례」가 우리 유학사에서, 특히 예학 부문에서 어떤 위치를 차지했던가를 반증하는 것이며, 우리 민족의 예법에 얼마나 많은 영향을 주었지 알수 있는 대목이다.

예의 근본과 형식

예는 인간이 살아가면서 한 순간도 벗어날 수 없다. 밥을 먹을 때도, 말을 할 때도, 옷을 입는 것에도 모두 예가 있어야 한다. 그런데 그 예는 일종의 사회적 약속이다. 그래서 모든 사회에 똑같이 적용되는 것이 아니라 시대와 장소에 따라서 서로 달라지는 것이다. 하지만 적어도 한 시대를 같은 지역에서 사는 사람들에게는 서로 지켜야 하는 도리로 여겨졌다.

쉽게 생각하면 예의를 지키는 것은 형식을 잘 지키는 것이라고 생각될지 모르지만 예는 근본과 형식이 잘 조화를 이루어야 하는 것이다. 예의 근본은 사람을 사랑하고 공경하며 상대를 배려하는 마음에 있다. 그런 다음에 일정한 형식이 그 뒤를 따르게 된다. 만약 이러한 마음이 전제되지 않으면 아무리 형식을 잘 갖췄다고 하더라도 그것은 위선에 지나지 않게 된다.

"예에는 근본과 문식이 있다. 집에서 행하는 것으로 말하면, 명분을 지키는 것과 사랑하고 공경하는 진실함이 근본이고, 관혼상제나 형식적인 제도와 같은 것이 바로 문식이다. 근본은 집에서 일상적으로 사용하는 예법이므로 하루라도 닦지 않을 수 없다. 문식 또한 모두 인도의 시종(始終)을 바로세우는 것이다. 비록 시행하는 때가 있고 시행할 장소가 있더라도 분명하게 강구하고 확실하게 익히지 않으면 일에 처했을 때 이치에 부합되고 절도에 상응하지 못할 것이니 이 또한 하루라도 강습하지 않을 수 없다."[238]

위의 글은 주자가 쓴 서문에 나오는 내용인데, 여기서 말하는 문식이란 꾸밈이며 바로 형식을 말한다. 많은 사람이 예의 형식에 대해서 공부하고 가르치지만 그보다 중요한 것은 예의 정신이라는 사실을 잊지 말아야 한다. 제례를 잘 치르는 것보다 더 중요한 것은 먼저 세상을 떠난 사람을 추모하는 마음과 정성에 있으며, 상례를 잘 치르는 것보다 더 중요한 것은 슬퍼하는 마음에 있는 것이다. 아무리 형식을 잘 갖추고 성대하게 음식을 준비한다고 해도 정성이 없는 것은 올바른 예가 아니다. 그래서 주자는 근본과 문식을 모두 중요하게 여겼으며, 그 둘 사이의 조화로움을 추구한 것이다. 그리고 평소에 예에 대해 익혀두지 않으면 일이 발생했을 때 경황이 없고 당황하게 되어 일을 그르칠 수 있기 때문에 수시로 익혀두어야 하는 것이다.

238 『주자가례』 가례서 : 凡禮有本有文, 自其施於家者言之, 則名分之守, 愛敬之實, 其本也. 冠昏喪祭儀章度數者, 其文也. 其本者, 有家日用之常體, 固不可以一日而不修. 其文又皆所以紀綱人道之始終, 雖其行之有時, 施之有所, 然非講之素明習之素熟, 則其臨事之際, 亦無以合宜而應節, 是亦不可一日而不講且習焉者也.

책임의식을 깨우치는 관례

요즘은 매년 5월 세 번째 주 월요일이 성년의 날로 정해져 있다. 그런데 어버이 날에는 부모한테 카네이션을 선물하지만 성년의 날에 어떤 특정한 선물을 한다는 말은 아직까지 듣지 못했다. 그러면 성년의 날은 무엇을 하면서 보내는 것일까? 여기에 대해서 대답할 수 있는 사람은 없을 것이다. 왜냐하면 정해진 행사와 형식이 없기 때문이다.

예전 사람들은 남자와 여자 모두 15세 이상이면 성년식을 통해 성인이 되었는데 성년에 해당하는 나이가 되면 관례나 계례라는 형식을 통해서 어른이 되는 절차를 밟았다. 오늘날처럼 간단하게 하는 의식이 아니라 매우 성대하고 큰 의식이었다. 정월 가운데 날짜를 택하고 의식을 집행할 빈(賓) 초빙하여 세 번에 걸쳐 머리에 쓰는 모자와 옷을 바꿔 입히고, 머리 모양을 바꿔주는 것이 관례였다. 여자는 비녀를 꽂는 의식이기 때문에 계례라고 한다. 남자나 여자 모두 길게 땋았던 머리를 올려 상투를 틀거나 쪽을 찌는 것이다. 그리고 그 의미는 이제 성년이 되었기에 자신의 언행에 대해 스스로 책임을 지우는 것이다.

"옛날에는 20세가 되면 관례를 하는데, 모두 성인(成人)의 예를 책임지게 하는 것이다. 장차 자식과 아우, 신하와 젊은 사람으로서의 행동을 그 사람에게 책임지우는 것이기에 그 예를 중요하게 여기지 않을 수 없다."[239]

의식을 집행하는 빈은 아버지의 친구 가운데 예에 대해서 밝고 덕망이 있거나 학식이 높은 사람을 택했다고 한다. 그리고 행사에 필요한 기물을 설치하고 예를 돕는 사람들과 집안 어른들이 함께 참여하여 의식을 진행하게 된다.

관례는 시가례, 재가례, 삼가례라고 하는 절차가 가장 중요한데, 이것은 남자에게 세 번의 옷을 갈아입히고 모자를 바꿔 씌우는 절차다. 어렸을 때 입었던 옷을 벗고 어른의 복장으로 갈아입게 되는데 집에 있을 때 입는 옷, 외출할 때의 복장, 관리가 되었을 때의 복장을 차례로 입히면서 각 절차마다 축사를 해준다.

"길한 달 좋은 날에 비로소 어른의 옷을 입혔으니, 너의 어린 생각을 버리고 어른으로서의 덕을 이루라. 그리하면 장수하고 상서로우며 복을 누리라."[240]

239 『주자가례』 권2 관례 : 古者, 二十而冠, 皆所以責成人之禮. 蓋將責爲人子爲人弟爲人臣爲人少者之行於其人, 故其禮不可以不重也.

240 『주자가례』 권2 관례, 시가 축사 : 吉月令日, 始加元服, 棄爾幼志, 順爾成德, 壽考維祺, 以介景福.

"길한 달 좋은 때에 거듭 너에게 옷을 입히니, 너의 몸가짐을 삼가고 너의 덕을 착하고 신중하게 하여 영원토록 장수하고 오래 큰 복을 누리라."[241]

"좋은 해 좋은 달에 너의 옷을 모두 다 입혔으니, 형제가 함께 살면서 덕을 이루고 늙도록 오래 살아 하늘의 경사를 받으라."[242]

이상과 같이 세 번에 걸쳐 모자와 옷을 갈아입고 난 뒤에는 술을 따라주는 초례를 행하고 자(字)를 지어준다. 자를 지어주는 이유는 이름을 공경하는 의미에서 어른이 되었기에 이름 대신 별칭을 부르는 것이다. 이름은 곧 그 사람을 나타내는 것이므로 임금이나 부모가 아니면 함부로 부르지 않는 것이 예법이었다. 그리고 집안 어른과 동네 어른들을 찾아뵙고 어른이 되었음을 알리게 된다. 마지막으로 참석한 사람들에게 술과 음식으로 대접을 하게 된다. 「예기」에는 관례의 의미에 대해서 다음과 같이 말하고 있다.

"사람이 사람답게 되는 까닭은 예의 때문이다. 예의의 시작은 몸가짐을 바르게 하고, 안색을 가지런하게 하고, 응대하는 말을 순하게 하는

241 『주자가례』 권2 관례, 재가 축사 : 吉月令辰, 乃申爾服, 謹爾威儀, 淑愼爾德, 眉壽永年, 享受遐福.

242 『주자가례』 권2 관례, 삼가 축사 : 以歲之正, 以月之令, 咸加爾服, 兄弟具在, 以成厥德, 黃耉無疆, 受天之慶.

데 있다. 몸가짐을 바르게 하고 안색을 가지런하게 가지며 응대하는 말을 순하게 한 후에 예의가 갖추어지고, 이로써 임금과 신하가 바르게 되고, 부자가 친하게 되며, 어른과 아이가 조화를 이루게 된다. 군신이 바르게 되고 부자가 친하게 되고 장유가 조화를 이룬 뒤에 예의가 확립되는 것이다. 그러므로 관(冠)이 있은 뒤에 옷이 갖추어지며, 옷이 갖추어진 뒤에 몸가짐이 바르게 되고 안색은 평정하게 되며 응대하는 말이 순하게 되는 것이다. 따라서 관이란 예의 출발이라고 말한다. 이런 까닭으로 옛날의 성왕들은 관을 중시하였던 것이다. 옛날에 관례를 할 때에 날짜를 점치고 주빈을 점친 것은 관사(冠事)를 공경한 까닭이다. 관사를 공경한 것은 예를 중시한 까닭이요, 예를 중시함은 나라를 다스리는 근본이 되기 때문이었다. 그러므로 관례는 동쪽 섬돌에서 행하며, 이로써 아버지의 대를 이어감을 밝히는 것이다. 객위(客位)에서 초례(醮禮)를 행하며, 삼가(三加)하여 더욱 높이고, 관을 더하여 예가 이루어지는 것이다. 이미 관례가 끝난 다음에 자(字)를 지어주는 것은 곧 성인(成人)의 도리로 대하는 것이다. 어머니에게 보여드리면 어머니가 절하고 형제에게 보여 주면 형제가 절하니, 성인으로서 함께 예를 행하는 것이다. 현관에 현단으로 갈아입고, 임금 앞에 폐백을 올리고, 나아가 폐백을 가지고 향대부(鄕大夫)와 향선생(鄕先生)을 뵈니, 성인(成人)으로서 뵙는 것이다. 성인이 된다는 것은 장차 성인의 예를 책임지게 하는 것이다. 성인의 예를 책임지게 하는 것은 장차 자식과 아우, 신하와 연소자가 된 사람으로서의 예를 행하는 것이다. 장차 이 네 가지를 사람에게 행하도록 책임지우는 것이니, 그 예가 중요하지 않을 수 있겠는가? 그러므로 효(孝), 제(悌), 충(忠), 순(順)의 행실이 성립된 뒤에야 사람답게 될 수 있는 것이요, 사람답게 된 뒤에야 다른 사람을 다스릴 수 있는 것이다. 그러므로 성왕(聖王)들은 예를 중요하게 여겼던 것이다. 그러므로 관례를 하는 것은 예의 시작이며, 좋은 경사의 중요한 부분이라고 말한다. 이런 까닭으로 옛날에는 관례를 중요시하였던 것이다. 관례를 중요시하였기 때문에 사당에서 이것을 행하였던 것이다. 사당에서 관례를 행한 것은 그 일을 존중한 까닭이며, 그 일을 존중함으로써 감히 중대사를 함부로 자행하지 못하였고, 중대사를 함부로 자행하지 못한 것은 자신을 낮추고 선조를 높였기 때문이다."

두 가문의 만남,
혼례

요즘은 대부분 해가 중천에 떠 있는 시간에 혼례를 치른다. 그런데 본래 혼례는 해가 지고 달이 뜨는 즈음에 하는 것이었다. 양이 가고 음이 오는 때이기 때문이다. 그래서 혼례가 끝나면 자연스럽게 합방하는 시간이 되는 것이다. 혼례라고 하는 한자도 본래는 저물 혼(昏) 자를 사용하여 혼례(昏禮)였는데 요즘에는 혼례(婚禮)라고 쓴다.

본래 고대에는 혼례에 여섯 가지 절차가 있었는데 주자는 이것을 네 가지로 줄였다. 혼사를 의논하는 의혼(議婚), 채택하는 예를 드리는 납채(納采), 폐백을 드리는 납폐(納幣), 신랑이 직접 신부를 맞이하는 친영(親迎)이 바로 그것이다.

오늘날의 혼례는 두 사람의 의견이 중요하지만 과거에는 이성지합(二姓之合)이라고 하여 가문과 가문의 만남이라고 한다. 따라서 혼인을 논의하는 절차부터 집안 어른들에 의해 주도되었다고 할 수 있다. 그리고 모든 절차에는 사당에 아뢰는 의식이 있다. 사당은 조상의 신주가 있는 곳으로 마치 살아있는 부모에게 보고하듯 중요한 일이 있을 때는 반드시 알리는 것이 예법이었다.

「주자가례」가 만들어지던 시기나 오늘날이나 할 것 없이 혼례에서 문제가 되는 것은 역시 부귀였다. 혼례 당사자의 인격이나 사람됨을 중시하는 것보다 부귀한 집안과 혼인하기를 바라는 것이 문제였던 것이다.

"혼인을 의논하는 데는 마땅히 먼저 그 사위와 며느리의 성품과 행동을 살피고 집안의 법도가 어떠한지를 살피고 단지 그의 부귀를 사모하지 말아라. 사위가 진실로 어질면 지금 비록 가난하고 천하더라도 다른 날에 어찌 부귀하지 않을 줄을 알 수 있겠는가? 진실로 불초하면 지금 비록 부유하고 넉넉하지만 다른 시절에 빈천하지 않을 줄을 어찌 알겠는가? 며느리란 것은 집안의 성쇠(盛衰)와 관련이 있다. 구차하게 한 때의 부귀를 사모하여 장가들면 아내는 그 부귀함을 믿고서 남편을 가벼이 여기거나 시부모를 업신여기지 않을 사람이 적을 것이다. 교만하고 질투하는 성품을 기르면 다른 날에 근심되는 것이 어찌 끝이 있겠는가? 설령 며느리의 재산으로 부유해지고 며느리의 권세에 의지하여 귀해져도 진실로 장부의 의지와 기개가 있는 사람이라면 부끄러움이 없을 수 있겠는가?"[243]

오늘날에도 전통혼례를 하는 사람들이 있는데, 간혹 본래의 예법과 달리 해석하거나 행하는 경우가 있다. 특히 신랑과 신부의 위치가 문제가 되는데 주례가 보기에 신랑이 왼쪽에 서고 신부가 오른쪽에 서는 것이 본래의 예법이다. 이것은 서양식 혼례에서도 같다. 그런데 이상하게도 요즘의 혼례에서는 신랑과 신부의 위치가 바뀌어 있다. 동양과 서양이 모두 신랑을 왼쪽에 세우는데 어디서 만들어진 예법인지 알 수가 없다.

또한 혼례가 끝나면 폐백이라는 것을 하는데, 요즘은 예식장 내에 작은 공간을 활용해서 신랑의 부모와 가족들이 모여서 신부에게 밤과 대추를 던져주고 자녀를 많이 낳으라고 한다. 그런데 이

---

243 『주자가례』 권3 혼례 : 司馬溫公曰, 凡議昏姻, 當先察其, 與婦之性行, 及家法何如. 勿苟慕其富貴, 苟賢矣, 今雖貧賤, 安知異時 不富貴乎. 苟爲不肖, 今雖富盛, 安知異時, 不貧賤乎. 婦者, 家之所由盛衰也. 苟慕其一時之富貴而娶之, 彼挾其富貴, 鮮有不輕其夫而傲其舅姑. 養成驕妬之性, 異日爲患, 庸有極乎. 借使因婦財以致富, 依婦勢以取貴, 苟有丈夫之志氣者, 能無愧乎.

것은 사실 잘못된 것이다. 본래 폐백은 신부가 시부모에게 올리는 예물이며, 밤과 대추를 올리는 것은 한자에서 뜻을 취한 것이다. 밤 율(栗)은 두려울 율(慄)과 음이 같고, 대추 조(棗)는 일찍 조(早)와 음이 같다. 따라서 두려운 마음으로 항상 일찍 일어나서 부지런히 가족들을 잘 보살피겠다는 의미를 밤과 대추로 대신하는 것이다. 그러니까 요즘에 행하는 폐백은 완전히 잘못된 것이라고 할 수 있다. 신부가 올리는 것을 시부모가 던져주는 형국이 되었고, 본래 의미도 전달하지 못하는 것이다. 언제 이렇게 되었는지 알 수 없지만 전통의 예법이 무너지면서 와전된 것 같다.

중국에서 유입된 「주자가례」가 우리나라에 그대로 적용된 것은 아니다. 특히 주자가 말한 친영이라는 절차는 신랑이 신부를 맞이해서 돌아와 신랑 집에서 예를 올리는 것을 말하는데 우리나라에서는 친영의 예가 행해지지 않았다고 한다. 우리나라는 그와 달리 신부의 집에서 혼례를 올리고, 다 끝난 뒤에 신부를 데리고 신랑의 집으로 오는 것이다. 중국과 정 반대라고 할 수 있다. 율곡 선생은 「주자가례」를 준용하도록 권했지만 친영의 예법이 행해지지 않은 것은 중국과 우리나라의 상황이 다르기 때문이다. 즉, 신랑이 신부의 집에 가서 혼례를 치르는 경우, 혼례가 끝난 후에 그곳에서 머물러 사는 경우가 대부분이었다. 따라서 신부의 집에서는 남자의 노동력을 가지고 올 수 있었다. 그러한 이유로 중국의 친영례를 따를 수 없었던 것이다.

오늘날에는 축가도 부르고 음악을 연주하는 경우도 많은데 과거에는 혼례 때 음악을 연주하지 않았다고 한다. 부모의 대를 잇는 의미로 볼 때 반드시 즐거운 일만은 아니었다고 생각한 것 같다.

생명을 소중히 여기는 상례

『주자가례』에서 가장 많은 분량을 차지하고 있는 것이 상례이다. 그만큼 상례는 복잡하고 어려운 것은 물론 3년이라는 긴 시간을 지내야 하기 때문에 상례를 모두 아는 것은 쉬운 일이 아니다.

상례에는 많은 의미가 내포되어 있는데 그 가운데 가장 큰 것은 생명의 소중함이다. 상복의 종류나 상의 기간이 다른 것도 여기에 근거한다. 그래서 유가의 친친(親親) 원리가 상례의 절차에 담겨 있는 것이다. 가까운 사람이 세상을 떠났을 때는 거친 상복을 입고 관계가 소원할수록 점차 더 나은 상복을 입는다. 또한 부모가 돌아가시면 3년 동안 상을 입지만 그 외의 사람에게는 친소에 따라 1년 혹은 9개월, 5개월, 3개월의 상을 입게 된다.

오늘날은 대부분의 상례를 병원이나 장례식장에서 행한다. 그 결과 과거와 같은 상례가 행해질 수 없고 모든 의식이 간소화되고 말았다. 상례는 가옥구조와 밀접한 관계가 있기 때문이다. 임종의 순간에 머리를 동쪽으로 돌려 생기를 받아 다시 살아오도록 하는 희망하며, 시신을 땅바닥에 눕히는 것, 숨이 끊어지면 지붕으로 올라가 혼을 부르는 복(復)과 같은 의식은 오늘날의 가옥 구조에서는 행할 수 없는 것이다. 아파트가 주류를 이루는 현실에서 상례는 자연스럽게 변할 수밖에 없고, 그로 인해 상례의 각 절차에 담긴 의미마저 사라지게 되었다.

일단 사람이 세상을 떠나면 남은 가족들은 3일 동안 음식을 먹지 않고 4일째 비로소 죽을 먹으며 상복을 입게 된다. 오늘날 3일 만에 상례가 끝나는 것을 보면 얼마나 다른지 알 수 있다. 4일째 상복을 입는 것은 3일 동안은 죽음을 인정하지 않고 살아오기를 희망하는 마음이 담긴 것이다. 그런 다음에야 비로소 돌아올 수 없다는 것을 인정하며 상복을 갈아입고 조문객을 받는다.

상을 당한 사람은 지팡이를 짚게 되는데 부모를 잃은 자식이 슬픔과 근심으로 3년 동안 복을 입으며 몸이 병들고 파리해지기 때문에 병든 몸을 부축하기 위한 것이다. 아버지가 돌아가시면 대나무로 지팡이를 만들어 짚고 어머니가 돌아가시면 오동나무로 지팡이를 만들게 된다. 아버지가 자식의 하늘이니, 대나무가 둥근 것은 하늘을 형상화한 것이요, 안팎으로 마디가 있는 것은 자식이 아버지를 위해 또한 안팎으로 슬픔이 있음을 형상화한 것이다. 또 사철을 통해 늘 변치 않으니 자식이 아버지를 위하는 마음이 추위와 더위를 지나서도 바뀌지 않는 것과 통하므로 사용한다. 어머니의 상에 오동나무 지팡이를 짚는 것은 아버지와 동등하다는 의미를 오동나무의 동(桐)이라는 글자에서 찾은 것이다. 그리고 그마저 구하기 어려울 때는 버드나무를 사용하는데 이 역시 오동나무와 같은 종류라는 의미로 사용한다. 상복을 입는 것도 검정색을 입는 사람이 있고 흰색을 입는 사람도 있는데, 본래 상복은 소복(素服)이기 때문에 흰색을 입는 것이 올바른 예법이다.

「주자가례」에 의하면 상례의 모든 절차는 18단계나 되는데, 우리나라에서는 19단계로 기록한 예서도 있다. 이 모든 절차에는 음양의 법칙이 적용되고 있으며, 유사한 의식이 반복적으로 행해지기도 한다.

상례에서는 숫자와 관련된 부분이 매우 많은데, 그 가운데서 가장 많이 활용되는 것은 3의 법칙이라 할 수 있다. 즉, 예는 대부분 세 번에 이루어진다는 의미이다. 3이라는 숫자는 복을 할 때 세 번 부르는 것으로부터 시작해서, 매장을 하고 혼을 편안하게 하는 우제를 세 번 지내는 것과 삼년의 상기를 마칠 때까지 지속적으로 나타난다. 동양에서 3이라는 숫자가 완성된 수에 해당함을 나타내는 것이라고 할 수 있다. 예는 대부분 세 번에 이루어진다는 의미이다. 「사계전서(沙溪全書)」에서는 예가 3에서 이루어지는 것을 다음과 같이 언급하고 있다.

"대개 셋이라는 것은 숫자의 알맞은 것이고 인정을 표현하는 데 알맞은 것이니 천하에 법도로 삼을 만하다. 관례에서는 삼가례를 하고,

사례(射禮)에서는 세 번을 겨루는 것이다. 손님과 주인이 서로 만나는 예에 세 번 양보하고 세 번 사양하며, 교(郊)와 묘(廟)와 백신(百神)에게 제사지내는 데 지재(致齋)를 3일 동안 하며, 상례에 효자가 3일 동안 입에 물과 장을 넣지 않으며 상복을 입는데 3년에 그친다. 며느리를 맞이하여 3개월 후에 사당에 알현하고, 그 벌을 밝히는 데 삼취(三就)와 삼거(三去)에 한정하였고, 불쌍히 여겨 죄를 용서해주는데 삼유(三宥)[244]에 한정하였으며, 출척유명(黜陟幽明)을 함에 세 번 시험하는 것으로 한정하였다. 최고의 관직을 만드는데 삼공(三公)과 삼고(三孤: 삼공 다음 가는 관직)에 한정하였으며, 만백성을 가르쳐 그 중에서 우수한 자를 뽑아 향음주례(鄕飮酒禮)의 빈으로 대우하고 어진 선비로 나라에 천거하기를 삼물(三物)로 한정하였으니 수를 셋으로 하여 제도를 만드는 것이 어찌 그러하지 않겠는가?"[245]

상을 당했을 때는 음식에 있어서도 모든 자식들은 3일 동안 먹지 않고 기년복을 입은 사람은 세 끼를 먹지 않으며 3개월 동안 목

244 『주례』 추관편의 용서해야 할 세 가지 범행, 즉 불식(不識), 과실(過失), 유망(遺忘)을 말한다.

245 『사계전서』 권27 : 復. 禮成於三. 今獻彙言 古人觀會通, 以行典禮, 多以三數爲制. 蓋三者, 數之節也, 情文之中也, 達之天下可以經也. 故冠禮三加, 射禮三耦. 賓主相見之禮, 三讓三辭, 郊廟百神之祀, 致齊三日, 喪禮, 孝子三日水漿不入口, 喪服止於三年. 娶婦三月而廟見, 其明罰也, 止於三就三居, 其矜恤也, 止於三宥, 其黜陟幽明也, 止於三考. 其建官之極, 止於三公三孤, 教之以賓興也, 止於三物, 數以三爲制, 何莫不然. 不及者, 則失之儉而固也, 過之者, 則失之奢而濫也. 惟其稱也, 故君子愼焉.

욕도 하지 않는다. 또한 참최에는 3승의 베로 옷을 만드는 것도 이에 해당한다. 이것은 슬픔이 음식과 의복에 나타난 것인데 역시 3의 법칙을 적용하고 있다.

이러한 3의 법칙은 천, 지, 인 삼재 사상이 상례에 적용된 것으로 보인다. 일(一)은 천(天)과 양(陽)을, 이(二)는 지(地)와 음(陰)을, 삼(三)은 인간을 나타낸다. 따라서 3은 완성된 숫자인 것이다. 「주역」에는 역이 삼재에 근본하고 있음을 언급하고 있습니다.

> "역이라는 책은 광대하여 모두 구비하고 있으니 하늘의 도가 있고 사람의 도가 있고 땅의 도가 있다. 삼재를 겸하여 둘로 하였기 때문에 육효(六爻)가 되었다. 육(六)은 다름 아니라 삼재의 도이다."[246]

위의 글은 천, 지, 인 삼재가 합하여 우주가 되므로 우주의 모든 생명은 일체인 삼재 속에서 운행하게 된다는 말이다. 따라서 상례의 3의 법칙은 삼재사상을 바탕에 두고 있다고 할 수 있다.

오늘날 「주자가례」의 절차에 따라 상례를 치를 수는 없다. 생활환경도 변했고 가옥구조도 변했기 때문이다. 그러나 절차가 간소하게 변한 것과 함께 상을 치르는 사람의 마음도 변하게 된다는 사

246 『주역』,「계사하」: 易之爲書也, 廣大悉備, 有天道焉, 有人道焉, 有地道焉 兼三才而兩之. 故六, 六者, 非他也. 三才之道也.

실은 매우 안타까운 일이다. 생명을 소중하게 여기고 슬픔을 가누는 인간의 마음이 점차 사라지고 있다.

조상을 생각하는 제례

제례는 오늘날 가장 많이 행해지는 의식이다. 「주자가례」에는 네 계절의 중간 달에 4대 조상에게 지내는 사시제, 시조에게 지내는 시조제, 선조에게 지내는 선조제, 아버지에게 지내는 예제, 기일에 지내는 기제, 명절에 지내는 묘제 등이 기록되어 있다. 그런데 오늘날은 거의 사라지고 기제와 묘제만을 지내는 경우가 많다.

제사는 본래 잘 살펴야 한다는 의미가 들어 있다. 정성이 없으면 제사의 의미가 사라진다는 것이다. 그리고 제사 지내기 전에는 산재와 치재를 통해 몸과 마음을 경건하게 해야 한다. 즉, 다른 집에 문상을 가지 않고, 냄새나는 음식을 먹지 않으며, 술을 먹되 취하지 않아야 하고, 형벌을 가하거나 나쁜 일을 하지 않는 것을 산재라 하고 마음을 경건하고 깨끗하게 하며, 음악을 듣지 않고, 출입하지 않는 것을 치재라고 한다. 산재와 치재를 통해서 몸과 마음을 재계하는 것이 후손으로서의 도리라고 생각했다. 그러면서 돌아가신 부모의 거처와 웃음소리를 생각하고, 부모님께서 좋아하던 것이나 즐겨하던 것을 생각하는 것이 자식의 도리이다.

많은 사람이 오해를 하고 있는 것은 제사상에 올리는 과일을 홍동백서나 조율이시의 방식으로 생각하고 있다는 점이다. 과일은 오늘날의 개념으로 말하면 식사 후에 먹는 후식과 같은 개념이다. 후식을 먹을 때 붉은 색 과일부터 먹는 것이 옳은지 흰색 과일을 먹는 것이 옳은지 정하고 먹는 사람은 없을 것이다. 또한 대추를 먼저 먹고 그 뒤에 밤과 배를 먹어야 한다고 정해진 원칙도 없다. 따라서 과일은 정해진 순서가 없고 편하게 놓으면 되는 것이다.

「주자가례」에서 기록한 절차가 오늘날에는 행해지기 어렵다. 그래서 많은 사람이 제사 당일에 모여 제례를 치르는 것만을 행하게 된다. 생활환경이 달라졌기 때문에 부득이한 일이지만 제사를 준비하는 마음만큼은 정성을 다하는 것이 바람직할 것이다.

예의 상도와 권도

예는 일상 속에서 누구나 경험하고 실천하는 것이다. 과거의 예법이 오늘날 적용되기 어렵다는 것은 누구나 알고 인정하는 사실이지만 우리의 전통을 벗어던지고 족보도 없는 예법을 사용하는 것은 다시 한 번 깊이 생각해야 할 문제다.

예에는 상도(常道)와 권도(權道)가 있다. 상도는 불변하는 원칙을 말하고 권도는 때와 장소에 따라 변하는 것을 의미한다. 자식으로서 부모에게 효도하는 것은 불변하는 원칙으로 되어 있지만 그것을 실행하는 방법은 시대에 따라 달라질 수밖에 없다. 따라서 과거의 예법을 지키는 것만이 능사가 아니라 그것을 어떻게 시대에 맞게 변화시키고 조화시키며 실천할 것인가의 문제가 더욱 중요하다. 주자 역시 무조건 전통만을 고집하지 않았다. 주자도 우리와 같은 고민을 하며 살았다. 과거의 전통을 고수할 것인가 아니면 새로운 시대에 맞게 수정할 것인가. 그런 고민을 통해서 주자는 시대에 맞지 않는 것은 과감하게 고치고 대중이 편리하고 조화롭게 추구할 수 있는 예의 제정을 주장했다.

「주자가례」가 오랜 세월 동안 우리의 삶에서 중요한 역할을 해왔고 동방예의지국의 명예를 주기도 했지만 그렇다고 해서 주자의 이론을 오늘날 그대로 따를 수 없다는 것은 주지의 사실이다. 따라서 살아가면서 만약 이러한 문제에 직면한다면 주변 사람과의 조화로움을 기준으로 삼는 것이 가장 좋을 것이다. 공자나 주자가 그랬듯이 예법은 변하는 것이며, 변화의 원리가 유학의 핵심이기 때문이다.

「주자가례」는 관혼상제를 중심으로 제작된 것인데, 관례와 혼례는 살아 있을 당시 겪는 일이며 상례와 제례는 죽은 이후에 남겨진 후손들에 의해서 처리되는 일이다. 인간의 삶에서 가장 중요한 의식이며 자연스런 과정이기에 통과의례라고 한 것이다. 어른이 되고, 가정을 이루며, 세상을 떠나고, 다시 후손에게 이어주는 일은 인간이기에 반드시 지켜야 할 예법이다. 모든 절차의 형식도 중요하지만 더욱 중요한 것은 조화를 추구하는 마음이라는 사실을 주자는 우리에게 일러주고 있다.

제12장

소학

작은 예법부터 익혀라

小學

옛날 소학교에서 사람을 가르치되 물 뿌리고 쓸며 응대하고, 나가고 물러나는 예법과 부모를 사랑하고 어른을 공경하며 스승을 높이고 벗을 친하게 대하는 방도로써 하였으니, 이것은 모두 몸을 닦고 집안을 가지런히 하고 나라를 다스리고 천하를 평안하게 하는 근본이 되는 것이다.

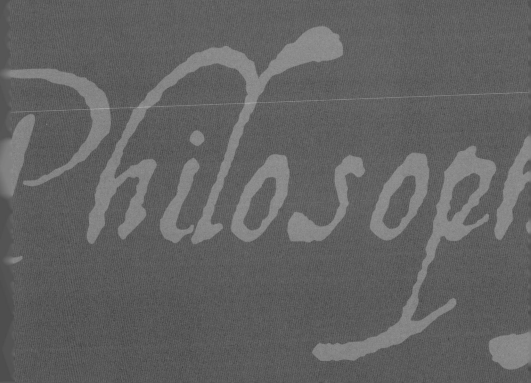

어린 학생들의 필독서,
소학

옛날 어린 학생들은 무엇을 배웠을까? 요즘 우리 아이들은 어려서부터 영어를 배우기도 하고 과학적 지식을 습득하기도 한다. 그런데 과거에는 이와 달리 몸에 익히고 실천하는 예법이나 인간이 살아가는데 중요한 도리를 배웠다. 어려서부터 몸에 익히면 성장해서 자연스럽게 행동으로 나타났기 때문이다. 이러한 교육 내용을 담고 있는 책이 바로 「소학」이다. 따라서 조선시대 선비들도 어렸을 때 「소학」을 필독서로 여기고 읽었다.

소학은 소자지학(小子之學) 또는 소인지학(小人之學)의 줄임말로 대학(大學)이 대인지학(大人之學)을 뜻하는 것과 상대되는 말입니다. 소인은 어린 학동을 말하고 대인은 어른을 칭하는 말이므로 「소학」

은 어린 학생들이 배우는 책이며 「대학」은 어른이 배우는 책이다. 「예기」에 보면 고대에는 소학교가 각 지방에 설치되어 누구나 8세가 되면 소학교에 입학하여 기본예절을 배우고 인간의 도리를 의무적으로 교육받았다고 한다.

「대학」은 성인(成人)의 학문으로 수기(修己)와 치인(治人)에 관한 내용이 포괄되어 있지만, 「소학」은 소자 곧 어린이가 익혀야 할 수기와 관련된 내용을 중심으로 엮어져 있다. 따라서 「소학」에는 물 뿌리고 청소하며, 어른에게 응대하고, 어른 앞에서 나아가고 물러나는 예절을 중심으로 일상생활 속에서 어떻게 행동하는 것이 올바른 도리인지를 자세하게 설명하고 있다.

「소학」은 주자가 만든 책으로 널리 알려져 있지만 사실은 그의 제자 유자징(劉子澄)이 주자의 지시에 따라 여러 경전에서 어린 학생들을 교화시킬 수 있는 일상생활의 자잘한 예절과 수양을 위한 격언과 충신, 효자의 사적 등을 모아 편찬한 책이다. 따라서 「소학」의 내용은 쉽게 생각될 수 있지만 다양한 경전을 모아서 편집한 것이므로 그리 쉬운 글은 아니다. 정작 어린 학생들이 읽어야 할 내용보다 어른이 미리 알고 있어야 자녀를 가르칠 수 있는 내용이 많다. 그런 이유로 「소학」은 남녀노소를 불문하고 누구나 읽어야 할 책이라고 보는 것이 마땅할 것이다.

그런데 주자는 학생들에게 「대학」을 읽기 전에 반드시 「소학」을 먼저 읽어야 한다고 강조했다. 그 이유는 「소학」의 가르침을 통해서 「대학」으로 들어갈 수 있는 바탕을 형성할 수 있다고 생각했기 때문이다. 곧 「소학」을 읽지 않으면 「대학」을 공부할 수 있는 기초가 형성되기 어렵다고 생각한 것이다.

「소학」은 내편과 외편으로 구성되어 있는데, 권1 입교(立教), 권2 명륜(明倫), 권3 경신(敬身), 권4 계고(稽古)는 내편이고, 권5 가언(嘉言)과 권6 선행(善行)이 외편이다. 내편은 「서경」, 「의례」, 「주례」, 「예기」, 「효경」, 「좌전」, 「논어」, 「맹자」, 「제자직」, 「전국책」, 「설원」 등의 문헌에서 인용, 편집한 것이다. 그리고 외편 가운데 가언은 한나라 이후 명현의 격언과 가훈을 모아 만든 것이고, 선행은 한나라 이후 선현들의 훌륭한 행실을 모은 것이다. 그리고 외편 역시 내편과 같이 입교, 명륜, 경신의 차례로 엮여 있다.

「소학」의 여러 편 중에서 핵심이 되는 부분은 입교, 명륜, 경신의 세 편이라고 할 수 있으며, 그 중에서도 가장 집중적으로 읽어야 할 대목은 명륜(明倫)편이라고 할 수 있다. 명륜편은 한 사람을 중심으로 이루어진 모든 인간관계 속에서 자신의 도리를 실천하는 구체적인 방법과 함께 왜 그렇게 해야 하는지를 깨우쳐 주고 있기 때문이다.

「소학」은 전편(全篇)을 통하여 유교의 효(孝)와 경(敬)을 중심으로 가정, 사회에 대한 이상적인 인간상과 아울러 수기, 치인의 군자를 육성하기 위한 계몽 및 교훈을 주요내용으로 하고 있다. 우리나라에서는 조선 초기부터 중요하게 다루어져 사학(四學), 향교, 서원,

서당 등 모든 유학 교육기관에서 필수과목으로 다루어졌으며, 사대부의 제자들은 8세가 되면 유학의 초보로 배워 조선시대의 충효사상을 중심으로 한 유교적 윤리관을 보급하는 데 큰 기여를 했다.

조선시대에는 '소학동자'로 불리는 유학자가 있었는데, 바로 한훤당 김굉필이다. 그는 평생 「소학」을 읽고 실천하는데 몰두한 인물로 널리 알려져 있었기에 '소학동자'를 자처했다. 율곡은 「격몽요결」에서 사서와 함께 「소학」을 포함하여 오서(五書)라 칭하고 학자가 가장 먼저 읽어야 할 책이라고 강조했다.

교육의 목적과
방향

「소학」에서 가장 앞에 나오는 '입교'편은 성현이 사람을 교육하던 방법을 바탕으로 교육의 목적과 방향을 제시하고 있다. 즉, 사람이 처음 때어날 때부터 올바른 도리로 가르쳐야 그가 훗날 장성했을 때 더 큰 학문을 성취할 수 있다는 생각에서 배움의 기초를 확립한다는 뜻이다. 그 때문에 스승이 된 이들에게는 무엇을 가르쳐야 할 것인지 또 어린이들에게는 무엇을 배워야 할 것인지를 정리해 놓은 내용이 중심을 이루고 있다.

작은 행동규범부터 시작해서 어린 학생들이 익혀야 할 시와 역사, 예와 음악이 망라되어 있는데, 이와 같은 구체적인 예절을 생활 속에서 익힘으로써 저절로 올바른 인격이 형성될 수 있다고 생각했기 때문이다.

"『열녀전』에서 말했다. 옛날에 부인이 아이를 임신하면 잠잘 때는 옆으로 기울게 자지 않으며, 앉을 때는 모퉁이에 앉지 않고, 설 때는 한쪽 발로 서지 않는다. 나쁜 음식은 먹지 않고, 바르게 썰지 않은 것은 먹지 않으며, 자리가 바르지 않으면 앉지 않았다. 눈으로는 부정한 색을 보지 않고, 귀로는 부정한 소리를 듣지 않으며, 밤이면 봉사로 하여금 시를 외우며 바른 일을 말하게 하였다. 이와 같이 하면 아이를 낳음에 용모가 단정하며 재주가 보통사람보다 뛰어날 것이다."[247]

요즘에도 태교가 행해지고 있지만 동양에서는 주로 서양의 클래식 음악을 듣거나 책을 읽어주는 정도에 그치고 있다. 그런데 「소학」에서는 거처할 때의 모습, 음식을 먹을 때의 주의 사항, 보고 듣는 행위, 좋은 글을 읽게 하는 것 등을 모두 태교에 포함시키고 있다. 이렇게 신중하게 태교를 끝내고 태어난 아이는 훌륭한 인품을 갖춘 아이가 된다고 믿었던 것이다. 교육이 태교에서부터 시작하고 그 목적은 도덕적 인간으로 성장시키는 데 있음을 알 수 있다.

247 『소학』「입교」: 列女傳曰, 古者, 婦人妊子, 寢不側. 坐不邊. 立不蹕. 不食邪味. 割不正不食. 席不正不坐. 目不視邪色. 耳不聽淫聲. 夜則令瞽誦詩. 道正事. 如此則生子, 形容端正. 才過人矣.

태어난 이후에는 나이에 맞는 교육을 시키고, 성장해서는 삶의 과제마다 적절하게 행해야 할 도리에 대해서 언급하고 있다.

내칙에서 말했다. "무릇 아이를 낳고 난 뒤에는 여러 어머니와 올바른 사람을 뽑되, 반드시 관대하고 여유가 있으며 자애롭고 은혜롭고 온화하고 어질며 공손하고 신중하며 말이 적은 자를 구하여 자식의 스승으로 삼아야 한다. 자식이 밥을 먹을 수 있게 되면 오른손을 사용하도록 가르치며, 말을 하면 남자는 빨리 대답하고 여자는 느리게 대답하며, 남자는 가죽으로 띠를 만들고 여자는 실로 띠를 만들어 준다. 여섯 살이 되면 숫자와 방위의 명칭을 가르치고, 일곱 살이 되면 남자와 여자가 자리를 함께 사용하지 않으며 음식을 함께 먹지 않는다. 여덟 살이 되면 문을 출입하고 자리에 나가거나 음식을 먹을 때 반드시 어른보다 뒤에 하도록 겸양을 가르친다. 아홉 살이 되면 날짜 세는 방법을 가르치고, 열 살이 되면 바깥 스승에 나가서 외부에서 거처하고 잠자며, 글과 계산을 배우고, 옷은 저고리와 바지를 비단으로 지어 입지 않으며, 예절은 기초부터 배우고, 아침저녁으로 어린이의 예절을 배우되 간결하고 진실한 것을 청하여 익힌다."[248]

---

248 『소학』「입교」: 內則曰, 凡生子, 擇於諸母與可者, 必求其寬裕慈惠溫良恭敬愼而寡言者, 使爲子師. 子能食食敎以右手. 能言男唯女俞. 男鞶革, 女鞶絲. 六年敎之數與方名. 七年男女不同席, 不共食. 八年出入門戶及卽席飮食, 必後長者, 始敎之讓. 九年敎之數日. 十年出就外傅, 居宿於外, 學書計, 衣不帛襦袴, 禮帥初, 朝夕學幼儀, 請肄簡諒.

이후에도 계속 13세에는 음악과 시를 배우고, 15세에는 활쏘기와 말타기를 배운다. 스무 살이 되면 관례를 하고, 서른 살이 되면 가정을 이루고, 마흔 살에는 벼슬을 하고, 쉰 살에는 대부가 되고, 일흔 살에는 벼슬에서 물러난다. 여자는 10살이 되면 밖에 나가지 않고 스승에게 옷 만드는 법과 예를 배우며, 15세가 되면 비녀를 꽂고, 20세가 되면 혼인을 한다. 그런데 이 내용을 보면 어린 학생들이 읽어야 할 내용이 아니라 스승이 될 사람이 읽어서 그에 맞게 교육을 시키고 인생을 살아가는 도리와 절차를 익히도록 하는 것임을 알 수 있다.

> 맹자가 말했다. "사람에게 살아가는 도리가 있는데 배부르게 먹고 따뜻하게 입으며 편안하게 살기만 하고 가르치지 않으면 짐승과 가깝게 된다. 그러므로 성인이 이것을 걱정하여 설로 사도를 삼아 인륜을 가르치게 하였으니 부자유친, 군신유의, 부부유별, 장유유서, 붕우유신이 그것이다."[249]

맹자의 오륜을 통해서 교육의 목적을 분명하게 제시하고 있다. 교육은 인간이 인간답게 살기 위한 도구이며, 짐승과 다른 이유를

249 『소학』「입교」: 孟子曰, 人之有道也, 飽食暖衣, 逸居而無教, 則近於禽獸. 聖人有憂之, 使契爲司徒, 教以人倫, 父子有親, 君臣有義, 夫婦有別, 長幼有序, 朋友有信.

알게 하는 것이다. 따라서 언제 어떻게 어떠한 내용을 가르치고 학습할 것인가는 매우 중요한 문제다. 하지만 글을 읽는 것이 학문이 아니라 몸소 실천할 수 있는 덕목을 실천한 뒤에 글을 배우도록 하는 것이 올바른 도리라고 말하고 있다.

> 공자가 말했다. "어린 사람은 집에 들어가서는 효도하고, 밖에 나와서는 공손하며, 행실을 삼가고 미덥게 하며, 널리 대중을 사랑하되 어진 사람을 가까이 해야 할 것이니, 이것을 행하고 난 다음에 남는 힘이 있거든 글을 배워야 한다."[250]

> 자하가 말했다. "어진 사람을 어질게 여기되 여색을 좋아하는 마음처럼 하며, 부모를 섬기되 그 힘을 다하고, 임금을 섬기되 그 몸을 바치며, 친구를 사귀되 말에 신용이 있으면 비록 배우지 않았다고 하더라도 나는 반드시 그를 배웠다고 말하겠다."[251]

지식 습득에 중점을 두고 있는 오늘날의 교육과 비교한다면 많은 차이가 있음을 알 수 있다. 지식보다 먼저 인간으로서 가져야

250 『소학』「입교」: 孔子曰, 弟子入則孝, 出則弟, 謹而信, 汎愛衆, 而親仁. 行有餘力, 則以學文.

251 『소학』「입교」: 子夏曰, 賢賢易色, 事父母, 能竭其力, 事君能致其身, 與朋友交, 言而有信, 雖曰未學, 吾必謂之學矣.

할 자세와 태도, 도리에 대한 실천이 중요한 것임을 강조한 것이다. 물론 이러한 사상이 「소학」에서 먼저 나온 것은 아니다. 이미 오래전부터 공자와 맹자의 사상과 유학의 전통적인 교육철학이라고 할 수 있다.

「소학」은 이와 같이 제일 첫 편에 '입교'라는 명칭을 사용하여 교육의 목적과 방향에 대해 제시하며 태아에서부터 성인이 된 자에 이르기까지 누구나 잊지 않고 익히고 실천하기를 희망한 것이다.

인륜을 밝혀라

「소학」에서 가장 중요한 부분은 명륜편이라고 할 수 있다. 즉, 어린 학생들이 익히고 배워야 할 내용에 대해서 언급하고 있는 명륜편은 글자의 의미 그대로 인륜을 밝히는 내용으로 되어 있다. 맹자는 고대부터 상(庠), 서(序), 학(學), 교(校) 따위의 교육기관을 설립하여 사람들을 가르친 목적은 모두 인륜을 밝히기 위한 것이라고 했다. 따라서 「소학」의 명륜편은 이처럼 가르침의 목적이 어디에 있는지를 밝히는 내용으로 구성되어 있다.

명륜은 말할 것도 없이 오륜을 밝히는 것으로 오륜은 한 사람이 사회 속에서 경험할 수 있는 모든 관계를 다섯 가지 유형으로 분류한 것이다. 명륜편에서는 오륜의 순서에 따라 부자관계에서 시작하여 군신관계, 부부관계, 붕우관계, 장유관계에 이르기까지 어린 학생들이 지켜야 할 구체적인 행위 원칙을 자세하게 제시하고 있다.

오륜을 중심으로 가르친 까닭은 인간과 인간의 관계를 경쟁적으로 파악하기 보다는 서로 협력하는 관계로 파악했기 때문에 가능했던 것이며, 그렇게 하는 것이 오히려 공동체의 존속을 보다 안전하게 보장해 준다고 생각했기 때문이다. 개인이 사회 속에서 만나는 여러 가지 인간관계를 다섯 가지로 분류하면 부자관계, 군신관계, 부부관계, 붕우관계, 장유관계로 나눌 수 있으며 그 속에서 개인이 실천해야 할 도리는 각각 친(親), 의(義), 별(別), 서(序), 신(信)이다. 이처럼 표현은 다섯 가지로 나누어져 있지만 종합하면 모두가 타인에 대한 사랑과 배려를 근간으로 삼고 있다. 이와 같은 사랑과 배려를 공동체의 구성원들이 직접 실천하는 것이 공동체의 결속과 유대를 강화하는 결과를 이루어낼 것임은 의심할 여지가 없다. 또 그런 도리를 실천하는 구성원들에 의해 해당 공동체가 유지되어야 할 정당성이 확보된다고 할 수 있다.

그렇다면 이제부터는 오륜에 대해서 순서대로 살펴보도록 하자. 물론 오륜은 이미 맹자에 의해서도 언급되었지만 「소학」에서는 어린 학생들에게 초점을 맞추고 있기 때문에 조금 다르게 접근할 수 있을 것이고, 「맹자」만이 아니라 다른 경전을 인용하여 설명하고 있기에 총체적인 오륜을 살펴볼 수 있을 것이다.

첫 번째는 부자유친이다. 부자유친은 부모와 자식의 관계를 말하는데 「소학」에서는 주로 자식의 도리를 언급한다. 자식이 부모를 사랑하는 것이 효(孝)라면 부모가 자식을 사랑하는 것은 자애로움(慈)으로 표현할 수 있다. 그러므로 친(親)이라는 개념은 효와 자를 포함하고 있으며 그것을 '사랑'으로 해석할 수 있다. 이 사랑은 어느 한쪽이 다른 한쪽에게 일방적인 희생을 강요하지는 않는다. 부모와 자식의 관계는 인간관계 중에서 가장 가까운 존재이며, 이들 사이의 사랑은 가르침에 의해서 얻어지는 것이 아니라, 인간의 본성에 본래부터 내재되어 있는 것이다.

곡례에서 말했다. "자식 된 사람의 예는 겨울에는 따뜻하게 해 드리고 여름에는 시원하게 해 드리며, 날이 저물면 이부자리를 정해드리고, 새벽이 되면 안부를 살펴야 한다."[252]

곡례에서 말했다. "사람의 자식 된 자는 거처함에 아랫목에 앉지 않고, 앉을 때는 자리 중앙에 앉지 않으며, 걸어갈 때는 길 한 가운데로 걷지 않으며, 서 있을 때는 문 중앙에 서지 않는다."[253]

예기에서 말했다. "부모가 명령하여 부르시면 빨리 대답하고 느리게

252 『소학』「명륜」: 曲禮曰, 凡爲人子之禮, 冬溫而夏淸, 昏定而晨省, 出必告, 反必面, 所遊必有常, 所習必有業, 恒言不稱老.

253 『소학』「명륜」: 曲禮曰, 凡爲人子者, 居不主奧, 坐不中席, 行不中道, 立不中門.

대답하지 말며, 손에 일을 잡고 있으면 그것을 던지고, 음식이 입에 있으면 뱉고, 달려가고 종종걸음하지 말아야 한다."[254]

오륜 중에서 부자유친의 의무는 나머지 사륜에서 말하는 의무와 구별되어야 한다. 사륜은 권리를 동반한 의무라고 할 수 있지만 부자유친은 권리와 상관적으로 사용되지 않는다. 즉, 부모에 대한 효도의 의무, 자녀에 대한 사랑의 의무는 권리를 동반하지 않는 절대적인 의무라고 할 수 있기 때문이다.

두 번째 군신유의는 군주와 신하의 관계를 언급한 것인데, 오늘날에는 군주가 존재하지 않기 때문에 국가와 개인의 관계로 이해해도 무방할 것이다. 군주와 신하 또는 군주와 백성의 관계를 규정한 군신유의의 핵심은 정의(正義)를 지키는데 있다. 군주의 정의는 군주의 의무가 되고, 신하의 정의는 신하의 의무가 된다.

군주와 신하의 관계는 당시 사회에서는 계급적인 상하관계로 규정된다. 그러나 공자와 맹자는 신분적인 상하관계일지라도 군신 사이에는 도덕적인 관계를 통해서 맺어져야 한다고 강조하고 있다. 군주는 신하에 대한 의무를 다해야 하고, 신하는 군주에 대한 의무를 다해야 하는 것으로 군주의 일방적 강요나 신하의 일방적 희생을 요구하지 않는다. 따라서 맹자는 다음과 같이 말했다.

254 『소학』「명륜」: 禮記曰, 父命呼, 唯而不諾, 手執業則投之, 食在口則吐之, 走而不趨.

"임금이 신하 보기를 수족같이 여기면 신하는 임금 보기를 자기 심복같이 존중한다. 그런데 임금이 신하를 개나 말같이 여기면 신하는 임금 보기를 일반 국민같이 여긴다. 임금이 신하 보기를 흙이나 풀포기같이 여기면 신하는 임금보기를 원수같이 여긴다."[255]

신하는 군주가 선을 행할 수 있도록 인도하는 것을 가장 중요한 의무로 삼아야 한다. 따라서 군주에게 불선이 있다면 간언을 서슴지 말아야 하는 것이다. 그러나 신하의 간언이 통하지 않는데도 자주 간하게 되면 신하는 군신의 관계를 버리고 떠나야 한다.

공자가 말했다. "군자가 임금을 섬기되 나가서는 충성을 다할 것을 생각하고 물러나서는 과실을 바로잡을 것을 생각하여 장차 그 아름다운 것을 받들어 따르고 그 나쁜 것을 바로잡는다. 그러므로 윗사람과 아랫사람이 서로 친한 것이다." [256]

"대신은 도로써 임금을 섬기다가 불가하면 그만둔다."

---

255 『맹자』「이루하」: 孟子告齊宣王曰, 君之視臣如手足, 則臣視君如腹心, 君之視臣如犬馬, 則臣視君如國人, 君之視臣如土芥, 則臣視君如寇讐.

256 『소학』「명륜」: 孔子曰, 君子事君, 進思盡忠, 退思補過, 將順其美, 匡救其惡. 故上下能相親也.

본래 군주와 신하가 모두 상호간의 의무를 다했을 때 그 관계가 유지된다. 그래서 군주와 신하의 관계가 유지되기 위해서는 쌍무적인 관계가 성립되어야 하는 것이고, 따라서 군주와 신하의 의무는 동등한 의미를 가진다. 하지만 「소학」에서는 임금의 도리에 대해서 언급한 것보다 대부분 신하의 도리에 대해서 언급하고 있다. 이것은 어린 학생들이 향후 국가를 위해서 일을 할 때 지켜야 할 도리를 가르치기 위한 것이다.

세 번째는 부부유별이다. 남편과 아내의 관계를 규정한 부부유별의 핵심은 구별에 따른 의무에 있다. 맹자는 "남녀가 가정을 이루는 것은 인륜의 큰 일"로 간주하였으며, 「중용」에서는 "군자의 도는 부부에서 그 실마리가 시작된다. 지극함에 미쳐서는 천지라도 살필 수 있을 것이다"라고 하여 부부는 인륜의 시작임을 나타내고 있으며, 부부관계를 잘 확충시킨다면 천지의 덕을 알 수 있을 것이라고 했다.

오륜의 도리는 부부관계에서 시작하므로 부부가 조화를 이루지 못하면 나머지 인간관계는 정상적인 발전을 할 수 없다. 「예기」에 의하면 "남녀가 구별이 있은 다음에 부자가 친해지고, 부자가 친해진 다음에 의가 생기고, 의가 생긴 다음에 예가 만들어지고, 예가 만들어진 다음에 만물이 편안해진다. 구별이 없고 의가 없으면 이것은 금수의 도리이다"라고 하였다. 이것은 부부 관계를 인륜의 출발점으로 본 것이며, 부부 관계의 중심은 구별에 있음을 말한 것이다.

"남자는 집안의 일에 대해서 말하지 않고 여자는 집밖의 일에 대해서 말하지 않는다. 제사나 상사가 아니면 서로 그릇을 주지 않는다. 서로 그릇을 줄 때는 여자는 광주리에 담아서 받고, 광주리가 없으면 남녀가 모두 앉아서 남자가 그릇을 땅에 놓은 뒤에 여자가 취해간다."[257]

"길에서 남자는 오른쪽으로 다니고 여자는 왼쪽으로 다닌다."[258]

부부의 관계를 통해서 맺어진 인간관계는 부자와 군신의 관계로 이어져 모든 인간관계의 바탕이 된다. 모든 도덕의 기초가 가정에서부터 출발한다고 생각한 유가에서 그 시초인 부부관계를 중요시하지 않을 수 없었을 것이다. 그러므로 부부관계는 인륜의 시작이며, 부자의 관계는 인륜의 근본이 된다. 따라서 부부유별의 진의는 차별에 있는 것이 아니고 구별에 있다고 해야 할 것이다.

네 번째는 장유유서다. 연장자와 연소자의 관계를 규정한 장유

257 『소학』「명륜」: 男不言內, 女不言外. 非祭非喪, 不相授器. 其相授則女受以篚, 其無篚則皆坐奠之, 而後取之.

258 『소학』「명륜」: 道路男子由右, 女子由左.

유서의 핵심은 자연의 존재방식을 인간의 관계로 규정했다. 장유의 관계는 부자의 관계와 형제의 관계를 확대시킨 것이다. 즉, 가정 안에서 지켜야할 부자간의 사랑과 형제간의 우애를 사회로 확대시켜 이웃의 연장자와 연소자로 미루어가는 것이다.

"나이가 나보다 곱절이 많으면 부모님처럼 섬기고, 열 살이 많으면 형처럼 섬기며, 다섯 살이 많으면 어깨를 나란히 하되 조금 뒤에 따른다."[259]

"어른이 주시면 젊은 사람과 천한 사람은 감히 사양하지 않는다."[260]

왕제에서 말했다. "부모의 나이와 비슷한 사람에게는 뒤따라가고, 형의 나이와 비슷한 사람에게는 조금 뒤에서 기러기처럼 따라가고, 친구 사이에는 서로 앞서가지 않는다."[261]

사실 맹자는 장유유서를 중시하면서도 인간으로서 존중되어야 하는 보편적인 세 가지 기준을 제시했다. 그 세 가지는 바로 '지위'

259 『소학』「명륜」: 年長以倍, 則父事之, 十年以長, 則兄事之, 五年以長, 則肩隨之.
260 『소학』「명륜」: 長者, 賜, 少者賤者, 不敢辭.
261 『소학』「명륜」: 王制曰, 父之齒隨行, 兄之齒鴈行, 朋友不相踰.

와 '나이' 그리고 '덕망'이다. 조정에서는 벼슬자리에 따라 질서가 있고, 향리에서는 나이에 따른 질서가 있다. 그러나 이 두 가지 보다 더 중요한 것은 바로 덕망이다. 지위도 나이도 있으면서 덕망이 없다면 진정한 대우를 받을 수 없게 될 것이다. 따라서 장유유서에서 말하는 질서란 기본적으로는 나이에 따른 상하의 질서를 의미하지만 그 내용은 본질적으로 덕망에 따른 질서의 의미를 내포하고 있다.

나이가 많은 사람을 존경하는 것은 근본적으로 자신을 낮추고 겸손하게 여기는 의식에서부터 출발한다. 장유의 질서는 효제의 사회적 확충으로 볼 수 있다. 연장자는 관대하고 어진 마음으로 연하자를 대해야 하고, 연하자는 존경하고 공손하며 공경하는 마음으로 연장자를 대해야 한다. 그래서 장유의 관계도 다른 관계처럼 쌍무적인 관계가 되는 것이다. 다만 「소학」에서는 어린이가 읽어야 할 책이므로 젊고 나이가 어린 사람의 도리에 대해서 많이 언급한 것뿐이다.

다섯 번째는 붕우유신인데 가장 넓은 범위의 대인관계를 규정하고 있다. 붕우는 나이가 비슷하거나 같다는 이유로 성립될 수 있는 관계는 아니다. 나이가 비록 다르지만 서로 추구하는 도가 같다면 나이를 떠나서 붕우의 관계를 맺을 수 있다.

"유익한 벗이 세 가지 있고 해로운 벗이 세 가지 있다. 벗이 정직하고 성실하며 견문이 많으면 유익하고, 벗이 편벽되고 우유부단하며 말을 지나치게 잘하면 해롭다."[262]

"나이 많은 것을 유세하지 말고, 지위 높은 것을 유세 말고, 형제를 유세 말고 벗을 사귀어야 한다. 벗을 사귐은 그 사람의 덕을 벗하는 것이므로 유세하는 것이 있어서는 안 된다."[263]

앞 문장은 「논어」에 나오고 뒤의 문장은 「맹자」에 나오는 문장인데, 「소학」에서 이를 인용한 것이다. 즉, 공자와 맹자는 벗의 조건과 도리에 대해서 언급하고 있는데, 내가 누군가의 벗이 되기 위해서는 우선 유익한 벗이 되기 위한 조건을 갖추어야 하는 것이다. 만약 내가 유익한 벗의 조건을 갖지 못하고 그러한 조건을 갖춘 사람의 벗이 되기를 원한다면, 벗이 되는 사람의 입장에서는 해로운 벗이 될 수 있다. 따라서 맹자는 "한 고을의 착한 선비라야 한 고을의 착한 선비와 벗할 수 있고, 한 나라의 착한 선비라야 한 나라의 착한 선비와 벗할 수 있으며, 천하의 착한 선비라야 천하의 착한 선비와 벗할 수 있다"라고 한 바가 있다.

262 『소학』「명륜」: 益者三友, 損者三友. 友直, 友諒, 友多聞, 益矣. 友便辟, 友善柔, 友便佞, 損矣.

263 『소학』「명륜」: 孟子曰, 不挾長, 不挾貴, 不挾兄弟而友, 友也者, 友其德也, 不可以有挾也.

붕우의 관계는 사회적인 관계이기 때문이 소원해지기 쉬운 관계다. 서로 선을 권장하는 것이 붕우의 도리이지만 허물을 감싸주지 못하고, 충고를 자주한다면 붕우의 관계는 소원해지게 된다. 그러므로 붕우유신의 관계도 상호간에 지켜야 할 도리를 잘 지키는 쌍무적인 관계인 것이다.

이상에서 언급한 오륜은 가장 기본적인 인간 관계론이다. 물론 모든 인간관계를 이 다섯 가지 속에서 다 규정하고 있는 것은 아니지만 오륜을 확대시킨다면 나머지 인간관계도 포괄할 수 있을 것이다.

부자유친, 군신유의, 장유유서와 같은 인간관계에서 유의할 점은 부모와 지도자, 그리고 연장자의 위치에 있는 사람들의 행위가 매우 중요하다는 사실이다. 부모와 지도지 그리고 연장자는 자녀와 피지도자 그리고 연소자에게 사랑과 의리 그리고 질서를 먼저 실천하여야 한다는 당위성이 전제되지 않고는 오륜은 설명될 수 없다. 이러한 선행이 전제되어야 그 다음에 자녀와 피지도자, 그리고 연소자가 뒤따라 실행하게 된다. 한편 부부유별, 붕우유신과 같은 횡적인 인간관계는 어느 누구든지 먼저 하려는 자세가 가장 바람직하다.

오륜은 윗사람이 아랫사람에게 일방적으로 요구하는 것이 아니라 정의, 가까움, 공경, 질서, 믿음을 보호하기 위해 쌍방이 함께 책임을 지는 것이다. 이점이 바로 후에 나오는 삼강의 일방적인 윤리개념과 다르다.

오륜의 특징은 가족관계의 확대라는 점에 있다. 부자유친, 부부유별, 장유유서는 가족 관계를 설명하고 있다. 이러한 관념은 가족 중심주의에서 나온 유가적 사유방식으로 그 밖의 모든 인간관계는 가족 관계의 확충으로 보아도 무방할 것이다. 그렇기 때문에 모든 인간관계는 부자유친을 근본으로 삼는 것이며, 부자유친의 관계를 확대시켜 나가는 것을 목표로 삼는다.

「소학」에서 언급한 다섯 가지 도리는 우리가 살고 있는 21세기 사회와 어울리지 않는 내용이 매우 많다. 하지만 구체적인 예법이나 절차를 제외하면 오늘날을 살아가는 현대인에게도 적용되는 보편적인 내용도 많다.

몸을 경건하게 하라

'명륜'편이 인간관계의 도리와 방법에 대해서 언급하고 있다면 이러한 것을 행하는 몸가짐과 마음가짐에 대해서 언급하는 것이 바로 '경신(敬身)'편이다.

> 공자가 "군자가 공경하지 않음이 없지만 몸을 공경히 하는 것이 가장 중요하다. 몸은 부모의 가지이니 감히 공경하지 않을 수 있겠는가.

몸을 공경하지 않으면 이것은 자기 부모를 상하게 하는 것이요, 부모를 상하게 하면 이것은 그 뿌리를 상하게 하는 것이니, 뿌리가 상하면 가지도 함께 망한다"라고 했다. 성인의 법을 우러르며, 현인의 법을 향하여, 이 편을 지어 어린 선비를 가르치노라.[264]

이 말은「예기」에 나오는 공자의 말을 인용하여 '경신'편을 서술한 이유를 제시하고 있다. 공자는 군자는 모든 일을 공경해야 하지만 가장 중요한 것은 자기 몸을 공경하는 것이라고 했다. 여기서 자기 몸을 공경한다는 것은 자신 자신의 몸가짐을 삼간다는 말이며 넓게는 자신의 이기적 욕구를 절제하고 타인을 위해 배려하고 봉사하는 습성을 몸에 배게 한다는 뜻이다.

몸을 공경히 한다는 것에 대해서 '경신'편에서는 마음을 공경히 하는 방법, 행동을 공경하게 하는 것, 옷을 입는 방법, 음식에 대한 공경한 자세 등으로 구분하여 서술하고 있는데, 이것은 공경하는 것이 인간의 삶에서 분리될 수 없다는 것을 말한 것이다. 말하고 움직이고 밥을 먹고 옷을 입는 것 모두가 공경한 마음과 몸가짐에서 나오는 것이어야 한다. 이러한 태도를 어려서부터 익히고 실천하도록「소학」에서는 가르치고 있다.

---

264 『소학』「경신」: 孔子曰, 君子無不敬也, 敬身爲大. 身也者, 親之枝也. 敢不敬與. 不能敬其身, 是傷其親. 傷其親, 是傷其本. 傷其本, 枝從而亡. 仰聖模, 景賢範, 述此篇, 以訓蒙士.

앞에서 말한 것처럼 오륜이 밝혀지면 공동체가 바람직한 방향으로 형성되는 것은 사실이지만 그 구체적인 내용은 타인에 대한 사랑과 배려를 벗어나는 것이 아니다. 이와 같은 결과를 이루기 위해서는 반드시 개인이 자신이 가진 이기심이나 욕망을 일정정도 절제할 필요가 있다. 그와 같은 절제를 익히는 것이 바로 경신, 자신의 몸가짐을 삼가는 일이다.

증자가 말했다. "군자가 귀하게 여기는 것이 셋인데, 용모를 움직임에는 포악함과 오만함을 멀리하며, 얼굴빛을 바르게 함에는 성실에 가깝게 하며, 말을 할 때는 비루함과 도리에 어긋남을 멀리한다."[265]

관의에서 말했다. "무릇 사람이 사람이 된 까닭은 예의가 있기 때문이니, 예의의 시작은 모습을 바르게 하며, 안색을 가지런히 하고, 말과 명령을 순하게 하는 데 있다. 모습을 바르게 하고 안색이 가지런하며 말이 순한 뒤에야 예의가 갖추어지니, 이것으로 군신을 바르게 하고, 부자를 친하게 하며, 장유를 조화롭게 한다. 그리하여 군신이 바르게 되고, 부자가 친하게 되며, 장유가 조화를 이룬 뒤에야 예의가

---

265 『소학』「경신」: 曾子曰, 君子所貴乎道者三. 動容貌斯遠暴慢矣, 正顔色斯近信矣, 出辭氣斯遠鄙倍矣.

266 『소학』「경신」: 冠義曰, 凡人之所以爲人者, 禮義也. 禮義之始, 在於正容體, 齊顔色, 順辭令. 容體正, 顔色齊, 辭令順, 而後禮義備. 以正君臣, 親父子, 和長幼. 君臣正, 父子親, 長幼和, 而後禮義立.

확립되는 것이다."[266]

유학의 이상은 한 개인의 도덕적 완성을 이루는 데서 끝나지 않는다. 곧 「대학」에서 지향하고 있는 것처럼 전체 공동체가 도덕적 유토피아를 이룩하는 것을 궁극적인 목표로 삼는 다. 하지만 그런 목표의 실현도 결국 개개인의 윤리적 실천에 기초할 수밖에 없다. 경신은 그러한 윤리적 실천을 구현하기 위해 가장 먼저 관심을 가져야할 대상이 바로 자기 자신임을 깨우쳐 주고 있다.

소학의 의미

앞에서 이미 설명한 바와 같이 「소학」은 어린 학생들을 위해 만들어진 책이다. 그래서 「소학」의 후반부에는 성현들의 옛날이야기가 기록되어 있어 흥미롭게 읽을 수 있지만 이것을 이해하기 위해서는 많은 역사적 지식이 필요하다. 따라서 「소학」과 더불어 역사에 관한 책을 읽는 것은 필수적인 일이다. 과거에 학자들이 「통감절요」를 읽었던 이유가 바로 역사를 알기 위한 것이었다. 이러한 사실을 감안한다면 과거의 학생들은 「고문진보」와 같은 문학 작품을 통해서 심성을 교화시키고, 「통감절요」를 통해 역사를 배우며, 「소학」을 통해 인간의 도리를 배웠다. 흔히 문(文), 사(史), 철(哲)이라고 하는 동양의 기본적 학문에 대해 이미 어렸을 때부터 익히기 시작했던 것이다.

그러나 이 모든 내용은 단순하게 어린 학생들에게만 국한 된 것은 아니다. 어린 학생을 가르치기 위해서 어른이 먼저 읽고 알아야 할 내용이며, 어른이 먼저 솔선수범한 이후에 어린 학생들이 따르도록 해야 한다. 윗물이 맑지 않으면 아랫물이 맑을 수 없는 것처럼 어른이 솔선수범하지 않으면 교육은 무용지물이 된다.

「소학」은 작은 예법을 익히는 것은 물론 인간의 도리를 실천하는 데까지 광범위한 내용을 내포하고 있으며, 많은 경전을 인용하여 설명하고 있기 때문에 쉬우면서도 어려운 책이다. 평생「소학」을 읽으며 소학동자로 자처했던 김굉필과 같은 학자는 이 속에서 언급한 것만 실천해도 인간의 삶을 풍요롭게 할 것이라고 생각했다.

요즘 어른들은 젊은 사람들에게 버릇이 없다거나 예의가 없다고 말을 한다. 그것은 어려서 가르치지 않았기 때문이다. 즉, 젊은 사람들이 그렇게 된 이유는 젊은 사람의 탓이 아니라 어른의 탓이라는 말이다. 가르치지 않고서 하지 않는다고 한다면 그것이야말로 모순이 아니고 무엇이겠는가. 특히 행동규범이나 예법은 더더욱 가르쳐야 쉽게 알고, 어려서부터 익혀야 몸에서 떠나지 않게 되는 것이다. 그런데 어려서 가르치지도 않고 익히지도 않았는데 어른이 되어서 그런 것이 쉽게 드러나지 않는 것은 어쩌면 당연한 일일 것이다.

주자가 제자인 유자징에게 이 책을 만들게 했고, 그 이후 동양의 학생들은 대부분 이 책을 읽고 배웠을 것이다. 이 외에도 어린 학생들을 위한 서적들이 많지만 「소학」이 단연 독보적인 위치에 있는 것은 사실이다. 그리고 「소학」의 내용이 오늘날에도 교육된다면 타인을 배려하고 공동체를 위하는 정신이 다시 살아나지 않을까라는 생각도 든다.